Mapeando Riesgo

Inversión en Valor Deportivo

La inevitable manera de vencer en los mercados deportivos.

Este conocimiento, en las manos adecuadas y con el suficiente esfuerzo de abstracción, podría estar destinado a lograr mucho bien.

Dedicatoria

Dedicado a mi familia... Bombón y Chuchú, papás y hermanos. A mis seres queridos.

A mis amigos. A los que están... mi leal socio Ángel sin cuya ayuda esta obra habría sido imposible de completar, mi inagotable creativo Jesús, mi indomable genio Adrián y mi valiente emprendedor Mario...

Y a los que se marcharon... en especial a ti, Javier... mi gran Amigo. Un gran referente para todos los que le conocieron.

SOBRE EL AUTOR

Facundo Martínez, físico de formación, comenzó su andadura como empresario alrededor del servicio y soluciones tecnológicas por y para Internet a finales de los noventa. Varias han sido las iniciativas que derivaron en empresas que actualmente siguen vivas y prestando servicio.

Centra su atención y estudio alrededor del sector de la apuesta deportiva desde que comienzan a llegar los primeros protagonistas de esta industria.

Actualmente el desarrollo de soluciones para operar en mercados de apuestas deportivas acapara todo su tiempo. Dando sus frutos en forma de propiedad intelectual pendiente de patente de la plataforma de gestión de riesgo PECO.

SOBRE LOS CONTRIBUYENTES

Ángel Miguel De Lama, físico de formación, socio de actividad empresarial. Profesional del uso de las tecnologías de la información. Copropietario de PECO.

Al igual que Facundo, comienza su estudio sobre la apuesta deportiva y sus mercados, prácticamente desde sus inicios en Internet.

4

Prólogo.

¿Tiene usted la sensación de que tiene en sus manos un libro que hará historia? ¿Hará historia en el mundo o hará historia en su vida? ¿O lo hará en esos dos ámbitos y al mismo tiempo? ¿Se podría considerar como un libro de autoayuda (jajajaja)? Si hace historia en su vida estamos seguro que le habrá ayudado mucho. Como estamos ante un libro de apuestas, apostamos a que le ayudará (como a mí me ayudó) y que realizo una apuesta incluso con una cuota pequeña, 1.10, y juego a favor de que hará historia en la vida de cualquier lector porque creo eso ocurrirá alrededor del 95% de las veces y me considero bien pagado con 1.10 (supone un probabilidad de aproximadamente el 91% que se siente ganadora si el hecho va a ocurrir con al menos cuatro puntos por encima.)

¿No entendió bien esta entrada?: empiece a leer el libro por las primeras páginas y al llegar al final de la primera parte (tiene tres) ya lo habrá entendido sin dificultad y puede seguir hasta el final. ¿Que lo entendió?, vaya directamente a la tercera parte que es donde va a encontrar sobrada compensación por el precio del libro pero cuando la acabe no deje de leer, por supuesto, las dos partes primeras que le van a aumentar sus conocimientos del mundo de la apuesta deportiva.

Facundo ha puesto un título sugestivo "Mapeando riesgo" y es curioso como sabiéndose un jugador con ventaja, un inversor con ventaja, busca ese riesgo que aunque no deja de serlo representa para él una ganancia segura en un plazo de tiempo que no puede ser muy largo.

De ahí el rotundo subtítulo de la obra, "La inevitable manera de vencer en los mercados deportivos".

Pues no perdamos más el tiempo en avance y disquisiciones y vayamos directos en busca del tan deseado riesgo y sus insoslayables compensaciones.

Gonzalo García Pelayo.

Contenido

Primera Parte: El Mercado de la Apuesta Deportiva

Introducción: Nuestra realidad económica, el Mercado.

Desde muy jóvenes, nos educan con la clara intención de forjarnos como especialistas. Avanzamos, vamos alcanzando y superando grados superiores en nuestra educación. La inevitable especialización termina apareciendo para marcar nuestro futuro.

Con el tiempo, ya siendo adultos, durante nuestra vida laboral, a menudo creemos que nuestro principal activo, aquello que nos proporciona ingresos, es nuestra nómina mensual. Ingresos ganados con nuestro tiempo de trabajo como profesionales. Además, solemos pensar que lo que dejamos de ingresar de esa nómina, lo que nos retienen o nos quitan, principalmente en forma de impuestos, es lo que mantiene el Estado en el que vivimos.

Aunque la mayoría de la gente no lo sepa, la mayor fuente de riqueza a nivel mundial, de la que se nutren los estados, no proviene del duro esfuerzo del trabajo de sus habitantes. Lo que conocemos como rendimientos del trabajo, sólo supone una pequeña parte de esa riqueza.

El mundo que nos hemos construido; en el que los mercados mandan; es la especulación de los capitales invertidos, la que genera la mayor cuantía en impuestos. Por lo tanto, es la recaudación alrededor de dicha especulación, la mayor fuente de ingresos de los estados.

La especulación o inversión de los capitales en los distintos mercados, no son más que, de una forma muy simplificada, apuestas diarias realizadas por los inversores, esperando ser ganadas o perdidas.

Es el implacable juego de la compraventa, el que pone en circulación, una y otra vez, los mismos capitales, generando en los principales mercados del mundo, grandes volúmenes intercambiados e innumerables operaciones diarias.

Al calor de este trasiego de capitales, en simbiosis, millones de comisiones en operaciones y, parasitando, las tasas en forma de impuestos.

Además de los grandes mercados mundiales, aquellos mayormente asentados con nombres reconocidos por todos, surgen mercados emergentes cada poco tiempo. Los capitales de mayor riesgo exploran estos mercados invirtiendo en busca de oportunidades de beneficio temprano.

Algunos de estos mercados, al cabo de meses o años, terminan por asentarse. Nuevas plazas donde los capitales encuentran acomodo y libertad de movimiento. La regulación de estos mercados, por parte de los estados, llega buscando su parte de la tarta en forma de tasas, licencias e impuestos. Lastran el mercado con la excusa de dar cobijo "legal y garantista" a la actividad que en ellos se desarrolla.

Mercados jóvenes, sujetos a fuerte volatilidad y fluctuaciones. Es el caso de las criptomonedas, tales como el Bitcoin, con su modelo basado en la Cadena de Bloques, que ya se mezcla con naturalidad en los mercados de intercambio de las divisas tradicionales.

Ya existen iniciativas de Banca Privada que se valen del Bitcoin como divisa intermediaria en el intercambio de divisa tradicional. Logrando de esta manera ser más competitiva en velocidad y coste. Incluso, los protagonistas más innovadores, están usando, de forma experimental, el revolucionario sistema de Cadena de Bloques como alternativa al modelo de transferencias actual, el sistema SWIFT. Este último no tardará en quedarse obsoleto por su alto coste, por su lentitud y por estar basado en la "confianza".

En este libro vamos a sumergirnos en el apasionante mundo de las apuestas deportivas online. Uno de aquellos mercados emergentes que, a día de hoy, tras más de dos décadas, es una realidad asentada en fuertes y sólidos pilares. Concretamente abordaremos los mercados relacionados con los Eventos Deportivos.

Es importante distinguir que, en el mundo del juego, diferenciamos entre tres grandes grupos: Juegos de Casino, Apuestas Deportivas y Poker Online. Este último lo separamos de los juegos habituales de casino. Su volumen de negocio así lo justifica.

Viajaremos a lo largo de un entretenido recorrido. Empezará con el entendimiento de los conceptos básicos de las apuestas deportivas, pasando por los modelos de negocio, llegando hasta los detalles más finos de la apasionante dinámica de los mercados de los deportes más populares a nivel mundial.

Estudiar minuciosamente el Sector de las Apuestas Deportivas online desde sus inicios; más de dos décadas, ha permitido la creación de esta obra. Atrás quedan una enorme cantidad de horas de análisis y estudio, trabajo tecnológico, cientos de pruebas y ensayos, y una gran inversión en coste de oportunidad. Una gran aventura a compartir.

El objetivo será ver la manera de transformar el Sector de las apuestas deportivas en un mercado en el que operar. Para ello divido la obra en tres partes bien diferenciadas.

Abordaremos en las dos primeras cómo Invertir de forma tradicional, con sus limitaciones y debilidades: Roturas de mercado y Pronóstico. Y por último, en la tercera parte, veremos la aportación de esta obra. Trataremos el cómo podemos abordar, de forma sistemática, la creación de riesgo con valor. De cómo, en mi opinión, es la única forma razonable de operar con un fondo de partida todo lo grande que deseemos, en los principales mercados deportivos del mundo.

Abordaremos lo que he denominado: Mapas de Riesgo.

El gran negocio de las Apuestas Deportivas.

Resulta fascinante y a la vez pasional. Apostar antes o durante el transcurso de un evento deportivo, es una actividad que, desde que el hombre compite, ha apasionado a millones de individuos.

Ponerle medida, mediante un precio o cotización, al hecho de alcanzar un hito dentro de un evento deportivo, es algo que resulta irresistible: ganar o perder un encuentro, marcar o encajar goles, sobrepasar o no un número de puntos, goles, canastas,...

El claro componente pasional que conlleva el acto de apostar, ha dado lugar a un gran negocio. Cifras que crecen año tras año.

Con un poco de historia y unos antecedentes, nos pondremos en situación, nos abrirá los ojos a la realidad de este lucrativo Sector.

A finales de la década de los noventa, aparecen en Internet las primeras Casas de Apuestas, siendo concebidas por y para este medio.

Surgen nuevas sociedades emprendedoras, al calor predictivo de informes consultores tales como los de la compañía Merrill Lynch, que auguraban un gran crecimiento de este Sector.

De todos los potenciales negocios futuros de la e-industria que, por aquel entonces, se barajaban como grandes modelos de negocio, el de la Apuesta Deportiva prometía ser muy lucrativo. Presentaba índices que le situaban entre los negocios de mayor crecimiento y volumen en las próximas dos décadas.

Año tras año, aquellos informes no hacían más que confirmarse. De forma contundente, llegan a superarse las expectativas predichas.

En el nacimiento y arranque de este sector, aproximadamente una veintena de compañías, con sus respectivas Plataformas, vía interfaz web comienzan a repartirse la tarta.

Algunos desarrollos alrededor de estas plataformas son pioneros. Desarrollos tales como:

- Resultados, marcadores y estadísticas de encuentros en tiempo real.

- Modelos de afiliación. Crean una forma de conseguir socios para captar clientes y repartir con ellos parte de los beneficios.
- Nuevos medios de pago online. Alternativas a los ya existentes.
- etc.

Todos ellos, desarrollos internos que, en sí mismo, han dado lugar a unidades de negocio. Han sido soluciones capaces de ser externalizadas por sus fundadores. Nuevas unidades de negocio ofreciendo servicio a otras empresas que, poco a poco, fueron aterrizando en el sector. Estas nuevas compañías nacen con necesidades y prefieren tenerlas cubiertas a través de la subcontratación. Buscan soluciones con experiencia. Las que tienen y proveen los pioneros.

Es el caso del medio de pago online, Skrill. Antiguamente conocido como MoneyBookers. Iniciativa creada bajo el ala de la ya absorbida Casa de Apuestas GameBookers. Nace con vocación de permitir a sus clientes disponer de un medio de pago ágil y útil para realizar depósitos y retiradas de fondos en su cuenta de usuario. Una alternativa real a los tradicionales pagos con tarjeta de crédito. Hoy día, ya bajo el nombre Skrill, es uno de los medios de pago, junto a Neteller, con mayor prestigio y reconocimiento de todo el Sector de las apuestas deportivas online.

El mundo anglosajón, por aquel entonces, goza de una gran cultura de la apuesta deportiva entre sus potenciales clientes. Grandes Firmas del mundo de la apuesta deportiva tradicional, con presencia en forma de locales de calle, tales como William Hill, Victor Chandler, Ladbrokes… se incorporan a esta actividad online. Esto envía una señal inequívoca al cliente habitual offline: consistencia y credibilidad de este nuevo aspecto del nicho de negocio.

Eso era más que suficiente para la cultura anglosajona, pero no supone ninguna garantía para el resto de las culturas. En los países, de culturas judeocristianas y musulmanas, el juego estaba mal visto. Es, esencialmente, pecado.

Derribar esas barreras culturales requería de un gran esfuerzo en Marketing y Comunicación. Casi todo el beneficio de estas compañías, en pleno crecimiento y expansión, se invierte en realizar patrocinios de competiciones y equipos. Vender el eslogan "Gana tu equipo…, tu jugador…, ganas tú", se convierte en una prioridad.

Un ejemplo directo y clarificador…

En el año en el que Bwin, conocida Firma del sector, consigue patrocinar a un importante equipo de fútbol como es el Real Madrid; logrando lucir su logotipo en las camisetas del equipo; su rival más acérrimo, el FC Barcelona, lleva el patrocinio en sus camisetas de Unicef, conocida ONG de protección de derechos infantiles.

Esta situación logra que el joven espectador de un partido de fútbol, en el que juegue alguno de estos equipos, equipare ambas marcas inconscientemente. Resulta fácil hacer creer a los jóvenes seguidores del Real Madrid que su patrocinador es tan bueno o más que el del FC Barcelona.

La inversión económica y el esfuerzo tenaz dan sus resultados. Al cabo de aproximadamente una década, una gran masa crítica de recurrentes jugadores procedentes del mundo no anglosajón, engordan las bases de datos de las principales Firmas.

Año tras año, surgen cientos de Casas de Apuestas al calor del éxito y crecimiento del Sector. Muchas que presentan un crecimiento prometedor, son absorbidas por las grandes. Sin embargo, muchas otras... resultan ser fraudulentas. Bien por su mala gestión, bien por pura delincuencia.

Ante este panorama, surge la necesidad de crear las primeras regulaciones. Han de conseguir ofrecer una imagen de mayor credibilidad del Sector a los potenciales clientes. Las más prestigiosas Firmas lo necesitan.

Gobiernos como el de Malta, Isla de Man, Gibraltar,... ven una magnífica oportunidad. Ofrecen regulación y servicios especializados que den garantías a los potenciales clientes de las Casas de Apuestas online. A la par, ofrecen a las compañías propietarias una baja imposición fiscal. Acuden a las ferias del Sector, con su propia representación, para atraer a futuros empresarios de juego online. Logran hacerse con el domicilio fiscal de muchas de estas recién llegadas compañías.

Durante la última década; principalmente 2005-2015; son los grandes países, como algunos miembros de la zona EURO (Inglaterra, Italia, España, Alemania,...), los que se han procurado su propia regulación.

Se busca Controlar a la compañía y al cliente. A este, sólo se le exige pago de impuestos, en el supuesto de que disponga de beneficios durante el periodo fiscal anual correspondiente.

De momento, a mi modo de ver, sólo representan un enfoque parasitario. Unos más que otros. Lejos de dinamizar y regular el sector, se presentan con un claro afán recaudatorio. Las circunstancias les obligarán a suavizar las normas. De hecho, algunas grandes Firmas han renunciado, de momento, a operar en algunos de estos países.

Por otro lado, es el mismo Sector el que se impone una autorregulación. Se ha dotado de organizaciones y fundaciones a las que adscribirse y someterse:

- Organizaciones externas de arbitraje para lograr mediar disputas entre clientes y empresas. Objetivo: no tener que llegar a los tribunales.
- Programas GameCare para la protección de la adicción al juego y la autoexclusión.

Por último, los grandes protagonistas se encargan de invertir, cada vez más, en su imagen de marca. Logrando así contribuir, aún más, a ganarse la confianza del cliente actual y futuro.

El Sector se encuentra todavía en fase de crecimiento y expansión. Sin embargo, comienzan a verse inequívocas señales de su maduración:

- Hace ya unos años que se están sucediendo las grandes absorciones.
- Se fundan empresas que viven de prestar servicio a las compañías más representativas.

A continuación vamos a ir comprendiendo y familiarizándonos con conceptos básicos, necesarios para entrar en materia: Invertir en Valor Deportivo.

Casa de Apuestas (Betsite)

La idea de negocio es, a priori, bien sencilla: trasladar a un cliente, gracias a la comodidad que le da un rápido y casi universal acceso a Internet, un catálogo de producto.

Un catálogo consistente en las cotizaciones de las opciones de los distintos mercados que puede albergar cada evento de los deportes más populares. Un único argumento de venta que ha resultado ser todo un éxito.

La inversión realizada está destinada a:

- Disponer de Plataforma Tecnológica.
- Varias soluciones IT.
- Capital humano talentoso.
- Captar el mayor número de clientes.
- Consolidar la marca.

- Licencias de juego para poder operar en los países destino.

Hoy día se puede crear una casa de apuestas online con soluciones de terceros.

Gestionar una Casa de Apuestas; en adelante usaremos el anglicismo **Betsite**; no es algo trivial.

Así como un Casino dispone de una oferta de juegos diseñados para crear adicción y perfectamente estudiados para dejar un margen estadístico al empresario, un Betsite ha de saber cotizar correctamente los mercados que publica. Ofrecer precios adecuados es fundamental.

Es un gran negocio pero requiere de una experta gestión.

Además, los resultados de los mercados de un evento deportivo no son manipulables, en el sentido de que es la propia prensa y otras fuentes de información, los que informan del resultado que afecta a un mercado asociado a un evento. Por otro lado, este hecho crea una gran sensación de confianza al cliente, ya que el empresario no puede inventarse los resultados. No puede manipularlos.

Evento Deportivo y sus Mercados

Si los eventos deportivos son de lo que se nutren los Betsites, los mercados asociados a estos eventos son su materia prima para conformar su catálogo de venta.

La oferta del catálogo del Betsite, consiste en las cotizaciones de las opciones que ofrecen de los mercados asociados a un evento.

¿Y esto qué diablos significa?

Un evento es aquel encuentro deportivo en la mayoría de las ocasiones delimitado en el tiempo que tiene un inicio y un final. En algunos casos, se termina cuando se llega a un objetivo de puntuación. Alrededor de este evento se pueden organizar mercados que ofrezcan cotizaciones razonables, en los que poder apostar. Para ello cada mercado ha de contar con reglas muy claras, que no den lugar a dudas sobre el resultado de las apuestas admitidas.

El empresario, dueño del Betsite, "vende" una serie de cotizaciones para las distintas opciones que se pueden dar en cada mercado. Por otro lado, el usuario apostante puede "comprar" dichas cotizaciones, es decir, los "productos" del catálogo.

Por ejemplo, hoy mismo, un día de verano, en un conocido Betsite con millones de clientes, se publica un evento de Tenis en competición ATP, en Bogotá, Colombia. Se trata de la final del campeonato.

"¿Quién ganará este encuentro?" Este es el mercado principal de este evento.

Este mercado dispone, lógicamente, de sólo dos opciones posibles, representadas por los nombres de ambos tenistas. O gana un tenista, o lo hace el otro.

En este caso las cotizaciones que ofrece, en formato decimal, son:

- Adrian Mannarino   2.10
- Bernard Tomic   1.72

Además hay muchos más mercados alrededor de este evento:

- "Ganador del 1er Set"
- "Número de Set (más o menos de 2.5)"
- "Apuestas al Set (2-0 o 2-1)"
- "Total de Juegos (Más de 22.5, Menos de 22.5)"
- Y varios más...

¿Dónde está el beneficio del Betsite?

Como en todo negocio, el empresario, ha de comprar barato y vender caro. En esencia, eso es lo que está sucediendo.

Con este razonamiento nos damos cuenta de que un Betsite no presenta gran diferencia con, por ejemplo, una frutería.

Un empresario que posee una frutería en un mercado de una gran ciudad, ha de acudir bien temprano a un gran mercado de abastecimiento. Su objetivo es el de lograr comprar buen género al mejor precio. Lo más barato posible.

Cuando ponga a la venta dicho género en las estanterías de su local, con acceso al público, ha de poner un precio con un margen adecuado para conseguir beneficio. Siempre con un ojo a la competencia.

De esta forma, el empresario que ha conseguido los precios más baratos, en un día de relativas buenas ventas, habrá conseguido mayor beneficio que lo demás. De la igual manera, cuando haya sufrido un día de bajas ventas, él perderá menos que el resto, ya que ha arriesgado menos en adquirir género.

De esta forma, un Betsite ha de asegurarse que las cotizaciones que figuran en su catálogo, sean algo caras para su clientela, en el sentido de que sean precios que estén por debajo del precio justo.

Un precio justo es aquel que se corresponde con la probabilidad de que se dé la opción que representa en el mercado.

Esto significa que el negocio consiste en ofrecer una cotización que refleje una probabilidad sobreestimada de que ocurra esa opción de mercado.

Volviendo al ejemplo anterior. El conocido Betsite ofrece una cotización de 1.72 por la victoria de Bernard Tomic.

Para poder hallar la probabilidad de que eso ocurra, si el precio fuese justo, bastaría con invertir la cotización de la forma: 1/1.72, que nos daría una probabilidad de aproximadamente 58.14% de ocurrir. De momento eso nos dice que el favorito del encuentro, al tener una probabilidad de ganar superior al 50% es B. Tomic.

Vamos ahora con el otro tenista, con Adrian Mannarino. Según este razonamiento la probabilidad de ganar de este tenista será: 1/2.10, que nos daría aproximadamente 47.62% de que ganase.

Es aquí donde nos damos cuenta de que algo falla.

La Probabilidad de ganar de Tomic más la Probabilidad de ganar de Mannarino, deberían sumar el 100%.

Sin embargo, obtenemos 105.76% lo que claramente, no es posible. Ningún suceso puede tener una probabilidad de suceder mayor del 100%. Esta probabilidad representa la certeza. Es decir, o gana uno o gana el otro. Este mercado es de los llamados de espectro finito y numerable. El total de las opciones representan la certeza.

¿Qué está ocurriendo?

Es aquí donde vemos el negocio del Betsite.

Trabajando con esas dos probabilidades, si hacemos, lo que en matemáticas probabilísticas se denomina, hacer una normalización, obtendríamos que las probabilidades aproximadamente correctas tendrían que ser: 54.97% para Tomic y 45.02% para Mannarino.

Lo que daría unos precios justos respectivamente de aproximadamente: 1.82 y 2.22. Ambos claramente superiores a los ofrecidos por el Betsite.

El déficit de precio en la cotización ofrecida por la Casa de Apuestas, es el equivalente a vender caro del caso de la frutería.

Si para este evento y mercado, este Betsite, ha conseguido vender miles de pequeñas apuestas de riesgo controlado, entre ambas opciones del mercado, se está asegurando un beneficio estadístico que a la larga consigue con todo su catálogo.

De forma sistemática ofrece malos precios a los jugadores haciendo prevalecer su margen estadístico.

Además, el Betsite ofrece precios dinámicos, es decir, que pueden cambiar con el tiempo. Si, por ejemplo, ha aceptado demasiado riesgo a la victoria Mannarino, podría bajar su precio y hacer más atractivo el de Tomic, con el fin de recaudar más flujo de dinero hacia esa opción del mercado.

Para ello, se vale de soluciones de software que atienden a su Plataforma. Múltiples avisos y alarmas ponen en marcha mecanismos automáticos y semiautomáticos, con lo que tomar medidas al respecto.

Eso sí, siempre manteniendo el equilibrio para respetar la relación matemática antes expuesta.

Como hay competencia, el Betsite que quiera competir por nicho de mercado, por clientes, habrá de subir las cotizaciones. Aproximarse más a la barrera, esto es, a los precios justos o, al menos, que guarden una menos injusta relación de probabilidad.

Un Betsite con pocos clientes, y que soporte grandes apuestas, en el corto plazo está sujeto a demasiada volatilidad en su acumulado de beneficio. Lo que podría obligarle a disponer de un mayor músculo financiero hasta conseguir una buena masa crítica de clientes.

El margen de beneficio de un Betsite puede parecer pequeño. Hay que considerar que un Betsite realmente no vende productos. No compra y almacena. No conlleva logística al no tener que servir sus productos. Vende información. Lo único que ha de vigilar es que su nivel de fraude sea bajo.

Si todavía tienes dudas, no tienes más que ver la cantidad de eventos y actos que patrocinan las principales Firmas. Es un Sector donde fluye el capital.

Evidentemente, un Betsite es un negocio cuyo objetivo es generar dividendos. Se diseñan para disponer de una base de clientes estadísticamente perdedores. Por ello, se reservan el derecho de admisión de clientes, y del control del riesgo aceptado por cuenta.

Esto último es fundamental a tener en cuenta para el objetivo que buscamos en este libro: La inversión en Valor Deportivo.

Cotizaciones (Precios)

He aquí una de los aspectos más críticos de saber gestionar correctamente un Betsite. Tal es así, que muchos Betsites de nueva creación prefieren subcontratar el servicio de gestión de cotizaciones.

También son muchos los que prefieren emprender bajo una franquicia de una gran marca, que provea a cada franquiciado, entre otros servicios, el de las cotizaciones y su gestión.

Cuando un evento deportivo dispone de fecha de inicio, el Betsite publica con antelación, el evento y sus mercados asociados.

Es en ese justo momento, cuando un Betsite ha de arriesgarse a publicar los precios de la mejor forma posible.

Los precios han de provenir de fuentes fiables. Un ejército de analistas de riesgo y especialistas de cada deporte, con los estudios y herramientas apropiadas, pueden establecer los precios de origen para cada mercado de cada evento.

Esta labor está muy bien valorada. A día de hoy está muy profesionalizada. Con ella, poco a poco, los mercados deportivos se van haciendo cada vez más eficientes a la hora de establecer las cotizaciones iniciales.

Es completamente normal que desde que se publica el mercado, hasta que comienza el evento, las cotizaciones iniciales hayan ido cambiando. Varios pueden ser los motivos:

- Noticias que afectan potencialmente a la marcha prevista del evento: lesión, retraso, mal tiempo, etc.
- Flujos de capital excesivos hacia una o varias de las opciones del mercado, frente al resto.
- Etc.

Estos motivos requieren alterar las cotizaciones, los precios, dentro de unos márgenes razonables. Y siempre con un ojo puesto en la competencia.

El formato elegido en este libro para mostrar las cotizaciones es el denominado formato decimal: Cuota decimal o europea (CD). Es intuitiva y fácil de comprender.

Existen otros formatos alternativos muy populares, tales como el formato de porcentaje: Cuota fraccionaria o inglesa (CI), formato fraccional: Cuota Americana (CA)

Transformar entre formatos ya no suele ser necesario. Son los propios Betsites los que permiten la opción personalizable de mostrar uno u otro formato, según las preferencias del cliente.

Sin embargo, si estás interesado en saber los detalles de la conversión entre los distintos formatos, sólo tienes que preguntar al Oráculo para buscar respuestas.

Google, tras hacer las preguntas correctas, te muestra el camino hacia cientos de páginas que hablan de los detalles de la conversión.

Bromas aparte, es interesante que le eches un vistazo a las transformaciones por aquello de tener algo más de cultura de la apuesta.

El Intercambio: La revolución.

En el año 1999 irrumpe un gran protagonista en este sector emergente. Nace una nueva compañía, bajo la marca Betfair, con un modelo de negocio, a mi modo de ver, absolutamente revolucionario.

Entenderemos por qué este modelo de negocio es fundamental para lograr nuestros objetivos de invertir en Valor Deportivo.

Por aquel entonces, mi socio y yo, debatíamos sobre cómo transformar el modelo de apuestas tradicional, Casa de Apuestas - Cliente, a un modelo de Mercados de Compraventa. Aunque teníamos un modelo rudimentario de cómo crear algo parecido, reconozco que no teníamos la suficiente formación y cultura necesaria, como para haber concebido una plataforma como la realizada por Betfair. Una obra maestra.

En aquel año, yo era dueño y socio fundador de una compañía de servicios tecnológicos alrededor de las tecnologías de la información. Básicamente disponía del equipo humano y de los recursos necesarios para poder emprender cualquier iniciativa web. Pero nuestra formación es, sobre todo, científica. Para concebir una plataforma de intercambio como la de Betfair, además, hay que disponer de conocimientos básicos tradicionales de mercados bursátiles.

Entonces ¿Cuál es el modelo de negocio de Betfair? ¿Qué lo hace diferente del resto? ¿Cuál es el aspecto revolucionario?

Brillante...

Para poder entender correctamente como funciona en esencia el intercambiador de Betfair, vamos a equipararlo con una situación que podrías vivir en cualquier pub al que acudes para tomar una cerveza y ver un partido de fútbol con un amigo.

Supongamos que estás en tu pub favorito. Un pub que los domingos decide retransmitir en su gran pantalla, y siguiendo criterios de importancia, seguidores y afición, el que considera el partido de la semana. Es una excusa para atraer más clientes los domingos por la tarde. Con ello, consigue incrementar ventas de consumiciones y fidelizar a clientes habituales. Además presta un servicio adicional que luego detallaremos.

En la pantalla, dos equipos, que despiertan gran pasión, se enfrentan para lograr la victoria. Llegados al descanso del partido, el marcador refleja un empate a cero goles.

Tu amigo es un fanático del equipo que todo el mundo da por favorito. Tú, aunque te gusta el fútbol, no eres tan pasional como tu amigo. Así que decides jugar con su pasión. Ves que el marcador al descanso es de empate a cero, y sólo restan cuarenta y cinco minutos. Toda la segunda mitad del encuentro, para que el favorito pueda ponerse por delante en el marcador y terminar ganando el partido.

Como eres una persona curiosa, te has molestado en averiguar cuál es el precio promedio que se ofrecía por la victoria del favorito a partido completo, en las distintas Casas de Apuestas que sueles frecuentar. A noventa minutos vista, observando datos y hallando el precio aproximadamente justo, calculas que la cotización aproximadamente justa, habría sido de 1.75.

Durante el periodo de descanso, haces todo tipo de comentarios jocosos y humillantes sobre la incapacidad que presenta el favorito para ganar el encuentro. Consigues con ello envalentonar a tu amigo para que entre a tu juego. En ese estado, en el que se encuentra tu amigo, le propones que, si tan seguro está que su equipo va a ganar, por qué no medirlo, ponerle precio. Cómo sabes que va a aceptar, te adelantas y propones tú un precio. Le ofreces 75€ en caso de que gane su equipo, a cambio de 100€ en caso de que no lo logre, es decir, que pierda o empate. Tu amigo lo ve bien y acepta tu propuesta.

Claramente, acabas de hacer una muy buena compra. Has ofrecido una cotización de 1.75, que es lo que el mercado ofrecía al principio del partido, con noventa minutos por delante para que el favorito pueda ganar el partido. Has logrado que te compre esa cotización, cuando sólo queda la mitad de tiempo para que el favorito logre el mismo objetivo.

Un precio justo para tu amigo, tendría que haber superado ampliamente dicha cotización, entre 2 y 3. Por lo tanto, ganes o pierdas la apuesta, estadísticamente hablando, llevas ventaja. Esto significa que en 100 situaciones similares, ofreciendo precios injustos para el comprador, como lo que acabas de hacer, el balance final tras esos 100 eventos, ha de ser muy positivo a tu favor. Cuando fallas el resultado de una apuesta así realizada, pierdes lo apostado, pero cuando aciertas, ganas más de lo que deberías ganar. Es similar a lanzar 100 veces una moneda trucada y juegas con el resultado que sabes que tiene preferencia en salir más veces.

Aquí es donde entra en juego la acción del dueño del pub. Cuando pones precio y tu amigo lo acepta, el responsable del pub, hace de notario del acto de la compraventa, custodiando el capital y el precio aceptado por ambos. Los 175€ del montante cruzado de la apuesta, representa el volumen igualado. El número de operaciones ha sido una. Al final del partido, y con el resultado del mismo, el responsable del pub, devuelve al ganador el montante de su parte de la apuesta realizada, más el beneficio que supone el montante apostado por la parte perdedora. Bueno, de esta parte perdedora, todo el montante, salvo una pequeña parte, un "detalle". El pub se reserva el derecho a quedarse con el 5% de dicho beneficio que consigue el ganador.

Tu amigo y tú consideráis razonable dicha comisión. Al fin y al cabo, el local os provee de una excusa para poder veros cada domingo, retransmitiendo en sus pantallas el partido de la semana. Os sirve buenas cervezas y aperitivos. Y además, hace la labor de anotar y custodiar vuestras apuestas de una forma razonablemente justa y segura. Un 5% de los beneficios de las apuestas realizadas es algo que no os disgusta.

Si esta situación vivida por tu amigo y tú, el pub es capaz de reproducirla ofreciéndola sistemáticamente a los clientes habituales mientras retransmite los partidos, acabará teniendo una nueva unidad de negocio bajo el cobijo de su local.

Entendida esta situación vamos a ver, en esencia, el modelo de negocio del intercambio en Betfair.

Betfair posee una plataforma de intercambio de compraventa de cotizaciones para apuestas deportivas.

Sus labores principales consistirán en:

- Publicar, con suficiente antelación, los eventos deportivos de los deportes más populares y sus correspondientes mercados asociados.
- Dotar e incentivar con las herramientas necesarias a los clientes para poder proponer cotizaciones en dichos mercados.
- Llevar el control de las operaciones y volúmenes intercambiados en dichos mercados.
- Resolver las apuestas cruzadas en los mercados, según reglas de los mismos y resultados, en favor de los clientes.
- Comisionar de los beneficios.

La gran diferencia y ventaja que tenemos como apostante en una plataforma de intercambio, es que esta sólo intermedia. No acepta nuestro riesgo. Es otro usuario o conjunto de usuarios los que, de forma anónima y por orden de llegada, igualan nuestro riesgo.

A la plataforma de Intercambio le da igual si somos ganadores o perdedores. Su negocio es comisionar de las ganancias de los ganadores.

Otra ventaja que provee una plataforma de intercambio, es que permite crear cuentas de usuarios personales o empresariales. Esto es, podemos ser una persona física apostando, o bien ser una persona jurídica, empresa, para mover capital.

Así, por ejemplo, Betsites que sufran riesgo de alta volatilidad en algún mercado, debido a haber aceptado demasiado riesgo en una de las opciones de alguno de sus mercados publicados, pueden acudir a Betfair para reducir dicha potencial volatilidad, en su mercado correspondiente publicado también allí. A este tipo de práctica se la denomina cubrirse el riesgo.

Y por último, un dato de interés. Betfair Group PLC comenzó a cotizar en el parqué de la City en el año 2010. A noviembre de 2014 tenía una capitalización de mercado de 3173 millones de libras.

Como compañía diversifica y además de la parte de intercambio, posee también una parte de Casa de Apuestas tradicional, compitiendo ya con grandes gigantes del juego tradicional como la firma William Hill.

Diferencias Operativas y Prácticas: Casa de Apuestas frente a Intercambio.

He mencionado que Betfair Group PLC no solo dispone de una plataforma de Intercambio. Una parte importante de su negocio también reside en su propia Casa de Apuestas.

Recordemos la principal diferencia:

En la Plataforma de Intercambio de Betfair, es la comunidad de apostantes, la que acepta o ignora nuestras propuestas de cotización y riesgo. Pueden igualar la totalidad, parte o nada de cualquiera de nuestras propuestas.

Y viceversa. También podemos ser nosotros quienes igualemos volumen de riesgo en propuestas de cotización propuesta por la comunidad de usuarios.

En el Betsite propiedad de Betfair, es la propia Betfair la que propone sus cotizaciones y la que acepta o no nuestro volumen de riesgo. Actúa exactamente como cualquier otro Betsite.

En este capítulo vamos a ver, de una forma práctica, qué es lo que podemos encontrarnos en uno y otro caso. Aunque todo esto parezca muy sencillo, en el caso de que seas ya un habitual del uso de Betsites, es importante leer con atención, aunque sea una vez, estos conceptos básicos. He de estar seguro que entiendes la base de todo este negocio y su operativa.

Para un primer acercamiento, nos valdremos de un único ejemplo. Podremos entender algo mejor cada concepto hasta ahora expuesto. Un sencillo recorrido con un evento deportivo de tenis que clarifique lo que será la base para un objetivo mayor: La Inversión en Valor Deportivo.

Para ilustrarlo, nos valdremos de unas cuantas capturas de la interfaz web que provee Betfair de sus plataformas de Intercambio y de Casa de Apuestas. Concretamente la interfaz web para dispositivos móviles. Al estar obligadas a simplificar la información, son lo suficientemente sencillas y claras como para poder enfatizar en lo que es realmente importante.

Vamos con nuestro partido de tenis...

En estos días, se está disputando en Atlanta un torneo de tenis ATP en pista dura. En uno de los eventos de primera ronda, se enfrentan el australiano Sam Groth, puesto 62 de la clasificación ATP, contra el norteamericano Frances Tiafoe, puesto 274 de la clasificación ATP.

El australiano es clarísimo favorito. No viene de brillar especialmente en los recientes campeonatos donde ha jugado, pero el mercado así lo considera. Aunque más adelante daré mis motivos, yo soy de los que piensa que en mercados tan seguidos por tantos apostantes, el dicho "el mercado es sabio" es una gran afirmación.

Cuando decimos "… el mercado así lo considera…" es que realmente, el Sector de la Apuesta Deportiva, tiene opinión al respecto. Para darnos cuenta de ello, basta con que busquemos en la red algún comparador genérico de cotizaciones de mercados de eventos deportivos.

Gracias a un comparador de cotizaciones bastante conocido, podemos saber qué "opina" el Sector, de forma general, sobre el precio que deben tener ambos tenistas en el mercado principal, el de "Quién ganará el partido a tres sets" o "Cuotas de partido".

A continuación vamos a ver, en sendas capturas, los precios que, en un instante dado, ofrece un subconjunto representativo de importantes Betsites. Podemos analizarlas con tranquilidad y sacar nuestras propias conclusiones.

En la segunda parte de este libro, hablaremos de cómo construirnos nuestro propio "Justiciero", o al menos, cómo lo hicimos nosotros. Un servicio que nos provea de nuestros propios precios justos. Servicio que se apoya en los hombros de estos gigantes de la industria de la Apuesta Deportiva.

Groth S. - Tiafoe F.

Yesterday, 28 Jul 2015 22:50

Final result 2:0 (7:6? 6:4)

Home/Away AH O/U CS O/E

Bookmakers		1	2	Payout
Interwetten	Interwetten	1.25	3.60	
bwin	bwin	1.26	3.50	
bet-at-home	bet-at-home	1.25	3.55	
Unibet	Unibet	1.27	3.65	
Expekt	Expekt	1.28	3.50	
10Bet	10Bet	1.24	3.90	
William Hill	William Hill	1.28	3.50	
bet365	bet365	1.25	3.75	
Pinnacle	Pinnacle Sports	1.28	4.05	
5Dimes	5Dimes	1.29	3.90	
BETFRED	Betfred	1.25	3.75	
DOXXbet	DOXXbet	1.27	3.41	
betsafe.com	Betsafe	1.26	3.75	
betway	Betway	1.20	4.50	
888	888sport	1.27	3.65	
Ladbrokes	Ladbrokes	1.29	3.50	
BoyleSports	Boylesports	1.25	3.75	
Intertops	Intertops	1.27	3.65	
Betclic	Betclic	1.28	3.50	
NordicBet	NordicBet	1.25	3.70	
sportingbet	Sportingbet	1.25	3.75	
mybet	myBet	1.27	3.40	
Betsson	Betsson	1.25	3.70	
Chance	Chance.cz	1.24	3.66	
FORTUNA	iFortuna.cz	1.26	3.40	
noxwin	Noxwin	1.25	3.75	
188BET	188BET	1.26	3.78	
JETBULL	Jetbull	1.25	3.75	
tipico	Tipico	1.22	3.80	
CORAL	Coral	1.29	3.50	
SBOBET	SBOBET	1.26	3.70	
BetVICTOR	BetVictor	1.29	3.70	
BetOnline	BetOnline	1.28	4.00	
Betgun	Betgun	1.25	3.54	
Island Casino	Island Casino	1.28	3.60	
paf	Paf	1.27	3.65	
redbet	Redbet	1.27	3.50	

		1	2	Payout
redbet	Redbet	1.27	3.50	
Titanbet	Titanbet	1.25	3.75	
Luxbet	Luxbet	1.26	3.70	
BestBet	Bestbet	1.25	3.75	
youwin	youwin	1.25	3.75	
Net	NetBet	1.24	3.90	
BOVADA	Bovada	1.29	3.75	
TonyBet	TonyBet	1.28	3.70	
MarathonBet	MarathonBet	1.26	4.30	
TEMPOBET	Tempobet	1.30	3.50	
WINLINE	Winlinebet	1.27	3.70	
winner	Winner	1.25	3.75	
Betrally	Betrally	1.24	3.60	
18bet	18bet	1.27	3.63	
1xbet	1xbet	1.31	3.50	
VERNONS	Vernons	1.25	3.75	
BETADONIS	Betadonis	1.25	3.75	
5plusbet	5plusbet	1.25	3.50	
138	138	1.24	3.90	
Realdealbet	Realdealbet	1.24	3.80	
= Average		1.26	3.72	
÷ Highest		1.31	4.50	
My Coupon		O	O	
User Predictions		91%	9%	
Options: OddsAlert		Details	Details	

Betting exchanges			1	2	Payout
MATCHBOOK	Matchbook	Back	1.31 (36)	4.67 (463)	

Así podemos ver que el mercado, en promedio, nos ofrece:

- Por la victoria de Groth S.: 1.26
- Por la victoria de Tiafoe F.: 3.72

Estos precios son claramente injustos. Con una simple normalización vemos que los precios justos deberían ser aproximadamente:

- Por la victoria de Groth S.: 1.33
- Por la victoria de Tiafoe F.: 3,95

A su vez podemos observar en su forma más generosa, que un par de Betsites nos ofrecen, puntualmente y bajo la presión de la competencia:

- Por la victoria de Groth S.: 1.31
- Por la victoria de Tiafoe F.: 4.50

Como adelanto a lo que veremos de forma extensa más adelante, en la segunda parte de este libro, estos dos "generosos" precios suponen una condición de rotura en el mercado. Una situación de arbitraje o apuesta segura. Repartiendo de manera adecuada un volumen de capital dado entre la compra de ambas cotizaciones, obtenemos un pequeño beneficio asegurado respecto de la cantidad movilizada, pase lo que pase como resultado del evento que determine qué opción del mercado resulte ganadora.

En teoría, matemáticamente, es una situación perfecta de inversión. No es así en la práctica. De nuevo analizaremos el porqué, en la segunda parte de esta obra.

Teniendo esta información, es decir, teniendo opinión, veamos qué es lo que nos ofrece Betfair en sus dos vertientes: Betsite e Intercambio.

Betsite

Esto es lo que podemos ver publicado en Betfair-Betsite antes del comienzo del partido:

En la izquierda podemos ver el mercado principal, denominado "Cuotas de partido". Es el principal porque es donde siempre hay más dinero en juego. En la práctica es donde podremos movilizar y nos aceptarán mayor capital.

Podemos ver la fecha y hora aproximada del inicio del evento. Que el mercado ofrece, como no podría ser de otra forma, las dos opciones posibles. Una serie de iconos que representa aspectos tales como si el mercado se seguirá una vez comenzado (en vivo) o no. También podemos ver los precios que ofrece Betfair en su papel de Betsite en este instante de la captura.

En la derecha otra pantalla. En ella podemos ver, de forma resumida, otros mercados que provee el Betsite en relación a este mismo evento.

Ya podemos ver que Betfair ofrece, como Casa de Apuestas, precios que están en línea con la opinión del Sector.

Vemos que se cubre muy bien las espaldas con el favorito (que terminó ganando) ofertando un precio por debajo de la media del Sector: 1.26.

El conjunto de ambos precios están lastrados aproximadamente un 5% respecto a un conjunto de precios justos.

Es importante entender esto:

- Es Betfair la que ofrece las cotizaciones. En este caso por el favorito, ofrece 25€ por cada 100€ nuestros. Y ofrece por el no favorito 300€ por cada 100€. O dicho de otro modo. Un 25% por la victoria de Groth, y un 300% por la victoria de Tiafoe.
- El Betsite no informa del volumen máximo de riesgo que nos van a aceptar por ninguna de las dos opciones del mercado. Se reserva ese derecho.
- Nada garantiza que los precios no puedan cambiar antes de dar comienzo el partido. Una vez comprado un precio a Betfair, mejore o empeore antes de dar comienzo el evento, ya será un precio fijo para nosotros.
- Cada mercado publicado en Betfair, tanto en el Betsite, como en el Intercambiador, tiene sus reglas. Así, por ejemplo, si el partido de tenis se suspende o anula antes de terminar el primer set, las apuestas en sus mercados asociados serán reintegradas al usuario.

A continuación, vemos la pantalla que ofrece la interfaz web al usuario, caso de querer realizar una apuesta a cualquiera de las dos opciones del mercado. Siempre ha de ser una apuesta a un precio ofrecido en ese instante, por esa opción del mercado.

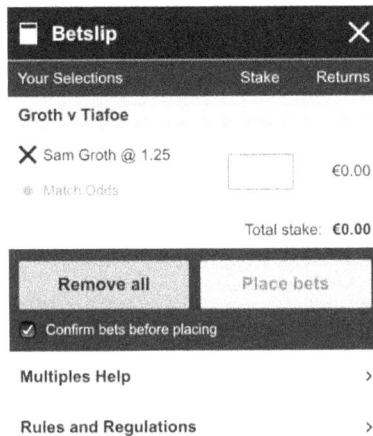

Betslip		✕
Your Selections	Stake	Returns
Groth v Tiafoe		
✕ Sam Groth @ 1.25		€0.00
⊙ Match Odds		
	Total stake:	**€0.00**
Remove all	Place bets	
☑ Confirm bets before placing		
Multiples Help		>
Rules and Regulations		>

Consiste en un pequeño calculador, donde introducir la cantidad a arriesgar, "Stake", y ver el potencial retorno de la apuesta, "Returns", incluyendo lo arriesgado. El beneficio, como ya hemos comentado, sería ese retorno menos lo arriesgado. En este caso el 25% de este último.

Si el importe a arriesgar es una cantidad considerada razonable para el Betsite, aceptará nuestra apuesta. Si el riesgo excede lo que, según sus criterios de análisis de riesgo y control de cuentas, es una cantidad razonable, se reservará el derecho de rechazarla o limitar el tamaño de la apuesta.

Vemos qué ocurre en el Betsite y su oferta cuando el evento ya ha empezado.

En este caso, habiendo empezado ya el partido, y estando en el marcador 3 juegos a 2 a favor del favorito en el primer set, Betfair-Betsite sigue ofertando en su catálogo este mercado, y podemos ver algo similar a esto:

1	Ases	Doble falta
3	4	0
2	1	0

Match Result Markets	⊙ 🌑 ∧
Cuotas de partido	
Sam Groth	1.25
Frances Tiafoe	4

En vivo, tenemos las mismas limitaciones que hemos descrito antes de haber comenzado el evento.

Intercambio

Veamos ahora qué ocurre con el mismo evento/mercado en Betfair-Intercambio.

Antes de dar comienzo el evento de primera ronda de este torneo ATP en Atlanta en pista dura, nos encontramos con esta situación. De nuevo nos centramos en el mercado, a priori, más popular: Cuotas de Partido (Match Odds). El mercado en el que se pone precio a la victoria de cada tenista. Se trata de un partido en pista dura disputado al mejor de tres sets.

Aquí, en el intercambiador, podemos ver bastante más información. Aprovecharemos estas capturas para entender conceptos muy básicos de la actividad del Intercambio.

Hemos de tener claro que la única labor que juega aquí Betfair es la de intermediar: publicando los mercados del evento, llevando el control de las apuestas del total del volumen intercambiado, y comisionar de las ganancias de los ganadores.

Podemos observar que en cada una de las dos opciones que tiene disponibles este mercado; los nombres de cada tenista; aparecen dos columnas que se etiquetan como Back y Lay, en español se nombran como A Favor y En Contra. Se representan en azul y rosa respectivamente.

Si disponemos en modo horizontal la pantalla del dispositivo móvil, la interfaz web, nos mostrará algo todavía más intrigante:

			Back	Lay		
Sam Groth	1.29 €2,291	1.3 €2,200	1.31 €5,609	1.32 €1,261	1.33 €8,101	1.34 €10,835
Frances Tiafoe	3.95 €91	4 €3,015	4.1 €755	4.2 €881	4.3 €886	4.4 €751

Groth v Tiafoe — Starting soon

Going In-Play — 100.7% ... 96.4%

Matched: €116,563

All Markets

En este caso, podemos ver como lo que antes eran columnas Back y Lay, se transforman en zonas Back y Lay. Ahora son tres las columnas de cada tipo por zona.

Para simplificar, vamos a centrarnos en una de las opciones del mercado. En este caso en el favorito del encuentro. En Groth.

Estamos viendo una secuencia de seis precios disponibles, en un instante dado, en esta opción del mercado. Concretamente: 1.29, 1.3 y 1.31, en azul, y 1.32, 1.33 y 1.34 en rosa. Debajo de cada precio también podemos ver el volumen disponible en el instante de la captura. En realidad puede haber muchos más precios/volúmenes ofrecidos. En este modo de visualización estamos solo viendo los tres precios de cada tipo más cercanos a la frontera del mercado.

¿Qué significan estos precios y zonas?

En la **zona azul** está el volumen de capital y cotizaciones ofertadas por el mercado (usuarios de Betfair-Intercambio), por la victoria del favorito, en el momento de la captura de la pantalla.

Así, en este instante se están ofertando 5.609€ de volumen a un precio de 1.31 por la victoria del favorito del encuentro. Otros 2.200€ a una cotización de 1.3 y otros 2.291€ a 1.29.

Esas cifras de volumen ofrecido, son el resultado de propuestas de precio y riesgo de uno o varios usuarios. Cada propuesta ocupa su posición, por orden de llegada, en una cola por precio, a la espera de que su propuesta sea igualada por otros usuarios. Usuarios que quieran apostar por la victoria de Groth.

Si yo fuese un usuario que quisiese en este justo momento apostar por la victoria de Groth, lo que se denomina apostar A FAVOR, el mejor precio que podría darme el mercado en estos momentos es de 1.31. Si mi riesgo fuera de 100€, al realizar mi apuesta vería algo como esto:

Esa apuesta podría efectuarse sin ningún tipo de dificultad. A ese precio hay disponible más de 4900€ disponibles, pendientes de ser igualados, por usuarios como yo.

Podemos ver, antes de realizar la apuesta, cómo quedarían las posiciones de riesgo asumidas tras ejecutar la misma.

- Arriesgamos 100€ (rojo) caso de que termine ganando el no favorito (Tiafoe).
- Ganamos 31€ (verde) si gana Groth.

Realmente a esta potencial ganancia hay que restarle la comisión sustraída por Betfair-Intercambio. Será como máximo de un 5%. Puede ser algo menor dependiendo del estado y condiciones de la cuenta bajo la que operamos.

Una vez efectuada la apuesta, Betfair la añade como operación de volumen intercambiado. Si nos fijamos, hasta ese momento era de 117.320€. Mis 100€ pasarán a engordar esa cifra.

Sin duda, cuanto más importante es un evento deportivo, más interés generará. En sus mercados será mayor la cifra de volumen intercambiado y del número de operaciones. Antes y durante el transcurso del encuentro.

Por otro lado, en esta misma opción del mercado, en la **zona rosa** está el volumen de capital y cotizaciones ofertadas por el mercado (usuarios de Betfair-Intercambio), por la derrota del favorito.

Cuando seleccionamos un precio en la zona rosa, se dice que vamos a realizar una apuesta EN CONTRA. Es muy importante entender la diferencia con la apuesta A FAVOR que representa la zona azul.

En el ejemplo anterior, en la zona azul, cuando apostábamos a favor por un importe de 100€ a 1.31, queríamos ganar 31€ por 100€ de riesgo.

Ahora, si queremos hacer una apuesta en contra del favorito por un importe de 100€ a 1.32, que es el mejor precio que el mercado está ofertando en este instante, lo que en realidad estamos diciendo es que queremos ganar 100€ arriesgando 32€.

De nuevo, esa apuesta podría efectuarse sin problema alguno. Hay disponible a ese precio más de 3500€ disponibles en ese momento.

Igual que en nuestra anterior apuesta, podemos ver, antes de realizarla, cómo quedarían las posiciones de riesgo asumidas tras ejecutar la misma.

- Arriesgamos 32€ (rojo) caso de que termine ganando el favorito (Groth).
- Ganamos 100€ (verde) si gana Tiafoe. De nuevo, habría que restarle la comisión aplicada por BetFair a la cuenta.

Pero ¿De dónde provienen esas cifras de volumen de capital disponible en las distintas cotizaciones?

En estos ejemplos, tanto cuando hemos querido apostar a Favor (Back), como cuando hemos querido realizar una apuesta En Contra (Lay), hemos comprado con el volumen disponible al precio marcado.

Si nos fijamos en las capturas anteriores, en las que nos disponíamos a realizar las apuestas, se pueden ver una serie de controles, que nos permiten modificar las cotizaciones. Así, incrementando o disminuyendo el precio conseguimos:

- O que nos igualen la apuesta, por indicar un precio igual o peor del que nos oferta el mercado
- O que la apuesta quede sin igualar, en el caso de solicitar un precio mejor del que el mercado nos puede ofrecer en ese instante.
- O que la apuesta quede parcialmente igualada.

El riesgo que queda sin igualar, total o parcialmente, forma parte del volumen ofrecido por el mercado, en la cotización que hayamos indicado.

Queda así entendido, cómo el mercado ofrece precios y volumen en cada una de sus opciones. El volumen ofrecido por el mercado es el conjunto de las apuestas propuestas por los usuarios en distintas cotizaciones, en riguroso orden de llegada.

De hecho, en el interfaz web móvil que estamos visualizando en las capturas solo vemos seis precios. Los tres más cercanos al último precio intercambiado, la frontera, más reciente en cada opción del mercado.

Pinchando en la opción adecuada en la interfaz, podemos obtener una tabla de precios posibles del mercado. En ella podemos visualizar, en cada potencial cotización, el volumen ofertado en tiempo real, y el volumen ya intercambiado hasta el momento.

Es muy importante hacer notar, que un riesgo propuesto a una cotización dada, mientras no sea igualado, puede ser cancelado. Mientras no nos hayan igualado una propuesta de riesgo, realmente no habremos realizado ninguna apuesta.

A su vez, de nuevo, pinchando en la opción adecuada, podremos ver una gráfica mostrando la evolución del precio intercambiado que ha seguido esa opción del mercado, hasta ese momento.

Por último, un dato importante es el volumen intercambiado, comprometido, en apuestas. Este volumen será la suma de las operaciones de riesgo sumadas en apuestas. Cada opción del mercado representará un porcentaje del total.

Si el mercado sigue abierto una vez empezado el evento, se dice que estará en vivo. Así, el mismo evento que nos ocupa, en un punto temprano del segundo set, una vez el favorito (Groth) ha ganado ya el primer set, el mercado muestra este aspecto:

Groth v Tiafoe In-Play						
⏱ In-Play			Back	Lay		
Sam Groth	1.05 €3,237	1.06 €688	1.07 €253	1.08 €3,020	1.1 €636	1.13 €1,318
Frances Tiafoe	8.6 €173	11 €63	13.5 €241	15 €18	18 €40	21 €161
ℹ 📈						Matched: €578,293
All Markets						›

Vemos como la cifra del volumen general intercambiado en apuestas ha crecido considerablemente. Esas cifras, en una final de un torneo de Grand Slam (uno de los cuatro grandes torneos de tenis) pueden ascender a más de 40 millones de euros en este mercado.

Este encuentro que estamos usando para adentrarnos en el uso y funcionamiento de Betfair-Intercambio, no es más que un partido de un ATP normal, de primera ronda. Aun así es muy fácil que el evento al terminar haya superado el millón de euros de volumen igualado.

Un volumen de intercambio nada despreciable, teniendo en cuenta que en esa semana se están disputando cinco torneos de gran nivel de tenis. Conviven juntos un gran número de eventos como el descrito.

Hasta aquí, hemos visto suficiente información relevante e introductoria de cómo hacer uso del modelo que nos ofrece Betfair-Intercambio, para poder efectuar nuestras apuestas.

Que no te haya quedado suficientemente claro el funcionamiento del Intercambio, ahora no es importante. Es interesante que hayas captado la esencia de lo que significa "intercambiar" precios y riesgos en un mercado asociado a un evento.

En la segunda parte del libro, cuando abordemos nuestro objetivo, invertir en Valor Deportivo, volveremos a ver más ejemplos. Veremos más detalladamente Betfair-Intercambio y sus fascinantes posibilidades.

Será fundamental familiarizarse con su uso y funcionamiento. Con el tiempo te será completamente natural para el día a día de tu labor de inversión.

Veremos los mercados objetivos donde invertir creando nuestras propuestas de riesgo. Los estudiaremos, comprendiendo sus características y entenderemos los detalles de sus dinámicas.

Aunque nos hemos centrado en Betfair-Intercambio, existen alternativas. Al menos son reseñables dos plataformas más: Betdaq y Matchbook. Poco a poco van labrándose una cuota dentro del sector. Sin embargo, en este libro nos centraremos en Betfair. Es lo natural.

En esto de los negocios en Internet, el que llega primero, si no nace mal, o no lo estropea, es el que crece más rápido. El famoso dicho que dice "el que golpea primero, golpea dos veces" es absolutamente real y contundente.

Betfair ha alcanzado una masa crítica de usuarios, personas y empresas, que será difícil superarla. La competencia ha de innovar ofreciendo algo demoledor para lograr destronar a la Plataforma de Intercambio de Betfair.

Preparados para aprender a operar.

Aquí terminamos la primera parte de este libro. Todo ha sido expuesto buscando familiarizarnos con el Sector y sus posibilidades como negocio. Los distintos sabores (Betsites, Intercambio) con los que nos podemos encontrar como usuarios.

En la segunda parte, todo se centrará en cómo transformar este Sector en un gran mercado donde invertir. Se trata de un Sector en el que fluye el capital a raudales y nuestro objetivo ha de ser cómo lograr que parte de ese caudal vaya a engordar nuestro balance de inversores.

Tres enfoques distintos nos aguardan, los dos primeros, a los que considero como enfoques tradicionales, arbitraje y pronóstico, y el tercero, la aportación de esta obra, mapeo de riesgo. Veremos ventajas e inconvenientes con el fin de que obtengas tus propias conclusiones.

Segunda Parte: Inversión en Valor Deportivo

Introducción: Mercados no manipulables.

Invertir es una actividad arriesgada y requiere de conocimientos. En esencia, invertir es exactamente lo mismo que apostar.

Cuando acumulamos algo de capital en forma de ahorro, proveniente normalmente de los rendimientos del trabajo, podemos optar por dos caminos: Seguir ahorrando o invertir.

Si decidimos seguir ahorrando, acumulando, normalmente lo haremos usando una cuenta bancaria personal. Todos los meses, con ayuda de acceso online que nos provee la entidad bancaria, podremos consultar la cifra que indica el saldo de que disponemos en la cuenta de ahorro.

Analicemos esta última frase. En realidad, es eso lo que tenemos con el banco. Una cifra que nos devuelve una aplicación del banco, asegurándonos que disponemos de esa cantidad de capital. La sensación que nos transmite es de seguridad y certeza. Nada más lejos de la realidad.

¿Qué es lo que hace el banco con el capital depositado en sus cuentas? Si el banco es un negocio ¿Cómo consigue los beneficios que logra en un mundo en el que cada vez son menores las comisiones bancarias? La respuesta es obvia: invirtiendo, especulando... apostando.

Lo dicho, lo que tenemos con el banco, mientras solo ahorramos, es eso... la cifra del saldo... literalmente, la cifra.

Si su banco se ve inmerso en una quiebra, desfalco o mala gestión, como cliente seguramente pueda disponer de una mínima fracción de su ahorro, siempre y cuando su banco esté adscrito a algún tipo de seguro.

Tras esta escalofriante visión, la conclusión es sencilla. Mientras tú ahorras, el banco especula e invierte con tu capital. Tu riqueza proviene de acumular tus rendimientos del trabajo en las cuentas del que gana especulando con tu ahorro. Así de sencillo. Que tú ahorres, indirectamente significa que otro invierte.

Dos son los principales motivos de la decisión de ahorrar frente a invertir: ignorancia y miedo.

En muchas ocasiones es el desconocimiento, y no la falta de ganas, lo que impide que nos metamos en determinados mercados a invertir.

En la gran mayoría de las ocasiones es el miedo a perder lo que realmente nos frena a la hora de invertir. Es absolutamente normal. A nadie le gusta perder.

Hazte una pregunta, ¿crees que los poseedores de grandes fortunas no han salido perdiendo en varias de sus inversiones? En el juego de invertir, a veces se gana, a veces se pierde. Por supuesto que ellos también tienen miedo a perder. Lo asumen.

Una vez entienden de qué va este juego (invertir), adquieren el conocimiento del medio (el mercado) y disponen de un plan de inversión (estrategia), se lanzan sin dudarlo. En el medio y largo plazo, esperan disponer de un balance positivo tras su inversión.

Lo primero, lo más importante, es decidir en qué mercado o mercados estamos dispuestos a llevar a cabo nuestra labor de inversión. Tal y como avanzamos al principio del libro, existen multitud de mercados en los que poder operar invirtiendo.

Un aspecto fundamental en el que fijarse a la hora de elegir el mercado es, en la medida de lo posible, elegir mercados no manipulables o con un índice bajo de manipulación. Si el mercado es sistemáticamente manipulable, no habrá estrategia clara a seguir por parte de cualquier inversor. Comprender por qué se gana o se pierde a la larga, será pura imaginación por parte de los analistas de estos mercados. Nuestra predisposición biológica a la fabulación siempre encontrará, a posteriori, cualquier explicación a lo ocurrido.

Veamos un ejemplo clarificador de lo que es un inversor en un mercado no manipulable, con una estrategia más que razonable para el medio y largo plazo.

Aunque se dice que el mercado inmobiliario mundial, en estos momentos está pasando por sus horas bajas, hay inversores que siguen obteniendo beneficios.

Un amigo que se dedica a la compraventa inmobiliaria, tiene una clara estrategia. A él le funciona. Poco a poco la va perfeccionando, rodeándola de sistematización y equipo.

Vive en una zona acomodada, cerca de una gran capital del sur de Europa. Lugar donde las familias residentes pertenecen a la clase media y media-alta. En este sustrato, es normal encontrar muchos matrimonios donde ambos trabajan.

La gran crisis económica que hemos estado padeciendo, ha provocado que, en muchas de estas parejas, uno de ambos cónyuges haya perdido el puesto de trabajo. De pronto, la unidad familiar, deja de ingresar la mitad de lo que habitualmente disponía para pasivo, para gastos.

Uno de los principales gastos es aquel que se destina a pagar la hipoteca de la vivienda en la que residen. Necesitan una solución. Una solución que, en la medida de lo posible, no les obligue a tener que cambiar a una zona muy distinta de la que ya están disfrutando. Se han acostumbrado a vivir provistos de buenos servicios, grandes avenidas, centros de salud, buenos colegios, centros comerciales, zonas verdes y de recreo, etc.

La estrategia es simple...

Mi amigo se molesta en localizar viviendas potencialmente objetivo para este tipo de familias. En buena lógica, busca zonas claramente más económicas que la suya, pero que mantengan similitud o expectativas de parecerse a la suya. Zonas donde actualmente viva gente más humilde. Suelen ser municipios emergentes, donde los gobernantes se han preocupado de diseñar un plan de urbanismo prometedor.

Con calma y, sin la obligación de invertir que tiene cualquier multinacional del sector inmobiliario, localiza vendedores potenciales de propiedades por esas zonas objetivo. Va localizando a los necesitados de vender, o de fácil convicción, para la venta.

Por otro lado, mediante buenas fuentes de información, busca quiénes de su zona son potenciales clientes del "producto" que el vende. Familias que ya están pasando por dificultades o con potencial de acabar en situación similar.

Con una estrategia tan simple, no exenta de dificultad en los detalles, ha logrado grandes beneficios personales en el medio y largo plazo.

Es un mercado donde cabe poca manipulación y sí mucha necesidad real. Esto no significa que en otras zonas, con otro tipo de inmuebles y clientes objetivo, no pueda existir manipulación de la que sea víctima el inversor.

Visto este ejemplo, volvamos al caso que nos ocupa: Inversión en Valor Deportivo. Vamos a ver cómo podemos considerar el Sector de la Apuesta Deportiva como medio para operar invirtiendo capital en búsqueda de balance positivo.

En general vamos a centrarnos en deportes muy populares y profesionales. Curiosamente en los que supuestamente el mercado ofrece precios más ajustados, precios propios de mercados eficientes. Deportes cuyas Competiciones dispongan de:

- Importantes intereses económicos.
- Gran inversión en Marketing y Publicidad.
- Gran cobertura en los medios de comunicación para lograr un gran seguimiento.
- Grandes profesionales que vivan del deporte: jugadores, equipos, entrenadores, directivos, profesionales de los medios de comunicación,..
- Importantes organismos reguladores que velen por las buenas y éticas prácticas de la competición.

La búsqueda de estas características en las competiciones donde operemos, harán que la manipulación de sus mercados sea la menor posible.

Con este sustrato ya nos podemos plantear y diseñar la que será la estrategia a seguir. Estrategia para invertir y lograr un éxito razonable.

Esta segunda parte tratará de describir de forma detallada tres grandes enfoques para intentar abordar nuestro objetivo de invertir en Valor Deportivo.

Cuando se inicia cualquier actividad relacionada con emprender, lo ideal es tener un buen plan apoyado en tres aspectos fundamentales: Una idea, un sistema y un equipo. Si además los tres son lo suficientemente buenos, no hay duda de que tendremos muchas posibilidades de éxito.

Es el tercer enfoque, que veremos en este libro, el que se presta a disponer de estos tres aspectos.

Es importante tener muy presente que a día de hoy este Sector mueve enormes cantidades de capital. Por no hablar del número de operaciones. Un dato relevante: hoy día el número de operaciones de compraventa que diariamente, en promedio, mueve el Intercambio en Betfair, supera ampliamente el total de operaciones de compraventa de todos los principales mercados occidentales del mundo.

Primer enfoque: Roturas de Mercado.

Imaginemos que somos empresarios del sector del calzado.

Un buen día nos informan de una oportunidad rápida de beneficio. Nos ofrecen una partida de dos mil pares de zapatos de la temporada pasada. Outlet sobrante de una importante marca de calzado. Nos los venden con todo tipo de garantías oficiales, y nos los tienen preparados en un contenedor listo para servir.

Supongamos que formamos parte de un B2B (bussines to bussines) del calzado y tenemos asegurada la compra del contenedor, antes de comprarlo, siempre y cuando el precio de venta no supere un cierto valor.

Resulta que el valor de venta supera en un 5% el valor de compra, incluidos todos los gastos que conlleva.

Por último, imaginemos que tenemos una herramienta que nos permite de forma simultánea la compra y la venta del contendor. Bastaría con disponer del capital de la compra para ganar limpiamente un 5% por la mera intermediación. Salvo por los detalles, sobre el papel, esta operación ha sido una operación segura para nosotros.

Fácil y limpia. Hemos ganado un 5% al riesgo movilizado, por tan sólo mover el capital entre cuentas.

Hemos necesitado de dos ingredientes básicos: un rápido acceso a información fiable, y agilidad para transferir y recibir capital.

Esto se podría considerar similar a una situación de arbitraje en un mercado financiero. Compramos en una determinada plaza sabiendo que **simultáneamente** tenemos garantizada la venta con un ligero beneficio en otra plaza. De nuevo, el rápido acceso a información fiable, y la agilidad para poder comprar y vender en ambas plazas bursátiles, son absolutamente determinantes.

La clave en todo esto está en la palabra "simultáneamente"...

Volvamos al Sector de las Apuestas Deportivas.

Las distintas Casas de Apuestas vienen a ser lo mismo que las diferentes plazas bursátiles donde cotizan los mismos valores.

Los eventos deportivos, de los deportes más populares, y sus mercados principales cotizan en casi todas las Casas de Apuestas. Así, un mismo partido de fútbol de una liga Top y sus mercados principales, puede estar siendo cotizado, antes y durante el evento en más de doscientas casas de apuestas serias.

Cómo ya he comentado anteriormente, los precios de los mercados son dinámicos. Están sujetos a fluctuaciones. Principalmente por dos motivos:

- Algo inesperado que afecte a las probabilidades iniciales predichas para el evento. Antes o durante el transcurso del evento.
- Por la propia gestión interna de la Casa de Apuestas. Puede necesitar jugar con los precios para controlar los flujos de riesgo.

Hay que hacer notar que, debido a la alta competencia, hace tiempo que las mejores Firmas, han bajado sus márgenes de beneficio estadístico. Ofertan precios más justos, más atractivos para el jugador.

Con tanta fluctuación de cotizaciones, podría suceder una situación de rotura de mercado. Una situación de arbitraje. Una situación ventajosa de beneficio asegurado para el jugador.

Simultáneamente puede darse la circunstancia de que, por ejemplo, en un mercado dado con tres opciones se den cotizaciones extremas entre distintas Casas de Apuestas. Si cada cotización; de forma complementaria y en un instante dado; es ofrecida bajo una cotización generosa, se dará esa situación de arbitraje o apuesta segura para el jugador.

De nuevo será accesible al jugador que: disponga de un rápido acceso a una información fiable, y una forma ágil de transferir capital.

Condiciones de Arbitraje.

En el apartado anterior, hemos hablado de una condición de arbitraje fácil de identificar, ya que casi con un cálculo mental, teniendo las cotizaciones a la vista, podemos saber si vamos o no a tener una condición simple de arbitraje.

Con el éxito del Sector, poco a poco, se publican en los Betsites un mayor número de mercados asociados a cada evento. Sobre todo en los eventos más populares, con mayor seguimiento.

Llegan a los eventos los atractivos mercados denominados de Hándicap. Concretamente los Hándicaps Asiáticos.

Son mercados que ofrecen más juego al jugador. Se les ofrece la capacidad de apostar en situaciones donde el resultado de la apuesta puede tener distintos tipos de retorno.

Por ejemplo, uno de los más sencillos en el fútbol, es el del "Empate no computa" o hándicap asiático cero o de nivel. Consiste en que el jugador puede apostar a cualquiera de los dos equipos, ganando la apuesta si acierta, perdiendo si su equipo pierde, pero retornando lo apostado si el partido empata a goles. Es decir, si la diferencia de goles es nula.

Surgen de forma natural para el fútbol. La principal característica de estos mercados asiáticos es que transforman un mercado de tres opciones en uno de dos. Normalmente se consigue añadiendo goles de ventaja al no favorito, eliminando así la posibilidad del empate.

El objetivo es claro, "vitaminar", engordar, aumentar... la cotización del favorito, logrando parecer más atractiva para el jugador.

Un ejemplo sencillo sería el de Medio Gol al no favorito: +0.5

- FC Barcelona -0.5   1.95
- Valencia CF +0.5   1.95

El Betsite; en el evento de fútbol en el que se enfrentan el FC Barcelona contra el Valencia CF; le está dando de inicio medio gol de ventaja al Valencia, el equipo que en este caso es el no favorito del encuentro. Es como si el marcador, al inicio del partido, ya indicase 0 - 0.5 a favor del Valencia FC.

Con este tipo de mercados, de lo que sólo hemos hablado de los ejemplos más sencillos, los retornos pueden ser muy variados.

De esta manera, se abre la posibilidad, en un mismo evento, de escudriñar más de una condición de arbitraje.

Analizando el total de mercados ofrecidos para un tipo de eventos determinado, hace unos años encontramos veinte condiciones de arbitraje para usarlas en la búsqueda de situaciones ventajosas de inversión en un mismo evento.

En un mismo evento, si es lo suficientemente importante, cruzando sus mercados en las distintas casas de apuestas, estas condiciones pueden sondear más de 400 formas de localizar una condición de arbitraje. Nada más y nada menos...

Lógicamente el tamaño del beneficio de estos arbitrajes ha de ser pequeño. Todo lo que supere más de un 5% es sospechoso de resultar problemático como arbitraje. Ya explicaremos el por qué más adelante.

En esta sección vamos a detallar las ecuaciones que nos permiten identificar cada condición de arbitraje, y los deportes/mercados que, de forma cruzada, se involucran en dichas condiciones.

Consideraciones previas y aclaraciones sobre ciertos mercados.

En adelante cuando hablemos de precios o cotizaciones, nos referiremos a ellas como **cuotas**. Y las denominaremos **C1**, **C2**, **C3**,...

A su vez, el total del volumen de capital a movilizar, involucrado en una situación de arbitraje, en la que se han de cubrir todas las opciones del mercado en distintos Betsites, lo denominaremos **V**.

A su vez cada porción de volumen de riesgo destinado a apuestas al Betsite1, Betsite2, Betsite3,... los denominaremos, respectivamente, **V1**, **V2**, **V3**,...

Es posible que en un instante dado, habiendo monitorizado las cuotas de un mercado en varios Betsites, no se cumpla ninguna condición de arbitraje. Eso no significa que cinco segundos más tarde, al volver a monitorizar, sí que la tengamos.

Como veremos más adelante, el asunto tecnológico es fundamental.

Por último, con cada condición de arbitraje, veremos que aparecerán cruces de mercados que involucran a los ya citados hándicaps asiáticos y europeos. Es fundamental entender sus reglas. De forma breve y previa a la exposición de las distintas condiciones, es necesario que veas una pequeña introducción a su funcionamiento.

Sí, será un poco rollo, pero es fundamental para no meter la pata. Nosotros la metimos en varias ocasiones. Coste de aprendizaje.

Si pretendes usar el conocimiento aquí expuesto para programar tu propio motor de localización de situaciones de arbitraje, entonces te será fundamental entender el funcionamiento de estos nuevos mercados y sus retornos.

Mercados de Hándicap Asiático

Ya hemos comentado que la principal característica de estos mercados es transformar un mercado de tres opciones en uno de dos: 3-way → 2-way. Y que normalmente se consigue añadiendo ventaja al no favorito, eliminando la posibilidad del empate.

<u>Hándicap asiático de media bola.</u>

Ejemplo

Equipo	Hándicap asiático	Cuota
Barcelona	-0.5	1.95
Valencia	+0.5	1.95

El Betsite le está dando de inicio medio gol de ventaja al Valencia.

Si suponemos que la apuesta es de 100€, el siguiente cuadro es muy clarificador

Apuesta	Resultado	Retorno
Barcelona (-0.5)	Gana el Barcelona	100€ x 1.95 = 195€
Valencia (+0.5)		0€
Barcelona (-0.5)	Empatan	0€
Valencia (+0.5)		100€ x 1.95 = 195€
Barcelona (-0.5)	Gana el Valencia	0€
Valencia (+0.5)		100€ x 1.95 = 195€

<u>Mayores Hándicap asiático de media bola.</u>

Cuando la diferencia entre ambos equipo es muy grande, y el evento es suficientemente popular, son ofertados mayores hándicaps para atraer a los usuarios.

Ejemplo

Equipo	Hándicap asiático	Cuota
Barcelona	-1.5	1.95
Osasuna	+1.5	1.95

El Betsite le está dando de inicio un gol y medio de ventaja al Osasuna, el no favorito.

De nuevo, si suponemos que la apuesta es de 100€, el siguiente cuadro es muy clarificador

Apuesta	Resultado	Retorno
Barcelona (-1.5)	Gana el Barcelona por más de 1 gol	100€ x 1.95 = 195€
Osasuna (+1.5)		0€
Barcelona (-1.5)	Gana el Barcelona por un solo gol	0€
Osasuna (+1.5)		100€ x 1.95 = 195€
Barcelona (-1.5)	Empatan	0€
Osasuna (+1.5)		100€ x 1.95 = 195€
Barcelona (-1.5)	Gana el Osasuna	0€
Osasuna (+1.5)		100€ x 1.95 = 195€

Hándicap asiático de nivel.

Cuando los dos contendientes son muy parecidos y no hay un claro favorito, en vez de dar a uno de ellos goles de ventaja, se suelen ofrecer un hándicap asiático de nivel, denotado como AH(0). Este caso se corresponde con el ya popular, el Empate no apuesta, o el Empate no computa.

Ejemplo

Equipo	Hándicap asiático	Cuota
Barcelona	0	1.95
Real Madrid	0	1.95

El Betsite no le está dando goles de ventaja a ninguno de los dos equipos.

En el caso de empatar, diferencia de cero goles, se reintegra lo apostado.

Si suponemos que la apuesta es de 100€, en el siguiente cuadro podemos observar todas las situaciones posibles de retorno:

Apuesta	Resultado	Retorno
Barcelona (0)	Gana el Barcelona	100€ x 1.95 = 195€
Real Madrid (0)		0€
Barcelona (0)	Gana el Real Madrid	0€
Real Madrid (0)		100€ x 1.95 = 195€

Barcelona (0)	Empatan	100€
Real Madrid (0)		100€

Hándicap asiático de bola entera.

Cuando los dos contendientes están muy alejados en calidad, hay un claro favorito, se suelen ofrecer este tipo de hándicap asiático de bola entera, denotado como AH(x), siendo x un número entero de goles. El comportamiento de retornos es similar al caso anterior. Cuando la diferencia en goles es igual a x, el número de goles, las cantidades apostadas son reintegradas.

Ejemplo

Equipo	Hándicap asiático	Cuota
Barcelona	-2	1.95
Osasuna	+2	1.95

Así, en este caso de AH(2) si la diferencia en goles es exactamente 2 al terminar el partido, se reintegran las cantidades apostadas en el mercado.

Si suponemos que la apuesta es de 100€, volvemos a analizar los retornos en el siguiente cuadro:

Apuesta	Resultado	Retorno
Barcelona (-2)	Gana el Barcelona por más de 2 goles	100€ x 1.95 = 195€
Osasuna (+2)		0€
Barcelona (-2)	Gana el Barcelona por menos de 2 goles	0€
Osasuna (+2)		100€ x 1.95 = 195€
Barcelona (-2)	Gana el Barcelona exactamente por 2 goles	100€
Osasuna (+2)		100€
Barcelona (-2)	Gana el Osasuna	0€
Osasuna (+2)		100€ x 1.95 = 195€

Hándicap asiático de cuarto de bola.

Es el resultado de combinar un hándicap asiático de nivel con uno de media bola. El motivo de denominarse así es que ¼ representa la media entre 0 y ½.

Cuando en un Betsite apostamos a un AH(0.25), efectivamente estamos haciendo una sola apuesta. Pero realmente la apuesta, internamente, se divide en dos.

Una apuesta a AH(+0.25) distribuye a partes iguales la cantidad entre un AH(0) y un AH(+0.5).

Una apuesta a AH(-0.25) distribuye a partes iguales la cantidad entre un AH(0) y un AH(-0.5).

Para entenderlo, como siempre, vemos un ejemplo.

Ejemplo

Equipo	Hándicap asiático	Cuota
Barcelona	-0.25	1.95
Real Madrid	+0.25	1.95

Otra vez, si suponemos que la apuesta es de 100€, volvemos a analizar los retornos en el siguiente cuadro, algo más complejo esta vez:

Apuesta	Resultado	Retorno		Total retorno
Barcelona	Gana el Barcelona	Apuesta (0)	50€x1.95=97.5€	195€
		Apuesta (-0.5)	50€x1.95=97.5€	
Real Madrid		Apuesta (0)	0€	0€
		Apuesta (+0.5)	0€	
Barcelona	Empatan	Apuesta (0)	50€	50€
		Apuesta (-0.5)	0€	
Real Madrid		Apuesta (0)	50€	147.5€
		Apuesta (+0.5)	50€x1.95=97.5€	
Barcelona	Gana el Real Madrid	Apuesta (0)	0€	0€
		Apuesta (-0.5)	0€	
Real Madrid		Apuesta (0)	50€x1.95=97.5€	195€
		Apuesta (+0.5)	50€x1.95=97.5€	

Hándicap asiático de tres cuartos de bola.

Este mercado es muy similar al anterior.

Es el resultado de combinar un hándicap asiático de bola completa con uno de media bola. El motivo de denominarse así es que ¾ representa la media entre 1 y ½.

Cuando en un Betsite apostamos a un AH(0.75), efectivamente estamos haciendo una sola apuesta. Pero realmente la apuesta, internamente, se divide en dos.

Una apuesta a AH(+0.75) distribuye a partes iguales la cantidad entre un AH(+1) y un AH(+0.5).

Una apuesta a AH(-0.75) distribuye a partes iguales la cantidad entre un AH(-1) y un AH(-0.5).

Al rescate, acude un ejemplo, que es la mejor manera de entenderlo.

Ejemplo

Equipo	Hándicap asiático	Cuota
Barcelona	-0.75	1.95
Osasuna	+0.75	1.95

Otra vez, si suponemos que la apuesta es de 100€, volvemos a analizar los retornos en el siguiente cuadro, algo más complejo esta vez:

Apuesta	Resultado	Retorno		Total retorno
Barcelona	Gana el Barcelona por más de un gol	Apuesta (-1)	50€x1.95=97.5€	195€
		Apuesta (-0.5)	50€x1.95=97.5€	
Osasuna		Apuesta (+1)	0€	0€
		Apuesta (+0.5)	0€	
Barcelona	Gana el Barcelona por exactamente un gol	Apuesta (-1)	50€	147.5€
		Apuesta (-0.5)	50€x1.95=97.5€	

Osasuna		Apuesta (+1)	50€	50€
		Apuesta (+0.5)	0€	
Barcelona	Cualquier otro resultado(empatan o gana el Osasuna)	Apuesta (-1)	0€	0€
		Apuesta (-0.5)	0€	
Osasuna		Apuesta (+1)	50€x1.95=97.5€	195€
		Apuesta (+0.5)	50€x1.95=97.5€	

Mercados de Goles Totales (válido para Puntos Totales, si no tratamos con fútbol)

Como su nombre indica, se trata de mercados que tienen que ver son total de goles marcados en un partido.

Número entero de goles.

Presentan el siguiente formato

Menos de 2 | Más de 2.

Si el resultado es exactamente 2, la apuesta es reintegrada.

Número fraccionario de goles.

Presentan el siguiente formato

Menos de 2.5 | Más de 2.5.

En este caso no hay posibilidad de reintegro.

Hándicap asiático de cuartos de gol.

Es una combinación de los anteriores.

Un ejemplo:

Menos de 2.25, se reparte por igual la apuesta entre Menos de 2 y Menos de 2.5

Más de 2.25, se reparte por igual la apuesta entre Más de 2 y Más de 2.5

Si la apuesta es por un importe de 100€, el cuadro de retornos será:

Apuesta	Resultado	Retorno		Total retorno
Under 2.25	1 gol	Apuesta U2	50€x1.95=97.5€	195€
		Apuesta U2.5	50€x1.95=97.5€	
Over 2.25		Apuesta O2	0€	0€
		Apuesta O2.5	0€	
Under 2.25	2 goles	Apuesta U2	50€	147.5€
		Apuesta U2.5	50€x1.95=97.5€	
Over 2.25		Apuesta O2	50€	50€
		Apuesta O2.5	0€	
Under 2.25	3 goles o más	Apuesta U2	0€	0€
		Apuesta U2.5	0€	
Over 2.25		Apuesta O2	50€x1.95=97.5€	195€
		Apuesta O2.5	50€x1.95=97.5€	

Donde hemos usado los anglicismos "Under" como "Menos de" y "Over" en lugar de "Más de".

Mercados de Hándicap Europeo

A estos mercados, para distinguirlos de los asiáticos, los designaremos como EH.

En este caso sí que se considera la opción de los empates, a diferencia de los asiáticos.

Los empates en los hándicaps europeos serán referidos por el valor del hándicap entre paréntesis. Por ejemplo X1(-1) significa que es el empate de un mercado de hándicap europeo EH1(-1) – X – EH2(+1).

Aquí X1(-1) se está refiriendo a que es el equipo 1 el que lleva el hándicap de -1, un gol de desventaja.

Vista esta sección de requisitos previos, vamos con las condiciones de arbitraje y mercados donde buscar para dar con ellas.

El método para deducir las expresiones de las distintas condiciones de arbitraje, lo podemos ver en el **Anexo I**, en la última sección del libro.

Primera condición de arbitraje: la obvia.

De esta condición ya hemos hablado. Es la más sencillo de identificar.

De todas las que vamos a ver es la que se usa la mayoría de las veces comparando cuotas de opciones de un mismo mercado. También veremos cómo usarla cruzando mercados distintos del mismo evento.

Con la suficiente experiencia, se puede llegar a detectar simplemente oteando las cuotas.

Como es natural, es la más buscada y trabajada por miles de jugadores de todo el mundo.

Aunque se puede generalizar para N opciones dentro de un mercado dado de espectro finito, aquí veremos la forma concreta para mercados de dos y tres opciones.

Lo primero que hemos de comprobar, teniendo las cuotas de todas las opciones del mercado es que se cumple esta relación para el caso de dos opciones:

$$S = \frac{1}{C1} + \frac{1}{C2} < 1$$

O esta para el caso de tres opciones:

$$S = \frac{1}{C1} + \frac{1}{C2} + \frac{1}{C3} < 1$$

Además de esta condición de arbitraje hemos de saber repartir el total del volumen de capital a movilizar entre todas las opciones del mercado. En este caso:

$$V1 = \frac{V}{S * C1} , V2 = \frac{V}{S * C2} , V3 = \frac{V}{S * C3} \quad siendo\ V = V1 + V2 + V3$$

Logramos así que el retorno de cualquiera de las opciones que resulte ganadora del mercado (una ha de terminar siendo la ganadora) sea:

$$Ci * Vi > V$$

Siendo el beneficio seguro el calculado por la expresión:

$$Beneficio = V * (1 - S) \; siendo \; S < 1$$

Veamos un ejemplo. Sólo lo veremos con esta primera condición, pero valdrá para hacerse una idea en lo que al resto de condiciones se refiere.

En la primera parte del libro, cuando hablamos sobre las diferencias operativas y prácticas de un Betsite frente a un Intercambio, hablamos de un evento de tenis. Concretamente del jugado en el torneo ATP jugado en Bogotá. Recordemos que se enfrentaba el australiano Sam Groth, como claro favorito, frente al americano Frances Tiafoe.

Pudimos observar cómo, en un instante dado, dos Betsites cotizaban generosamente sus victorias. Concretamente:

- Por la victoria de Groth S.: 1.31 [1xBet]
- Por la victoria de Tiafoe F.: 4.50 [betway]

Usando la condición de arbitraje podemos ver fácilmente que S = 0.985 que es menor que 1 como pide la condición.

El beneficio asegurado sobre el volumen movilizado entre ambas opciones del mercado es de:

$1 - S$ que en este caso queda, 1 - 0.98558 = 0.0144. Un beneficio asegurado del 1.4%.

Si nuestro objetivo es movilizar entre las opciones del mercado un total de, pongamos, 1000€ de capital, el reparto, según lo visto, debería quedar así:

- V1 a Groth = 774.53€
- V2 a Tiafoe = 225.47€

Como se puede comprobar por las cuotas y el volumen de cada opción caso de que gane cualquiera de ambas opciones del mercado:

- Victoria de Groth = 1.31 x 774.53€ = 1014,63€
- Victoria de Tiafoe = 4.5 x 225.47€ = 1014,61€

Ambos retornos superiores a los 1000€ repartidos entre ambas opciones, con poco más de 14€ de beneficio seguro. Es decir, el 1.4% que nos aseguraba la condición de arbitraje.

A continuación vamos a ver cuáles han de ser los mercados donde escudriñar cuotas para localizar situaciones dónde se dé esta primera condición de arbitraje. Ha de tratarse de mercados populares para que el Betsite nos acepte un riesgo que merezca la pena mover.

Campeonatos importantes de Tenis, Fútbol. Baloncesto, Béisbol, Boxeo,… son suficientemente populares como para que los Betsites dispongan de jugosos mercados.

Indicaremos con 1 al primer equipo, jugador, tenista, etc. Ídem con el número 2.

Así los mercados:

- 1 – 2
- 1 – X – 2

Se refieren al que permite apostar por la victoria de ambos competidores. La X se suele emplear para cuando se puede producir una situación de empate entre ambos competidores.

En mercados dónde pueda darse una situación de empate, tenemos mercados de doble oportunidad tales como:

- 1 – 2X o 1X – 2

Hemos hablado ya de los mercados de hándicap asiáticos y europeos, donde normalmente al no favorito se le suele dar algo de ventaja. Usaremos **AH** cuando nos refiramos a un mercado de hándicap asiático y **EH** cuando nos refiramos a uno de hándicap europeo.

Esto nos permite cruzar mercados de un mismo evento para intentar buscar esta primera situación de arbitraje, comparando las opciones de mercado tales como:

- AH1(-0.5) – X – 2 o 1 – X – AH2(-0.5)

Cruzando estos mercados, entre varios Betsites, podría darse una situación de arbitraje identificable bajo esta primera condición.

Cruzar estos mercados es una situación lógica en la que podría darse perfectamente un jugoso arbitraje. Lastrar a un competidor con algo de desventaja hará algo más atractivo su precio. Así que, ¿Por qué no escudriñar estos mercados y compararlos por si acaso se diera la oportunidad?

Con mayor motivo, también podría darse una situación de arbitraje en un cruce del estilo:

- AH1(-0.5) – X – AH2(-0.5)

En el caso del tenis podemos ver cruces muy interesantes. Basta con construir situaciones lógicas que cubran todas las posibilidades y que, usando la ecuación de esta primera condición de arbitraje, podamos identificar una situación de arbitraje.

Así en un partido dado, podemos comparar las cuotas de las victorias de los tenistas con el los precios dados por el mercado de sets típico:

- 1 – S(0:2) –S(1:2) o S(2:0) – S(2:1) – 2

Indicando S como mercado de Sets.

Lo mismo si además estamos en una final. Podríamos comparar también con las cuotas que tiene cada tenista por ganar el torneo. Igual que en el caso anterior podemos cruzar:

- W1 – S(0:2) –S(1:2) o S(2:0) – S(2:1) – W2

Denotando con W el mercado de la victoria del campeonato.

Lógicamente, son comparables también estos cruces:

- 1 – W2 o W1 – 2

Por último, si además tenemos oferta de mercados de hándicap asiáticos y europeos, porque el evento sea lo suficientemente popular, podemos terminar comparando cuotas del cruce de mercados, como en la siguiente lista:

- 1 – EH(+1) ; 2 – EH(+1)
- EH1(+3) – EH2(-2) ; EH1(-2) – EH2(+3)
- EH1(+2) – EH2(-1) ; EH1(-1) – EH2(+2)
- EH1(-1) – X1(-1) – EH2(+1) ; EH1(+1) – X1(+1) – EH2(-1)
- EH1(-2) – X1(-2) – EH2(+2) ; EH1(+2) – X1(+2) – EH2(-2)
- EH1(-3) – X1(-3) – EH2(+3) ; EH1(+3) – X1(+3) – EH2(-3)
- AH1(-1.5) – X1(-1) – EH2(+1) ; EH1(+1) – X1(+1) – AH2(-1.5)
- AH1(-1.5) – X1(-1) – AH2(+0.5) ; AH1(+0.5) – X1(+1) – AH2(-1.5)
- AH1(-2.5) – X1(-2) – EH2(+2) ; EH1(+2) – X1(+2) – AH2(-2.5)

- AH1(-2.5) – X1(-2) – AH2(+1.5) ; AH1(+1.5) – X1(+2) – AH2(-2.5)
- AH1(-3.5) – X1(-3) – EH2(+3) ; EH1(+3) – X1(+3) – AH2(-3.5)
- AH1(-3.5) – X1(-3) – AH2(+2.5) ; AH1(+2.5) – X1(+3) – AH2(-3.5)
- EH1(-1) – X1(-1) – AH2(+0.5) ; AH1(+0.5) – X1(+1) – EH2(-1)
- EH1(-2) – X1(-2) – AH2(+1.5) ; AH1(+1.5) – X1(+2) – EH2(-2)
- EH1(-3) – X1(-3) – AH2(+2.5) ; AH1(+2.5) – X1(+3) – EH2(-3)

Recordemos que X se refiere a la situación de empate. Por ejemplo, un empate así representado **X1(-1)** en un mercado de hándicap europeo, se está refiriendo a que es el equipo 1 el que lleva el hándicap de -1 (un gol de desventaja).

Segunda condición de arbitraje.

A partir de aquí comienza lo interesante. Situaciones de arbitraje que no son tan fáciles de ver a simple vista.

Estas condiciones surgen al cruzar cuotas de mercados de un mismo evento. Al haber dependencias lógicas entre ellos, surgen nuevas y fascinantes posibilidades de dar con situaciones ventajosas.

Las ecuaciones resultantes que gobiernan estos arbitrajes, se van haciendo más complejas. La necesidad de un motor de comparación de cuotas se hace más que necesario.

Para entender esta condición, suponga que estás interesado en apostar en un evento de boxeo, al mercado de ganador. La mayoría de los Betsites cotizarán bajo un mercado del tipo "El empate no computa" (Draw no bet) tal que, si empatan a puntos, el Betsite te reintegra el importe de la apuesta.

Sin embargo habrá otros Betsites que coticen el empate en el mercado de ganador. Lógicamente cotizarán muy alto su valor, por la improbabilidad del empate a puntos.

Esto permitirá cruzar las cotizaciones de estos dos tipos de mercado para que, analizando bajo la condición que vamos a ver aquí, dada por el conjunto de posibles retornos, tengamos o no una situación de arbitraje.

Usando la nomenclatura y el formalismo del apartado anterior, la nueva condición de arbitraje por la que hacer pasar las cotizaciones de los distintos Betsites será:

$$S = \frac{1}{C1} + \frac{1}{C3} + \frac{C1-1}{C1*C2} < 1$$

Como en el caso de la primera condición, además de esta condición de arbitraje, hemos de saber repartir el total del volumen de capital a movilizar entre todas las opciones del mercado. En este caso:

$$V1 = \frac{V}{S*C1} \ , V2 = \frac{V*(C1-1)}{S*C1*C2} \ , V3 = \frac{V}{S*C3} \ \ siendo \ V = V1 + V2 + V3$$

Y el retorno posible lo tendremos con las tres expresiones siguientes, una para cada opción del mercado.

$$C1*V1 > V \ ; \ V1 + C2*V2 > V \ ; \ C3*V3 > V$$

Donde hemos indicado que cualquiera de ellos ha de ser mayor que el volumen de capital movilizado siempre que exista una condición de arbitraje real.

Veamos ahora una lista de mercados a cruzar dentro de un evento, con el fin de buscar un "positivo" bajo esta condición de arbitraje.

*   AH1(0) − X − 2 ; AH2(0) − X − 1
*   AH1(0) − X − AH2(-0.5) ; AH2(0) − X − AH1(-0.5)
*   AH1(-1) − X1(-1) − EH2(+1) ; AH2(-1) − X2(-1) − EH1(+1)
*   AH1(-2) − X1(-2) − EH2(+2) ; AH2(-2) − X2(-2) − EH1(+2)
*   AH1(-3) − X1(-3) − EH2(+3) ; AH2(-3) − X2(-3) − EH1(+3)
*   AH1(+1) − X1(+1) − EH2(-1) ; AH2(+1) − X2(+1) − EH1(-1)
*   AH1(+2) − X1(+2) − EH2(-2) ; AH2(+2) − X2(+2) − EH1(-2)
*   AH1(+3) − X1(+3) − EH2(-3) ; AH2(+3) − X2(+3) − EH1(-3)
*   AH1(-1) − X1(-1) − AH2(+0.5) ; AH2(-1) − X2(-1) − AH1(+0.5)
*   AH1(-2) − X1(-2) − AH2(+1.5) ; AH2(-2) − X2(-2) − AH1(+1.5)
*   AH1(-3) − X1(-3) − AH2(+2.5) ; AH2(-3) − X2(-3) − AH1(+2.5)
*   AH1(+1) − X1(+1) − AH2(-1.5) ; AH2(+1) − X2(+1) − AH1(-1.5)
*   AH1(+2) − X1(+2) − AH2(-2.5) ; AH2(+2) − X2(+2) − AH1(-2.5)
*   AH1(+3) − X1(+3) − AH2(-3.5); AH2(+3) − X2(+3) − AH1(-3.5)

Recordemos que lo que ahora no es condición de arbitraje, en un breve espacio de tiempo, tras una nueva lectura de cotizaciones, podría serlo tras volver a pasar las cuotas por la expresión de la condición de arbitraje.

Tercera condición de arbitraje.

Entramos en el terreno en el que ya es francamente difícil detectar la situación de arbitraje a simple vista. Cada vez se hace más notoria la necesidad del uso de tecnología capaz de recoger los precios y tamizarlas bajo la expresión para detectar la condición de arbitraje.

Condición:

$$S = \frac{1}{C1} + \frac{1}{C2 * C3} + \frac{C1 - 1}{C1 * C2} < 1$$

Reparto del volumen:

$$V1 = \frac{V}{S * C1} , V2 = \frac{V * (C1 - 1)}{S * C1 * C2} , V3 = \frac{V}{S * C1 * C3} \ siendo \ V = V1 + V2 + V3$$

Retorno:

$$C1 * V1 > V \ ; \ V1 + C2 * V2 > V \ ; \ C2 * V2 + C3 * V3 > V$$

En este caso, añadimos a los ya conocidos para el cruce de mercados a los denominados de Doble Oportunidad (1X, X2, 12). Mercados que en alguna de las opciones cubren 2 o más resultados posibles.

Una lista de mercados potenciales a cruzar dentro del evento serían:

- AH1(0) – 2X – 2 ; AH2(0) – 1X – 1
- AH1(0) – AH2(+0.5) – 2 ; AH2(0) – AH1(+0.5) – 1
- AH1(0) – 2X – AH2(-0.5) ; AH2(0) – 1X – AH1(-0.5)
- AH1(0) – AH2(+0.5) – AH2(-0.5); AH2(0) – AH1(+0.5) – AH1(-0.5)
- AH1(+1) – 2 – AH2(-1.5) ; AH2(+1) – 1 – AH1(-1.5)
- AH1(+1) – AH2(-0.5) – AH2(-1.5) ; AH2(+1) – AH1(-0.5) – AH1(-1.5)
- AH1(-1) – AH2(+1.5) – 2X ; AH2(-1) – AH1(+1.5) – 1X
- AH1(-1) – AH2(+1.5) – AH2(+0.5) ; AH2(-1) – AH1(+1.5) – AH1(+0.5)
- AH1(+2) – AH2(-1.5) – AH2(-2.5) ; AH2(+2) – AH1(-1.5) – AH1(-2.5)
- AH1(-2) – AH2(+2.5) – AH2(+1.5) ; AH2(-2) – AH1(+2.5) – AH1(+1.5)
- AH1(0) – EH2(+1) – 2 ; AH2(0) – EH1(+1) – 1
- AH1(0) – EH2(+1) – AH2(-0.5) ; AH2(0) – EH1(+1) – AH1(-0.5)
- AH1(+1) – 2 – EH2(-1) ; AH2(+1) – 1 – EH1(-1)
- AH1(+1) – AH2(-0.5) – EH2(-1) ; AH2(+1) – AH1(-0.5) – EH1(-1)

- AH1(-1) – EH2(+2) – 2X ; AH2(-1) – EH1(+2) – 1X
- AH1(-1) – EH2(+2) – AH2(+0.5) ; AH2(-1) – EH1(+2) – AH1(+0.5)
- AH1(-1) – AH2(+1,5) – EH2(+1) ; AH2(-1) – AH1(+1,5) – EH1(+1)
- AH1(-1) – EH2(+2) – EH2(+1) ; AH2(-1) – EH1(+2) – EH1(+1)
- AH1(+2) – EH2(-1) – AH2(-2,5) ; AH2(+2) – EH1(-1) – AH1(-2,5)
- AH1(+2) – AH2(-1,5) – EH2(-2) ; AH2(+2) – AH1(-1,5) – EH1(-2)
- AH1(+2) – EH2(-1) – EH2(-2) ; AH2(+2) – EH1(-1) – EH1(-2)
- AH1(-2) – EH2(+3) – AH2(+1,5) ; AH2(-2) – EH1(+3) – AH1(+1,5)
- AH1(-2) – AH2(+2,5) – EH2(+2) ; AH2(-2) – AH1(+2,5) – EH1(+2)
- AH1(-2) – EH2(+3) – EH2(+2) ; AH2(-2) – EH1(+3) – EH1(+2)

Recuerda que AH(0) es lo mismo que el mercado del tipo W o Empate no computa, por lo que alguno de estos cruces de mercado, realmente representan dos posibilidades de búsqueda.

A la lista podemos añadirle una serie de cruces posibles, ahora en los mercados de Goles Totales:

- O(2) – U(2.5) – U(1.5)
- U(2) – O(1.5) – O(2.5)
- O(3) – U(3.5) – U(2.5)
- U(3) – O(2.5) – O(3.5)
- O(4) – U(4.5) – U(3.5)
- U(4) – O(3.5) – O(4.5)

Donde O significa "Over", es decir, "Más de" y U quiere decir "Under", "Menos de".

Cuarta condición de arbitraje.
Aparecen en escena los mercados de Hándicap asiático de cuartos. Nuevas condiciones de arbitraje por descubrir, al presentar una mayor riqueza de potenciales retornos.

Aquí veremos la cuarta. De nuevo una condición de arbitraje difícil de ver a simple vista.

Condición:

$$S = \frac{1}{C1} + \frac{1}{C3} + \frac{C1 - \frac{1}{2}}{C1 * C2} < 1$$

Reparto del volumen:

$$V1 = \frac{V}{S * C1} \,, V2 = \frac{V * (C1 - \frac{1}{2})}{S * C1 * C2} \,, V3 = \frac{V}{S * C3} \quad siendo \ V = V1 + V2 + V3$$

Retorno:

$$C1 * V1 > V \;; \frac{V1}{2} + C2 * V2 > V \;; \ C3 * V3 > V$$

Como en las demás ocasiones, aquí va una lista de mercados a cruzar en un mismo evento para la búsqueda de una situación de arbitraje bajo esta condición.

- AH1(-0.25) – X – 2 ; AH2(-0.25) – X – 1
- AH1(-0.25) – X – AH2(-0.5) ; AH2(-0.25) – X – AH1(-0.5)
- AH1(-1.25) – X1(-1) – AH2(+0.5) ; AH2(-1.25) – X2(-1) – AH1(+0.5)
- AH1(-2.25) – X1(-2) – AH2(+1.5) ; AH2(-2.25) – X2(-2) – AH1(+1.5)
- AH1(+0.75) – X1(+1) – AH2(-1.5) ; AH2(+0.75) – X2(+1) – AH1(-1.5)
- AH1(+1.75) – X1(+2) – AH2(-2.5) ; AH2(+1.75) – X2(+2) – AH1(-2.5)
- AH1(-1.25) – X1(-1) – EH2(+1) ; AH2(-1.25) – X2(-1) – EH1(+1)
- AH1(-2.25) – X1(-2) – EH2(+2) ; AH2(-2.25) – X2(-2) – EH1(+2)
- AH1(+0.75) – X1(+1) – EH2(-1) ; AH2(+0.75) – X2(+1) – EH1(-1)

Quinta condición de arbitraje.

Aquí podemos ver la que será la quinta condición de arbitraje. Basta con cruzar ya mercados conocidos lo suficientemente complejos en sus retornos y podremos descubrir cuál es la expresión de esta quinta condición.

Condición:

$$S = \frac{1}{C1} + \frac{1}{2 * C1 * C3} + \frac{C1 - \frac{1}{2}}{C1 * C2} < 1$$

Reparto del volumen:

$$V1 = \frac{V}{S * C1} \,, V2 = \frac{V * \left(C1 - \frac{1}{2}\right)}{S * C1 * C2} \,, V3 = \frac{V}{2 * S * C1 * C3}$$

$$siendo \ V = V1 + V2 + V3$$

Retorno:

$$C1 * V1 > V \; ; \frac{V1}{2} + C2 * V2 > V \; ; \; C2 * V2 + C3 * V3 > V$$

Una vez más, aquí va una lista de mercados donde poder escudriñar en busca y comprobación de esta condición de arbitraje a partir de los precios.

- AH1(-0.25) – 2X – 2 ; AH2(-0.25) – 1X – 1
- AH1(-0.25) – 2X – AH2(-0.5) ; AH2(-0.25) – 1X – AH1(-0.5)
- AH1(-0.25) – AH2(+0.5) – AH2(-0.5) ; AH2(-0.25) – AH1(+0.5) – AH1(-0.5)
- AH1(-0.25) – AH2(+0.5) – 2 ; AH2(-0.25) – AH1(+0,5) – 1
- AH1(+0.75) – 2 – AH2(-1.5) ; AH2(+0.75) – 1 – AH1(-1.5)
- AH1(+0.75) – AH2(-0.5) – AH2(-1.5) ; AH2(+0.75) – AH1(-0.5) – AH1(-1.5)
- AH1(+1.75) – AH2(-1.5) – AH2(-2.5) ; AH2(+1.75) – AH1(-1.5) – AH1(-2.5)
- AH1(-1.25) – AH2(+1.5) – 2X ; AH2(-1.25) – AH1(+1.5) – 1X
- AH1(-1.25) – AH2(+1.5) – AH2(+0.5) ; AH2(-1.25) – AH1(+1.5) – AH1(+0.5)
- AH1(-2.25) – AH2(+2.5) – AH2(+1.5) ; AH2(-2.25) – AH1(+2.5) – AH1(+1.5)
- U(1.75) – O(1.5) – O(2.5)
- O(1.75) – U(2.5) – U(1.5)
- U(3.75) – O(3.5) – O(4.5)
- O(3.25) – U(3.5) – U(2.5)
- U(2.75) – O(2.5) – O(3.5)
- AH1(-0.25) – EH2(+1) – AH2(-0.5) ; AH2(-0.25) – EH1(+1) – AH1(-0.5)
- AH1(-0.25) – EH2(+1) – 2 ; AH2(-0.25) – EH1(+1) – 1
- AH1(+0.75) – 2 – EH2(-1) ; AH2(+0.75) – 1 – EH1(-1)
- AH1(+1.75) – EH2(-1) – AH2(-2.5) ; AH2(+1.75) – EH1(-1) – AH1(-2.5)
- AH1(+1.75) – AH2(-1.5) – EH2(-2) ; AH2(+1.75) – AH1(-1.5) – EH1(-2)
- AH1(+1.75) – EH2(-1) – EH2(-2) ; AH2(+1.75) – EH1(-1) – EH1(-2)
- AH1(-1.25) – EH2(+2) – 2X ; AH2(-1.25) – EH1(+2) – 1X
- AH1(-1.25) – EH2(+2) – AH2(+0.5) ; AH2(-1.25) – EH1(+2) – AH1(+0.5)
- AH1(-1.25) – AH2(+1.5) – EH2(+1) ; AH2(-1.25) – AH1(+1.5) – EH1(+1)
- AH1(-2.25) – EH2(+3) – AH2(+1.5) ; AH2(-2.25) – EH1(+3) – AH1(+1.5)
- AH1(-2.25) – AH2(+2.5) – EH2(+2) ; AH2(-2.25) – AH1(+2.5) – EH1(+2)
- AH1(-2.25) – EH2(+3) – EH2(+2) ; AH2(-2.25) – EH1(+3) – EH1(+2)

Tal y como se puede observar, cruces de mercados como los de Cuotas de Partido (ganador del evento), Más de/Menos de (Over/Under), Hándicap Asiático en todas sus formas, Hándicap Europeo y los de Doble Oportunidad, van a ser nuestro campo de extracción de cuotas.

Así será, de forma general, en el resto de las condiciones de arbitraje.

Sexta condición de arbitraje.

A partir de aquí, ya conocidos todos los mercados implicados en el cruce para la búsqueda de arbitrajes, tan sólo expondremos la ecuación que expresa la condición, las fórmulas para el reparto del volumen de capital en cada una de las opciones implicadas, y las expresiones para comprobar los distintos posibles retornos, según resultado.

Condición:

$$S = \frac{1}{C1} + \frac{1}{C3} + \frac{C1-1}{2*C1*C2} < 1$$

Reparto del volumen:

$$V1 = \frac{V}{S*C1} , V2 = \frac{V*(C1-1)}{S*2*C1*C2} , V3 = \frac{V}{S*C3} \quad siendo \; V = V1 + V2 + V3$$

Retorno:

$$C1*V1 > V ; \frac{V1}{2} + C1*\frac{V1}{2} + C2*V2 > V ; C3*V3 > V$$

Mercados a cruzar:

- AH1(+0.25) – X – 2 ; AH2(+0.25) – X – 1
- AH1(+0.25) – X – AH2(-0.5) ; AH2(+0.25) – X – AH1(-0.5)

Esta será la única información que iremos exponiendo en el resto de condiciones de arbitraje.

Séptima condición de arbitraje.

Condición:

$$S = \frac{1}{C1} + \frac{(C1-1)}{2*C1*C2} + \frac{C1+1}{2*C1*C3} < 1$$

Reparto del volumen:

$$V1 = \frac{V}{S*C1} \ , V2 = \frac{V*(C1-1)}{S*2*C1*C2} \ , V3 = \frac{V*(C1+1)}{S*2*C1*C3}$$

$$siendo \ V = V1 + V2 + V3$$

Retorno:

$$C1*V1 > V \ ; \ \frac{V1}{2} + C1*\frac{V1}{2} + C2*V2 > V \ ; \ C2*V2 + C3*V3 > V$$

Mercados a cruzar:

- AH1(+0.25) – X – 2 ; AH2(+0.25) – X – 1
- AH1(+0.25) – X – AH2(-0.5) ; AH2(+0.25) – X – AH1(-0.5)
- AH1(+0.25) – 2X – 2 ; AH2(+0.25) – 1X – 1
- AH1(+0.25) – 2X – AH2(-0.5) ; AH2(+0.25) – 1X – AH1(-0.5)
- AH1(+0.25) – AH2(+0.5) – AH2(-0.5) ; AH2(+0.25) – AH1(+0.5) – AH1(-0.5)
- AH1(+0.25) – AH2(+0.5) – 2 ; AH2(+0.25) – AH1(+0.5) – 1
- AH1(+1.25) – AH2(-0.5) – AH2(-1.5) ; AH2(+1.25) – AH1(-0.5) – AH1(-1.5)
- AH1(+1.25) – 2 – AH2(-1.5) ; AH2(+1.25) – 1 – AH1(-1.5)
- AH1(+2.25) – AH2(-1.5) – AH2(-2.5) ; AH2(+2.25) – AH1(-1.5) – AH1(-2.5)
- AH1(-0.75) – AH2(+1.5) – AH2(+0.5) ; AH2(-0.75) – AH1(+1.5) – AH1(+0.5)
- AH1(-0.75) – AH2(+1.5) – 2X ; AH2(-0.75) – AH1(+1.5) – 1X
- AH1(-1.75) – AH2(+2.5) – AH2(+1.5) ; AH2(-1.75) – AH1(+2.5) – AH1(+1.,5)
- O(1.75) – U(2.5) – U(1.5)
- U(2.25) – O(1.5) – O(2.5)
- O(2.75) – U(3.5) – U(2.5)
- O(3.75) – U(4.5) – U(3.5)
- U(3.25) – O(2.5) – O(3.5)

Octava condición de arbitraje.

Condición:

$$S = \frac{1}{C1} + \frac{1}{C3} + \frac{2*C1*C3 - C3 - 2*C1}{2*C1*C2*C3} < 1$$

Reparto del volumen:

$$V1 = \frac{V}{S*C1} \ , V2 = \frac{V*L2}{S*C1} \ , V3 = \frac{V}{S*C3}$$

$$siendo\ V = V1 + V2 + V3\ y\ L2 = \frac{2 * C1 * C3 - C3 - 2 * C1}{2 * C2 * C3}$$

Retorno:

$$C1 * V1 > V\ ; \frac{V1}{2} + C2 * V2 + V3 > V\ ;\ C3 * V3 > V$$

Mercados a cruzar:

- AH1(-0.25) – X – AH2(0) ; AH2(-0.25) – X – AH1(0)

Novena condición de arbitraje.
Condición:

$$S = \frac{1}{C1} + \frac{1}{2 * C1 * (C3 - 1)} + \frac{1}{C2} - \frac{1}{2 * C1 * C2} - \frac{1}{2 * (C3 - 1) * C2 * C1} < 1$$

Reparto del volumen:

$$V1 = \frac{V}{S * C1}\ , V2 = \frac{V * K}{S * C1}\ , V3 = \frac{V}{S * C1 * 2 * (C3 - 1)}$$

$$siendo\ V = V1 + V2 + V3\ y\ K = \frac{\dfrac{C1 - \frac{1}{2} - 1}{2 * (C3 - 1)}}{C2}$$

Retorno:

$$C1 * V1 > V\ ; \frac{V1}{2} + C2 * V2 + V3 > V\ ;\ C2 * V2 + C3 * V3 > V$$

Mercados a cruzar:

- AH1(-0.25) – 2X – AH2(0) ; AH2(-0.25) – 1X – AH1(0)
- AH1(-0.25) – AH2(+0.5) – AH2(0) ; AH2(-0.25) – AH1(+0.5) – AH1(0)
- AH1(+0.75) – AH2(-0.5) – AH2(-1) ; AH2(+0.75) – AH1(-0.5) – AH1(-1)
- AH1(+0.75) – 2 – AH2(-1) ; AH2(+0.75) – 1 – AH1(-1)
- AH1(+1.75) – AH2(-1.5) – AH2(-2) ; AH2(+1.75) – AH1(-1.5) – AH1(-2)
- AH1(-1.25) – AH2(+1.5) – AH2(+1) ; AH2(-1.25) – AH1(+1.5) – AH1(+1)
- U(1.75) – O(1.5) – O(2)
- U(2.75) – O(2.5) – U(3)

Condición:

$$S = \frac{1}{C1} + \frac{1}{C2} + \frac{1}{C3} - \frac{1}{2 * C1 * C2} - \frac{1}{2 * C2 * C3} < 1$$

Reparto del volumen:

$$V1 = \frac{V}{S * C1} \; , V2 = \frac{V * K}{S * C1} \; , V3 = \frac{V}{S * C3}$$

$$siendo \; V = V1 + V2 + V3 \;\; y \;\; K = \frac{C1 - \frac{1}{2} - \frac{C1}{2 * C3}}{C2}$$

Retorno:

$$C1 * V1 > V \; ; \frac{V1}{2} + C2 * V2 + V3 > V \; ; \; C2 * V2 + C3 * V3 > V$$

Mercados a cruzar:

- AH1(-0.25) – X – AH2(-0.25) ; AH2(-0.25) – X – AH1(-0.25)

Condición:

$$S = \frac{1}{C1} + \frac{1}{C2} + \frac{1}{(2 * C3 - 1) * C1} - \frac{1}{2 * C1 * C2} - \frac{1}{2 * C1 * C2 * (2 * C3 - 1)} < 1$$

Reparto del volumen:

$$V1 = \frac{V}{S * C1} \; , V2 = \frac{V * K}{S * C1} \; , V3 = \frac{V}{S * C1 * (2 * C3 - 1)}$$

$$siendo \; V = V1 + V2 + V3 \;\; y \;\; K = \frac{C1 - \frac{1}{2} - \frac{1}{2 * (2 * C3 - 1)}}{C2}$$

Retorno:

$$C1 * V1 > V \; ; \frac{V1}{2} + C2 * V2 + \frac{V3}{2} > V \; ; \; C2 * V2 + C3 * V3 > V$$

Mercados a cruzar:

- AH1(-0.25) – 2X – AH2(-0.25) ; AH2(-0.25) – 1X – AH1(-0.25)
- AH1(-0.25) – AH2(+0.5) – AH2(-0.25) ; AH2(-0.25) – AH1(+0.5) – AH1(-0.25)
- AH1(+0.75) – 2 – AH2(-1.25) ; AH2(+0.75) – 1 – AH1(-1.25)
- AH1(+0.75) – AH2(-0.5) – AH2(-1.25) ; AH2(+0.75) – AH1(-0.5) – AH1(-1.25)
- AH1(+1.75) – AH2(-1.5) – AH2(-2.25) ; AH2(+1.75) – AH1(-1.5) – AH1(-2.25)
- AH1(-1.25) – AH2(+1.5) – AH2(+0.75) ; AH2(-1.25) – AH1(+1.5) – AH1(+0.75)
- AH1(-2.25) – AH2(+2.5) – AH2(+1.75) ; AH2(-2.25) – AH1(+2.5) – AH1(+1.75)
- O(2.25) – U(2.5) – U(1.75)
- O(3.25) – U(3.5) – U(2.75)

Decimosegunda condición de arbitraje.

Condición:

$$S = \frac{1}{C1} + \frac{2*(C1-1)}{C1*(C2+1)} + \frac{1}{C3} - \frac{2*C2*(C1-1)}{C1*C3*(C2+1)} < 1$$

Reparto del volumen:

$$V1 = \frac{V}{S*C1} \ , V2 = \frac{2*V*(C1-1)}{S*C1*(C2+1)} \ , V3 = \frac{V*(C2+1+(C1-1)*(1-C2))}{S*C1*(C2+1)*C3}$$

$$siendo \ V = V1 + V2 + V3$$

Retorno:

$$C1*V1 > V \ ; V1 + \frac{V2}{2} + C2*\frac{V2}{2} > V \ ; \ C2*V2 + C3*V3 > V$$

Mercados a cruzar:

- AH1(0) – AH2(+0.25) – AH2(-0.5) ; AH2(0) – AH1(+0.25) – AH1(-0.5)
- AH1(0) – AH2(+0.25) – 2; AH2(0) – AH1(+0.25) – 1
- AH1(+1) – AH2(-0.75) – AH2(-1.5) ; AH2(+1) – AH1(-0.75) – AH1(-1.5)
- AH1(+2) – AH2(-1.75) – AH2(-2.5) ; AH2(+2) – AH1(-1.75) – AH1(-2.5)
- AH1(-1) – AH2(+1.25) – AH2(+0.5) ; AH2(-1) – AH1(+1.25) – AH1(+0.5)
- AH1(-1) – AH2(+1.25) – 2X ; AH2(-1) – AH1(+1.25) – 1X
- AH1(-2) – AH2(+2.25) – AH2(+1.5) ; AH2(-2) – AH1(+2.25) – AH1(+1.5)
- O(2) – U(2.25) – U(1.5)
- U(2) – O(1.75) – O(2.5)
- O(3) – U(3.25) – U(2.5)

- U(3) – O(2.75) – O(3.5)

Decimotercera condición de arbitraje.
Condición:

$$S = \frac{1}{C1} + \frac{1}{C2} - \frac{1}{C1 * C2} - \frac{1}{2 * C1 * C2 * \left(C3 - \frac{1}{2}\right)} + \frac{1}{C1 * \left(C3 - \frac{1}{2}\right)} < 1$$

Reparto del volumen:

$$V1 = \frac{V}{S * C1}, V2 = \frac{V * K}{S * C1}, V3 = \frac{V}{S * C1 * \left(C3 - \frac{1}{2}\right)}$$

$$siendo\ V = V1 + V2 + V3\ \ y\ \ K = \frac{C1 - 1 - \frac{1}{2 * \left(C3 - \frac{1}{2}\right)}}{C2}$$

Retorno:

$$C1 * V1 > V\ ; V1 + C2 * V2 + \frac{V3}{2} > V\ ;\ C2 * V2 + C3 * V3 > V$$

Mercados a cruzar:

- AH1(0) – 2X – AH2(-0.25) ; AH2(0)– 1X –AH1(-0.25)
- AH1(0) – AH2(+0.5) – AH2(-0.25) ; AH2(0) – AH1(+0.5) – AH1(-0.25)
- AH1(+1) – 2 – AH2(-1.25) ; AH2(+1)– 1 –AH1(-1.25)
- AH1(+1) – AH2(-0.5) – AH2(-1.25) ; AH2(+1) – AH1(-0.5) – AH1(-1.25)
- AH1(+2) – AH2(-1.5) – AH2(-2.25) ; AH2(+2) – AH1(-1.5) – AH1(-2.25)
- AH1(-1) – AH2(+1.5) – AH2(-0.75) ; AH2(-1) – AH1(+1.5) – AH1(-0.75)
- AH1(-2) – AH2(+1.5) – AH2(+1.75) ; AH2(-2) – AH1(+1.5) – AH1(+1.75)
- U(2) – O(1.5) – O(2.25)
- O(2) – U(2.5) – U(1.75)
- U(3) – O(2.5) – O(3.25)
- O(3) – U(3.5) – U(2.75)

Decimocuarta condición de arbitraje.
Condición:

$$S = \frac{1}{2} + \frac{1}{2*C1} - \frac{1}{C3} - \frac{C2*(C1-1)*C1*C3}{2} < 1$$

Reparto del volumen:

$$V1 = \frac{V}{S*C1} \;,V2 = \frac{V*(C1-1)}{2*S*C1} \;,V3 = \frac{V*L2}{S*C1}$$

$$siendo \; V = V1 + V2 + V3 \;\; y \;\; K = \frac{2*C1 - C2*(C1-1)*C3}{2}$$

Retorno:

$$C1*V1 > V \;; (C1+1)*\frac{V1}{2} + V2 > V \;; C2*V2 + C3*V3 > V$$

Mercados a cruzar:

- AH1(+0.25) – AH2(0) – AH2(-0.5) ; AH2(+0.25) – AH1(0) – AH1(-0.5)
- AH1(+1.25) – AH2(-1) – AH2(-1.5) ; AH2(+1.25)– AH1(-1) –AH1(-1.5)
- AH1(+0.25) – AH2(0) – 2 ; AH2(+0.25)– AH1(0) – 1
- AH1(-0.75) – AH2(+1) – AH2(+0.5) ; AH2(-0.75) – AH1(+1) – AH1(+0.5)
- AH1(-0.75) – AH2(+1) – 2X ; AH2(-0.75) – AH1(+1) – 1X
- AH1(-1.75) – AH2(+2) – AH2(+1.5) ; AH2(-1.75) – AH1(+2) – AH1(+1.5)
- O(1.75) – U(2) – U(1.5)
- O(2.75) – U(3) – U(2.5)

Decimoquinta condición de arbitraje.
Condición:

$$S = \frac{1}{C1} + \frac{1}{C2} + \frac{1}{C3} < 2$$

Reparto del volumen:

$$V1 = \frac{V}{S*C1} \;,V2 = \frac{V}{S*C2} \;,V3 = \frac{V}{S*C3} \;\; siendo \; V = V1 + V2 + V3$$

Retorno:

$$C1*V1 + C2*V2 > V \;; C1*V1 + C3*V3 > V \;; C2*V2 + C3*V3 > V$$

Mercados a cruzar:

- 1X − 12 − 2X

Decimosexta condición de arbitraje.

Condición:

$$S = \frac{1}{C1} + \frac{1}{C2} + \frac{1}{C1 * C2} + \frac{2}{C3} < 3$$

Reparto del volumen:

$$V1 = \frac{V}{1 + K1 + K2}, V2 = \frac{V * K1}{1 + K1 + K2}, V3 = \frac{V * K2}{1 + K1 + K2}$$

$$siendo\ V = V1 + V2 + V3, K1 = \frac{(C1 + 1) * C2}{2}\ y\ K2 = \frac{C1}{C3}$$

Retorno:

$$C1 * V1 + C2 * V2 > V\ ; (C1 + 1) * \frac{V1}{2} + C3 * V3 > V\ ;\ C2 * V2 + C3 * V3 > V$$

Mercados a cruzar:

- AH1(+0.25) − 12 − 2X ; AH2(+0.25) − 12 − 1X

Decimoséptima condición de arbitraje.

Condición:

$$S = \frac{2 * C1 + \frac{(C1 + C3)}{C2} + 2 * C3}{2 * C1 * C3 + C1 + C3} < 1$$

Reparto del volumen:

$$V1 = \frac{V}{1 + K1 + K2}, V2 = \frac{V * K1}{1 + K1 + K2}, V3 = \frac{V * K2}{1 + K1 + K2}$$

$$siendo\ V = V1 + V2 + V3, K1 = \frac{(C1 + C3) * C2 * C3}{2}\ y\ K2 = \frac{C1}{C3}$$

Retorno:

$$C1 * V1 + C2 * V2 > V\ ; (C1 + 1) * \frac{V1}{2} + (C3 + 1) * \frac{V3}{2} > V\ ;$$

$$C2 * V2 + C3 * V3 > V$$

Mercados a cruzar:

- AH1(+0.25) − 12 − AH2(+0.25)

Condición:

$$S = \frac{1}{C3} + \frac{1}{C1 * C2} < 1$$

Reparto del volumen:

$$V1 = \frac{V}{1 + K1 + K2} , V2 = \frac{V * K1}{1 + K1 + K2} , V3 = \frac{V * K2}{1 + K1 + K2}$$

$$siendo\ V = V1 + V2 + V3 , K1 = \frac{1}{C2}\ y\ K2 = \frac{C1}{C3}$$

Retorno:

$$C1 * V1 + C2 * V2 > V1 + C3 * V3 > V \ ; \ C2 * V2 + C3 * V3 > V$$

Mercados a cruzar:

- AH(0) − 12 − 2X ; AH2(0) − 12 − 1X

Condición:

$$S = 2 - \frac{C1 + C2 * L2}{1 + K1 + K2} < 1$$

Reparto del volumen:

$$V1 = \frac{V}{1 + K1 + K2} , V2 = \frac{V * K1}{1 + K1 + K2} , V3 = \frac{V * K2}{1 + K1 + K2}$$

$$siendo\ V = V1 + V2 + V3 , K1 = \frac{1 + \dfrac{(C3 + 1) * C1}{2 * C3} - C1}{C2}\ y\ K2 = \frac{C1}{C3}$$

Retorno:

$$C1 * V1 + C2 * V2 > V1 + (C3 + 1) * \frac{V3}{2} > V \ ; \ C2 * V2 + C3 * V3 > V$$

Mercados a cruzar:

- AH1(0) − 12 − AH2(+0.25) ; AH2(0) − 12 − AH1(+0.25)

Condición:

$$S = 2 - \frac{C1}{1 + K1 + K2} < 1$$

Reparto del volumen:

$$V1 = \frac{V}{1 + K1 + K2} \ , V2 = \frac{V * K1}{1 + K1 + K2} \ , V3 = \frac{V * K2}{1 + K1 + K2}$$

$$siendo \ V = V1 + V2 + V3 \ , K1 = \frac{C1 - 1}{C2 + 1} \ y \ K2 = \frac{C1 - C2 * K1}{C3}$$

Retorno:

$$C1 * V1 > (C1 + 1) * \frac{V1}{2} + (C2 + 1) * \frac{V2}{2} > V \ ; \ C2 * V2 + C3 * V3 > V$$

Mercados a cruzar:

- U(2.25) − O(1.75) − O(2.5)
- U(3.25) − O(2.75) − O(3.5)

Recuerda que en el **Anexo I** puedes comprender el procedimiento para que tú mismo puedas llegar a deducir estas y cualquier otra condición de arbitraje.

Búsqueda de roturas por desincronización: Directo vs Streaming.

Como curiosidad, vamos a tratar un tema que, a buen seguro, a los más frikis les puede llegar a resultar de lo más curioso.

Seguro que esta idea se ha pasado por la mente de muchos apostantes. Nosotros nos propusimos llevarla a cabo.

Con la finalización de la emisión analógica y la transición a lo digital, ya nadie recibe una señal en "tiempo real" de lo que está sucediendo en la disputa de un evento deportivo.

Como consecuencia existe un desfase entre lo que está pasando y lo que recibe un telespectador vía streaming. Desfase que puede alcanzar varios segundos.

Esta circunstancia, a mi socio y a mí, nos animó a probar si, realmente, dicho desfase sería suficiente como para buscar roturas en el mercado y poder sacar ventaja de ello.

Con ayuda de un conocido y con la espectacular ayuda de los open hardware que nos ha traído a todos la marca Arduino, nos construimos un emisor/receptor de señales codificables, en la banda de la radiofrecuencia. Este fue el primer prototipo funcional.

El 'sandwich' está formado por un Arduino UNO en la parte inferior. Sobre un shield de prototipado, el módulo de RF junto con algo de electrónica adicional para adaptar niveles, etc.

Bueno, no te aburro con el hardware, que bastante trabajo dio para que funcionase todo como debía.

El equipo envía por medio de tres pulsadores, con un retraso de apenas 16ms, cualquier pulsación realizada. Se envía al soltar la tecla, una vez pulsada. Así se podía distinguir entre pulsación corta (de 50 a 500ms) y pulsación larga (más de 500ms). Envía 'b' si es corta y 'B' si es larga, seguida del número de tecla (1, 2 o 3)

Por tanto, al otro lado, en la recepción, se podía recibir: b1, b2, b3, B1, B2, B3

Solo quedaba mecanizar y montar todo en una cajita. Usamos alimentación 'externa', que comenzó siendo una pila de 9V adosada a la caja, con su soporte, ya que no cabía dentro de la cajita. Los futuros prototipos tendrían que ser más compactos, con batería recargable.

Para la primera prueba, en la parte del receptor usamos uno de los que venían con el kit de desarrollo, por lo que bastó con un PC con USB conectado al módulo (se alimenta del propio USB). Una flexible y fenomenal antena ayudó a terminar el prototipo.

El software en el PC permite ver lo recibido, por lo que para probar cobertura sería suficiente, aunque no aún para automatizar todo, lo que requeriría un prototipo de receptor propio.

En fin, para más detalles técnicos del proyecto, si te sigue interesando no dudes en ponerte en contacto.

Lo importante es que todo esto teníamos que ponerlo a hablar con un software en el PC receptor. El objetivo sería transformar en apuestas concretas y precisas, en los mercados que siguiésemos en vivo, las distintas órdenes recibidas del prototipo.

Nos propusimos poner a prueba el invento durante un torneo de tenis ATP 1000 que se jugaría en nuestro país. El tenis se prestaba bien a ello, puesto que son mercados que, en vivo, no entran en el estado "Suspendido". Durante el tiempo que el mercado permanece en ese estado, Betfair no permite realizar apuestas.

Uno de nosotros, estaría en el campo, viendo un partido dado. El objetivo sería buscar roturas de saque.

Por si no lo sabes, una rotura de saque sucede cuando el tenista que tiene el servicio de saque, pierde su juego a manos del contrario. Esto supone una gran ventaja en el transcurso de un set, y se plasma en forma de cambio brusco en la cotización. Si a continuación el tenista que ha roto, termina por definir, ganando su servicio de saque, la ventaja es más que evidente.

Bien, la idea es aprovechar ese cambio en las cotizaciones que, teniendo la ventaja del tiempo a nuestro favor, frente a la gran masa que apuesta pero que no está viendo el partido in situ, comprar y vender, asegurando un pequeño beneficio. Todo dependería del volumen conseguido en la compra y de conseguir cerrar la venta.

Con algunos partidos, aprendimos a anticiparnos a la rotura, y corregirla en caso de no conseguirse por parte del tenista de turno.

Al final, la única responsabilidad del observador que se hallaba dentro del estadio, era pulsar el botón adecuado. La responsabilidad del operador que permanecía fuera, era estar en la zona adecuada para la correcta recepción de cobertura, y la correcta configuración del software que se encargaría de ejecutar automáticamente las apuestas pertinentes.

Por aquel entonces, desde la federación internacional de tenis, habían prohibido realizar apuestas durante el partido, como espectadores asistentes al evento. Un dispositivo como este, permitía de forma discreta, llevar a cabo la tarea. Además, en cierto modo, esa prohibición nos favorecía, al eliminar competidores, luchando por la rotura del mercado, basado en el desfase de tiempos.

En fin, esta es una estrategia que requiere:

- Organizarse un plan de viaje para cubrir varios torneos de tenis importantes. Son muchos los países que albergan el circuito ATP y WTA.
- Plan logístico previo. Nada puede fallar.
- Hemos de considerarlo, más que una inversión sistematizada, un trabajo. Por lo tanto, te tiene que gustar.
- Y las ganancias dependerán siempre del volumen disponible en tus compras.
- Además con el tiempo, el streaming va mejorando, y el desfase se va acortando. El índice de operaciones acertadas disminuirá.

Aun así la experiencia fue toda una aventura que jamás olvidaremos.

Intentamos algo parecido con el fútbol y los goles, en mercados que sí se suspenden tras un gol, pero eso es ya otro cantar que ya tendremos ocasión de contar en otro momento.

Arbitraje: Modelo insuficiente y con mucho riesgo.

Después de tanta teoría y tanta expresión algebraica matemática, necesaria para identificar las situaciones de arbitrajes entre las distintas cotizaciones de mercados de los Betsites y los cruces para un mismo evento, comienza la dura realidad. La caza de arbitrajes.

En esta sección vamos a descubrir cuál es la realidad de la inversión valiéndose de estas roturas de mercado.

Plataforma para identificar y ejecutar arbitrajes.

En la década de los noventa, a finales, sobre todo en los inicios de la actividad del Sector, era relativamente fácil dar con situaciones de arbitraje de las que poder beneficiarnos.

Con la llegada de la competencia, la llegada de un mayor número de Betsites, florecían cientos de situaciones de arbitraje al día.

Bastaba con tener cuenta en varios Betsites y, casi a ojo, usando la primera condición de arbitraje, y una calculadora simple realizada con una hoja de cálculo, podíamos cerrar un beneficio seguro por operación. Tienes tiempo, más que de sobra, para poder ejecutar cómodamente tu situación ventajosa de beneficio seguro.

Al igual que crecía la competencia entre los Betsites, crecían el número de usuarios que se dedicaban a buscar roturas.

El uso de una tecnología suficientemente rápida, se imponía para el cazador de roturas de mercado.

Para identificar situaciones de arbitraje en un evento deportivo dado, el inversor ha de disponer de la capacidad de:

- Poder monitorizar en tiempo real, con baja latencia, las cotizaciones que el Sector ofrece para los distintos mercados de ese Evento.
- Disponer de un software que, de forma automática, le informe de qué Casas de Apuestas, en las que tiene cuenta y saldo, están involucradas en la situación de arbitraje.
- Un sistema capaz de dejarle lo más preparadas y distribuidas, los importes de las apuestas antes de ordenar su compra.

Se hace necesaria una Plataforma Tecnológica lo más completa y eficaz posible.

Nosotros, en su momento, realizamos un esfuerzo importante y construimos la nuestra propia. Contamos con la inestimable e imprescindible ayuda de un amigo de mi pasado. Un excompañero de Universidad, Marcos (@mayorga), al que considero, todavía hoy, un maestro en el arte de la confección de código. Lo suyo no es solo ingeniería o programar. Puro talento. Junto con su hermano, construimos en un tiempo record una gran plataforma de gestión de arbitrajes: Sneak.

Lo primero y más importante, es poder monitorizar las cotizaciones de los mercados de los eventos más populares de los Betsites más representativos, prometedores y solventes.

Lo mismo que hace Google para rastrear y almacenar toda internet en sus servidores, solo que a pequeña escala y dirigida solo a un Sector empresarial.

Para dicha labor, creamos pequeños programas capaces de traer, cada 10 segundos, toda la oferta de cuotas del total de Betsites que nos planteamos como objetivo. De forma distribuida y no localizada, fuimos capaces de extraer la información y guardarla periódicamente en nuestras Bases de Datos.

Para ello, no solo hay que traer cuotas, sino que hay que saber de qué mercados y eventos son. Creamos un sistema de alias capaz de dar cabida a todo lo que publicase cualquier Betsite. Un alias para el conjunto de literales con los que el conjunto de Betsites identifican a un mismo equipo, jugador, caballo, etc.

Lo siguiente es tener un motor de filtrado de cuotas para identificar situaciones de arbitraje. Un motor lo suficientemente rápido para que, cada vez que se tuviesen las cotizaciones de todos los mercados interesantes de un evento, se filtrasen a través de todas las condiciones de arbitraje necesarias. Ya hemos dicho que la periodicidad de actualización de cuotas era de aproximadamente unos 10 segundos. ¿Te imaginas disponer de todos los precios de un Sector Empresarial cualquiera, de los actores relevantes, cada 10 segundos?

Cientos de situaciones de arbitraje son identificadas al día. El número se dispara según vamos incorporando nuevos Betsites a monitorizar.

Hasta aquí lo esencial, pero ¿Qué pasa con la gestión de las apuestas una vez se ha identificado un arbitraje?

De nada sirve tener un "chivatazo" y no poder aprovecharlo. Aquí es donde entra la dura realidad.

Uno de los ingredientes básicos para poder llevar a cabo la labor de inversión en Valor Deportivo en roturas de mercado, es disponer de cuentas en los Betsites. Cuando digo cuentas, no digo solo las nuestras. Todas las que estén a nuestro alcance.

La Plataforma ha de cubrir una actividad multidisciplinar, y una de sus funciones es la de poder gestionar múltiples cuentas e identidades. Gestión de Perfiles.

De forma adicional, idealmente ha de poder contar con un conjunto de direcciones IP's de nacionalidades permitidas desde donde poder navegar hacia los distintos Betsites.

Uno de los aspectos de la Gestión de Perfiles es conocer los saldos disponibles que tenemos en cada cuenta. Es importante para no perder el tiempo. No queremos situaciones en las que no podamos aprovechar un chivatazo porque la Plataforma nos provee de tres perfiles para cerrar una situación de arbitraje y, uno de ellos, no disponga de saldo en la cuenta correspondiente.

Por tanto, es importante que la Plataforma nos provea de avisos y alarmas sobre la situación de los saldos de cada identidad, en sus distintas cuentas habituales.

Además de la Gestión de Perfiles, ha de poder gestionar la "captura" de un arbitraje.

Lo ideal es que la Plataforma nos muestre los arbitrajes disponibles, y que al pinchar sobre uno de ellos, nos permita "cazarlo" de la forma más rápida y eficaz. Nosotros llegamos a disponer de la posibilidad de ir a capturar el arbitraje, con tan solo pinchar en un enlace de la aplicación.

Así, para un arbitraje que involucraba a tres Betsites, se abrían tres sesiones de navegación, con una IP válida, con las identidades y cuentas correctas. Nos llevan a las distintas apuestas de cada uno de los Betsites. Siempre de forma autenticada, y en los casos donde era posible, con la apuesta preparada ya para ser ejecutada.

Para ello indicamos la cantidad a distribuir, el volumen (V), calculadas con las condiciones de reparto vistas en el apartado anterior. La Plataforma nos calcula los importes, nos lleva a las apuestas preparadas, y sólo tenemos que confirmar para aceptarlas.

En este proceso, éramos nosotros, los operadores de la Plataforma, los que verificábamos que no habían cambiado las cuotas en los Betsites de destino, que seguían siendo las mismas que nos "chivaba" la Plataforma.

Aquí no acaba la batalla. Aun podía pasar que en alguna de las opciones del mercado correspondiente, en alguno de los Betsites, no nos dejaran apostar todo lo necesario. Supongamos que en uno de los Betsites la apuesta a realizar es de 682€, y él tan sólo nos ha aceptado 400€ de riesgo. Estamos al descubierto.

La Plataforma también se encargaba de este "detalle". Es capaz de cambiar de identidad rápidamente, usando otra cuenta en el mismo Betsite, con saldo suficiente para cerrar los 282€ restantes.

Un aspecto que no debe descuidar una buena Plataforma es la Gestión de la Contabilidad. Con ello sabremos cómo de productiva ha sido nuestra jornada.

Resumiendo. Una buena Plataforma ha de gestionar en esencia los siguientes aspectos:

- El monitorizado del Sector y sus cuotas.
- Sistema de Alias.
- La rápida identificación de los potenciales arbitrajes con periodicidad igual al promedio de la actualización de las cuotas.
- La Gestión de Perfiles y sus cuentas, así como sus saldos.
- La Gestión de la Contabilidad.

Nuestra iniciativa aún tiene reflejo en la Web www.indexup.com. Dirigida en su momento al público de habla hispana.

La cruda realidad de la búsqueda de arbitrajes.

A día de hoy, podemos afirmar con rotundidad que, la Inversión en Valor Deportivo, buscando roturas de mercado, ha dejado de ser efectiva. Salvo para el inversor muy pequeño, ha dejado de ser una actividad lucrativa y desde luego, no está exenta de riesgo.

Vamos a ver los motivos más destacados.

Hace ya algún tiempo que el Sector trabaja con proveedores externos, señal inequívoca de la madurez del mismo. Entre ellos están los que, al igual que nosotros disponen de sus propias plataformas de detección de arbitrajes. Su misión es la de avisar al Betsite que les contrata, de cuándo y cómo están siendo involucrados en una situación de arbitraje.

Con esta solución, el Betsite está en disposición de saber quiénes de sus usuarios acuden en masa a por dichas situaciones de arbitraje.

Contra aquellos usuarios que tan sólo acuden a por estas cuotas, el Betsite toma sus medidas.

Rápidamente esas cuentas se ven penalizadas ¿cómo? Principalmente viendo reducido el volumen de riesgo por apuesta que dicha cuenta puede ejecutar en el Betsite. De esa forma, esa cuenta deja de ser interesante para ser usada en la ejecución de arbitrajes. Se dice que hemos "quemado" una cuenta de una identidad gestionada.

Aunque el Betsite, al fin y al cabo, ha visto aceptada una apuesta; de las varias que conlleva la situación de arbitraje; que puede ganar o perder, sabe que a la larga, lo que nosotros estamos haciendo es extraer beneficio, parasitando del Sector en su conjunto.

Evidentemente, esto no gusta. Ya dijimos al principio que los Betsites buscan nutrirse de un gran número de usuarios perdedores. Es un negocio y así debe ser.

Con los arbitrajes estamos ganando proporcionalmente, lo que gana un Betsite, pero claro, sin las inversiones que requieren estos. Desde la comodidad de nuestro hogar y con la ayuda de una buena Plataforma. Lo dicho, molesta.

Y la más importante de las razones de la inviabilidad de la búsqueda de arbitrajes reside en las grandes regulaciones.

Así, si eres italiano, francés o español, ya sabrás que la regulación del juego ha llegado a tu país. Eso significa que los operadores de juego online han de disponer de una licencia estatal que les permita poder registrar a sus residentes.

Esto incluye el pago de una serie de impuestos y de unos mecanismos de control que pasan por sus organismos recaudadores nacionales.

Estos mecanismos conectan los sistemas de información de estas empresas, con los sistemas nacionales. Permiten el control del registro de residentes nacionales y sus potenciales beneficios.

Así un habitante mayor de edad, registrado en un Betsite, que al final del año fiscal, presente un beneficio en su balance, producto de su actividad en apuestas, en el propio borrador de la declaración de impuestos nacionales del individuo, aparecerá la cuantía que adeuda al Estado debido a premios en el juego. Tremendo.

Esto pone fin a la búsqueda de arbitrajes para un ciudadano de cualquiera de estos países así fiscalizados.

Supongamos que hemos realizado un solo gran arbitraje en el año. Hemos logrado movilizar una cantidad de 10.000€. El rendimiento del arbitraje es del 3%.

En el proceso hemos usado tres Betsites, dos de ellos se encuentran bajo regulación. En el primer Betsite hemos movilizado 5000€, el segundo 3000€ y en el tercero 2000€. Los dos últimos Betsites son los regularizados y controlados por el Estado. Supongamos que ha sido una situación de arbitraje regida por la primera condición, la trivial, de tal modo que en uno solo de los Betsites hemos retornado 10.300€.

Nuestro beneficio neto ha sido del 3%. Sin embargo para el Estado no ha sido así.

Imaginemos que la apuesta ganadora ha sido en el tercer Betsite, en el que teníamos 2000€. De cara al organismo regulador, como persona física, he movilizado entre los dos Betsites que controla 5000€, y que el beneficio neto ha sido de 5300€, de los cuales aproximadamente un 21% irán a parar a impuestos. Si realmente habíamos ganado 300€, ahora nos piden algo más de 1100€.

Para el organismo regulador no ha existido la apuesta en el sitio no regulado. Por lo tanto, la operación para nosotros ha supuesto una absoluta pérdida.

Todavía cabría la posibilidad de usar cuentas de nacionalidades no sujetas a una regulación tan extrema. Pero los propios Betsites, en sus políticas de admisión, se reservan el derecho a cerrar o suspender las cuentas cuyos legítimos propietarios no sean los que realmente las estén operando con ellas.

Así que, lejos de lo que sobre el papel parece una maravillosa forma de inversión en Valor Deportivo, en la práctica supone toda una odisea. Un modelo insuficiente, no bien visto por el Sector, potencialmente gravado con impuestos excesivos y, en definitiva, con mucho riesgo.

Segundo enfoque: Pronóstico, Consejeros.

Este segundo enfoque, de puro riesgo, supone una práctica antigua que viene de lejos. Se trata del pronóstico. Es decir, del conocimiento de los mercados en los que se va operar, en el día a día.

Gestión de los fondos.

Al tratarse de riesgo en estado puro, lo primero que hay que tener en cuenta es cómo han de gestionarse los fondos que dedicamos a la ejecución de apuestas.

Para ello definimos una unidad de riesgo respecto del fondo. Cada tipo de Deporte/Mercado debería tener su propia unidad de riesgo.

Bajo este enfoque de inversión, se presupone que disponemos de un gran conocimiento del medio en el que apostamos. Al fin y al cabo, haremos labores de pronóstico, lo que implica seguir muy de cerca el mercado. Es obligación tener una amplia experiencia en los mercados donde vayamos a operar.

La recomendación es invertir bajo un enfoque bastante conservador. El tamaño de la unidad de riesgo deberá oscilar entre el 2% y 5% del total de los fondos. Dependiendo de lo volátil que sea el mercado nos aproximaremos más al 2% o al 5%.

Para alcanzar el estatus de pronosticador hemos de tener:

- Una gran experiencia y conocimiento en los mercados donde operamos.
- Una adecuada gestión del riesgo.
- Una forma eficaz para saber diferenciar lo que tiene o no Valor, de la manera más objetiva posible.
- Disciplina y autocontrol. Quizá sea lo más importante.
- Algún criterio de incremento en la apuesta base por sobrevaloración.

Al igual que con las roturas de mercado, hemos de disponer de herramientas de información. Han de ser lo suficientemente fiables como para tomar decisiones a la hora de apostar.

Las apuestas realizadas pueden ser previas al evento o durante el evento. En el caso de operar en un Intercambiador, hay mucho pronosticador que busca seguir las tendencias del mercado para realizar trading, esto es, salir y entrar para buscar un beneficio o minimizar la pérdida.

En ambos casos, el pronosticador ha de disponer de indicadores fiables sobre los que aplicar su criterio.

Precio Justo. Justiciero.

Para poder tener criterio a la hora de apostar, el pronosticador ha de saber cuáles son los precios que, para un mercado dado, el Sector marca como adecuado.

En su día, construimos lo que denominamos un "Justiciero". Un servicio web que creamos a partir de la labor de recogida de cotizaciones, que ya hacíamos habitualmente para la Plataforma de búsqueda y gestión de arbitrajes.

Con todos estos precios, en tiempo real, podíamos extrapolar los precios "justos" que el Sector considera para cada mercado antes del inicio del evento. Al fin y al cabo, como suele decirse, el Mercado es sabio. ¿Por qué no apoyarse en los hombros de estos gigantes? No suelen equivocarse, en promedio, con las cotizaciones.

Ya hemos comentado que cientos de analistas y especialistas de deportes, se encargan en el Sector de proveer precios bastante ajustados. Su labor es vital, no pueden errar demasiado en sus predicciones. De ello y del volumen de apostantes, depende la volatilidad en los beneficios a corto plazo.

Un buen pronosticador, que siga de cerca su deporte favorito (equipo, jugador, caballo, etc.), puede detectar allí donde el Sector está ofertando un magnífico precio. Es decir, donde está sobrevalorando, siempre según su criterio.

Para que la sobrevaloración sea objetiva, ha de tener un sistema propio que le ayude a pronosticar el precio que realmente debería pagar el Sector.

Aquí es donde entra la "magia" de los buenos pronosticadores.

Hay quien crea sus propios indicadores para darse sus precios. Por ejemplo, una reconocida web ha creado unos indicadores basados en la agresividad, la defensa y el cansancio acumulado. Con ellos, extrapola unas cotizaciones. En su mayoría coincide con lo predicho por el Sector, pero en ocasiones obtiene algún precio, en algún Betsite o incluso en todo el Sector, que está mejor pagado de lo que debería. Es en esos eventos/mercados donde, según esta web, deberíamos realizar nuestras apuestas, siguiendo una ajustada gestión de nuestro fondo. Sus resultados no son particularmente buenos.

Es importante hacer notar que el éxito de un buen pronosticador, no consiste en entrar a apostar de forma sistemática en todos los eventos/mercados de un deporte dado. Su éxito reside en saber a lo que NO entrar a apostar.

Para ilustrar esto, saber a qué apostar, saber cómo discriminar, nada como una dolorosa anécdota.

Comparto amistad con alguien con el que he vivido en el pasado aventuras profesionales. Se trata de un apasionado del deporte y, actualmente está vinculado con el mundo del fútbol profesional.

Sentía una gran curiosidad sobre el mundo de las apuestas deportivas. Como no dejaba de insistir, accedí a darle unas pocas horas de formación sobre la cultura de la apuesta deportiva. Según él, tan sólo se trataba de un divertimento y que requería de unos conocimientos mínimos para poder realizar sus pequeñas apuestas.

Lo que iban a ser unas horas, se convirtieron en tres sesiones intensivas sobre el mundo de la Apuesta Deportiva. Sesiones espaciadas en el tiempo, lo suficiente para que él pudiera experimentar, entre clase y clase, con los conceptos aprendidos.

Reconozco que aprendió rápido. Se le daba muy bien y le notaba cómodo en las prácticas, sobre todo con los mercados de grandes eventos de fútbol.

Tras unos meses sin volver a vernos, volví a saber de él. Me llamó y organizamos una comida. Al parecer tenía que informarme de sus exitosas prácticas. Le noté realmente excitado. Decía haber experimentado con todo lo habido y por haber, relacionado con los mercados del fútbol.

En un acogedor restaurante, con la agradable compañía de un buen vino, mi amigo no puede aguantar más. Entra en materia. Comienza a contarme su "descubrimiento".

No hace mucho tiempo que algunas de las Firmas más importantes de apuestas deportivas, han introducido, en eventos deportivos de fútbol, el mercado del Córner o Saque de Esquina.

Entusiasmado, mi amigo, me explica sus reglas.

Dividen el partido en periodos de 10 minutos. La apuesta consiste en optar por que haya o no un córner durante el transcurso de cada intervalo. Finalizado cada periodo se resuelven las apuestas y comienza el siguiente.

Él tenía una hipótesis. Afirmaba que los Betsites estaban cotizando demasiado alto el que hubiera un córner durante cada periodo de tiempo. Se jactaba de conocer muy bien el fútbol y decía que un córner es como el arroz en las paellas (típico guiso español basado en el arroz), que siempre puedes encontrar granos. En fin…

El precio promedio por intervalo en forma de cuota era de aproximadamente 1.5. Mi amigo procede a explicarme su estrategia. Se trata de apostar para dar caza a un córner en los primeros 40 minutos de partido.

Al inicio del partido, apuesta a que en los primeros 10 minutos va a haber un córner. Arriesga 300€ para intentar ganar 150€. En el caso de que esté finalizando el intervalo y no haya cazado el córner, en los 20 segundos antes de que finalice el actual periodo, realiza una segunda apuesta para intentar cazarlo en el segundo intervalo.

Pero claro, se trataba de intentar recuperar lo perdido en el intervalo anterior y ganar esos 150€ que se puso como objetivo. Como la cuota promedio es 1.5, no le quedaba otra opción más que triplicar el importe inicial. Así que la siguiente apuesta es de 900€. En caso de acertar, lógicamente obtendrá los 900€ apostados y tendrá un beneficio de 450€, es decir, los 300€ perdidos en la primera apuesta, y los 150€ buscados de beneficio.

Si llegados a los últimos 20 segundos finales de este segundo intervalo, vuelve a estar en la situación en la que no se ha dado un solo córner en el partido, vuelta a empezar. Otra vez triplica. Esta vez el importe asciende a 2700€. De nuevo el objetivo es recuperar lo invertido y marcarse un objetivo de beneficio de 150€.

En el hipotético e improbable caso de que se tuviera que llegar al cuarto periodo, es decir, si después de 30 minutos de partido, no ha habido un solo córner, el importe de la cuarta apuesta sería de 8100€.

A esta técnica de ir aumentando exponencialmente el valor de la apuesta se la denomina martingala, ampliamente documentada en Internet. Ni que decir tiene que se trata de una peligrosa técnica. Por varios motivos que ahora no explicaremos.

Lo importante es que le hice los cálculos a mi amigo. Debía mostrarle la situación real a la que se exponía.

Estaba dispuesto a arriesgas un montante de 300€+900€+2700€+8100€, esto es, 12000€ para un beneficio potencial de 150€. Lo que quería decir es que su cuota límite era de aproximadamente 1.0125. Lo que quiere decir que estaba dispuesto a arriesgar una cantidad por aproximadamente el 1.2% de un posible beneficio.

Como diría un admirado amigo, Gonzalo, reconocido por su aventura desbancando casinos, un mal jugador es aquel que arriesga mucho para ganar poco.

Además se podía dar la circunstancia que, mientras se está en ese periodo de 20 segundos se diese un córner. Con lo que se habría logrado el objetivo buscado, pero ya habiendo apostado al periodo siguiente. Sin poder hacer stop loss de la apuesta anterior para minimizar pérdida, puesto que la misma ya había quedado hecha y no se resolvería hasta el final de los 10 minutos del siguiente periodo. Una locura…

Pocas razones le valen a mi amigo. Orgulloso me muestra los resultados. Empezando con un fondo de 7000€, llevaba conseguidos unos beneficios acumulados de más de 200.000€.

Él insistía una y otra vez que si no ganaba más, era porque no podía abarcar más partidos que tres o cuatro simultáneos.

El objetivo de aquella comida era que, con mi ayuda, construyésemos un sistema capaz de abordar más partidos de forma simultánea en los Betsites que tenía localizados. Un sistema que incluyese gestión de perfiles, ejecución de apuestas y control de contabilidad.

Le insistí en que me dijese qué criterio tenía para descartar los partidos que no podía abarcar. Me remitió a una de las pocas fuentes de información estadísticas que hay disponibles sobre Córner por periodos de tiempo. Una página de un particular que se molesta en actualizar esta información específica, cobrando mensualmente por su consulta completa.

Traté de explicarle, que sin duda alguna, su éxito provenía de su profundo conocimiento del fútbol y de analizar dicha información sobre córneres. Con esto era capaz de identificar qué partidos debían tener prioridad. Sin quererlo, estaba realizando una labor de pronosticador, por las propias limitaciones de no poder abarcar más partidos.

Además en el histórico de sus apuestas, las de la cuenta que me había mostrado, había podido observar una serie de irregularidades con los tamaños de las apuestas. Mayores de lo previsto en algunos partidos. Curiosamente tras alguna pérdida. Lo que significaba que a mi amigo tenía prisa por acelerar las recuperaciones. Es decir, puntualmente asumía todavía más riesgo.

Intenté usar un argumento demoledor. Algo para que se diese cuenta de la importancia que tenía su implícita labor de pronosticador. Labor que realmente estaba haciendo al priorizar unos partidos frente a otros.

A él que le gusta tanto el fútbol, le puse en un supuesto que fácilmente tendría que entender.

Le pedí que imaginase ser un apostante que fuera buscando que en un partido se marcasen goles. Tan sólo eso. Que su repertorio de apuestas, en su estrategia, constara solamente de un mercado. El mercado de un gol o más dentro de un evento. La apuesta se gana cuando al menos ha habido un gol dentro del partido.

Aproximadamente en el total de partidos del fútbol de primer nivel, un 8% presentan un resultado de marcador final de 0-0 al finalizar los 90 minutos (más el descuento) reglamentarios.

Eso significa que podemos esperar que 8 partidos de cada 100 que escojamos de forma sistemática, sin ningún criterio, van a resultar perdedores al quedar con un resultado final de empate a cero goles.

Los precios que podemos encontrar en un Intercambiador en ese mercado, reflejan muy bien, de forma general, el precio justo. Pero como los precios están comisionados por el intercambiador, lo normal es que tengamos pérdidas tras la selección sistemática de partidos. El balance entre las ganancias y las pérdidas será negativo.

Si mi amigo, como apostante de búsqueda del gol, en su selección de eventos de forma filtrada, es decir, por pronóstico, al final de cada 100 partidos seleccionado, en promedio, solo 4 resultan quedar empatados a cero goles, habrá logrado vencer al mercado. Habrá resultado ser un gran pronosticador.

Le intenté convencer con mil argumentos matemáticos. Los Betsites saben muy bien lo que hacen. De forma sistemática ofrecen malos precios. Así que de ninguna de las maneras se le puede ganar a un Betsite si entramos a apostar a todos los mercados, de forma sistemática.

Mi amigo no consiguió convencerme para que le ayudase en su empeño. La decepción parecía reinar en su rostro antes de despedirnos. El seguía convencido de que era el miedo, y no mis sesudos argumentos, lo que me impedía ayudarle a desarrollar el sistema. Hice lo que pude para contra argumentar. Tampoco lo convencí yo a él.

La verdad es que no quería albergar en mi conciencia la sensación de que realizando ese sistema para mi amigo, era como fabricar el arma corta para que se realizase el harakiri.

Algo muy importante en la labor de hacer apuestas es asumir las pérdidas. Después de un día de ganancias, la última parte de la jornada puede ser perdedora y perder todos los beneficios del día. Entrar en pérdidas. Hay que saber parar y asumirlas. Nuestra labor de pronosticador es a largo plazo, los días de pérdidas no han de preocuparnos si el acumulado del beneficio sigue siendo positivo. A nadie le gusta perder, pero nadie tiene la bola de cristal para saber en qué mercados nuestras apuestas resultarán ganadoras.

Un domingo por la noche recibí una llamada de mi amigo. Me reconocía que tenía que haber seguido mis consejos cargados de razón. Había perdido casi todo el saldo de la cuenta que me enseñó. Lo más llamativo y grave es que sucedió en una sola tarde. Señal inequívoca de que mi amigo no estaba acostumbrado a perder en ninguna jornada de inversión.

Conclusión: Es importante entender por qué hay que discriminar. Hay que saber a qué mercados son a los que NO hay que entrar a apostar.

Sobrevaloración.

Estamos citando con mucha frecuencia la palabra "Valor". La nombramos incluso en el propio objetivo de esta obra: Inversión en Valor Deportivo.

¿Qué significa exactamente que una compra, en forma de apuesta, tenga Valor?

Cuando se dice que una cuota tiene valor, se refiere a que probabilísticamente hablando la cotización ha de presentar esperanza de ganancia favorable.

La esperanza matemática de ganancia se define como la probabilidad real de que suceda un suceso multiplicada por su cotización. Para un precio justo este producto ha de ser la unidad:

$$Esperanza\ de\ Ganancia = probabilidad . cuota = 1\ , precio\ justo$$

De forma sistemática el Sector ofrece precios desfavorables al jugador, así si la probabilidad de que ocurra un determinado resultado en un mercado es del 50%, y el Betsite nos ofrece una cotización de 1.9:

$$EG = 0.5 * 1.9 = 0.95 < 1 \, , esperanza \, desfavorable$$

La obligación de un buen pronosticador es dar con esperanza de ganancia favorable, esto es, mayor que la unidad. Evidentemente la dificultad aquí, está en saber estimar correctamente la probabilidad de un suceso dado en un mercado.

Evidentemente, si un pronosticador solo gestiona apuestas que presentan esperanza de ganancia favorable de una forma objetiva, no puede tener más que resultados positivos. El beneficio acumulado, resultante de llevar a cabo cientos de apuestas de este tipo, ha de ser positivo. No se puede ir en contra de las matemáticas.

Cuando una apuesta presente esperanza de ganancia favorable, diremos que está sobrevalorada.

En relación a esto de la sobrevaloración. Los Betsites de forma general y sistemática ofrecen cuotas en sus mercados infravaloradas.

Un tipo de apuesta que ofrecen los Betsites a sus usuarios es la apuesta combinada. Permite al propietario de una de sus cuentas confeccionar una combinación de apuestas tal que, el retorno de la misma sea aparentemente más atractiva. Es el producto de las cuotas implicadas en la apuesta combinada el que determina el importe del retorno. Esto es una trampa mortal para el saldo del jugador a medio plazo.

Cuando hablamos de Valor, lo haremos respecto al beneficio que ofrece una cuota dada. El beneficio viene definido por:

$$Factor \, Beneficio = Cuota - 1$$

Como siempre lo mejor es mostrarlo en un ejemplo.

Suponga que le apetece realizar una apuesta combinada en un Betsite de los que usa habitualmente. Para ello se ha fijado en dos eventos de tenis. En ambos, según su propio "justiciero", no se sabe quién es el favorito. Es decir, que la probabilidad de que gane cualquiera de los dos contrincantes en cada partido es del 50%. Escoge en ambos partidos, el tenista que cree que puede ganar. Con ellos va a confeccionar una apuesta combinada de dos selecciones.

Según su propio "justiciero", las cuotas justas deberían estar en torno a 2. Con lo que una apuesta combinada entre ambos, al ser el producto de ambas cuotas, debería ser 4.

Sin embargo el Betsite está ofreciendo unas cuotas por ambos tenista con una pérdida de valor de en torno a 6%. Te ofrece una cuota para ambos tenistas de 1.94. Así que la cuota de la combinada es de 3.76 aproximadamente. Esta presenta una pérdida de valor del 8%. Todavía mayor que las simples.

Ahora suponga que ha sido al revés, que hemos localizado un Betsite que nos ofrece por cada tenista una cuota de 2.04, lo que nos ofrece un 4% de sobrevaloración en el beneficio. En este caso la composición en forma de apuesta combinada nos ofrece un precio de 4,16, lo que nos ofrece una sobrevaloración en el beneficio del 5.4%. Mayor que las sobrevaloraciones de las apuestas simples.

La conclusión que podemos sacar de la detenida lectura de ejemplo, es que cualquier composición infravalorada nos dará todavía una peor infravaloración. Lógicamente a un Betsite le interesan jugadores que busquen apostar en de forma apuestas combinadas.

En esta obra, que trata sobre Inversión en Valor Deportivo, nos centraremos en apuestas simples. La única excepción, y de forma puntual, será una composición de cuotas basada en el cruce de mercados, algo más sutil que las apuestas combinadas: los middles.

Un middle consiste en cruzar un par de mercados que se ofrecen en un Betsite o Intercambiador. Su característica principal es que del par de apuestas realizadas sea imposible perder las dos. O bien se gana una, o se gana la otra, o se ganan las dos.

El objetivo que se busca es dar con un tipo de apuesta que no se ha publicado, pero que nosotros, de una forma lógica, hemos construido.

Un ejemplo obvio. Supongamos que un Betsite publica una serie de mercados Over/Under de goles para un evento de fútbol concreto. Los típicos a publicar son:

- Over/Under 0.5
- Over/Under 1.5
- Over/Under 2.5
- Over/Under 3.5
- Over/Under 4.5

- Over/Under 5.5
- Over/Under 6.5

De cada opción del mercado tendremos un precio bien definido. Pero ¿y si estamos interesados en lo que el Betsite cotiza por el intervalo de goles [2, 3] goles? Es decir, un precio para una opción de un mercado en el que ganaríamos si el partido quedase dentro de ese intervalo.

El Betsite puede que entre sus mercados, no haya publicado la posibilidad de esta opción. Sin embargo, tenemos la capacidad de construir esa apuesta a partir de estos mercados.

Tan sólo bastaría con apostar al mercado Over 1.5 y al mercado Under 3.5.

Un middle se define por la imposibilidad de perder las 2 apuestas que lo componen a la vez.

Sigamos el ejemplo de una forma más detallada. Para ello pongamos cuotas a las apuestas implicadas en el middle. Partimos de sus cuotas, C1 y C2:

- O1.5, C1=1.32
- U3.5, C2=1.37

Si la unidad de riesgo de nuestro fondo es de 1000€, los importes de riesgo para cada una de ambas apuestas será:

$$Riesgo\ por\ apuesta = \frac{Unidad\ de\ Riesgo}{Cuota}$$

- O1.5, C1=1.32, V1=757.58€
- U3.5, C2=1.37, V2=729.93€

Así lo que nos queda es este cuadro de apuestas:

$$Riesgo1 = V1 = 757.58€, Beneficio1 = (C1 - 1) * V1 = 242.42€$$

$$Riesgo2 = V2 = 729.93€, Beneficio2 = (C2 - 1) * V2 = 270.07€$$

Tal y como hemos dicho, es imposible perder ambas apuestas. Por lo tanto, aunque hemos movilizado V1 y V2, realmente hemos puesto en riesgo una cantidad mucho menor.

Si el partido ha terminado con un solo gol, habríamos ganado la apuesta de U3.5 y habríamos perdido la de O1.5:

$$Riesgo\ real\ asumido = ganacia\ Under - p\acute{e}rdida\ Over = 487.51€$$

Si el partido ha terminado con cuatro goles, habríamos ganado la apuesta de O1.5 y habríamos perdido la de U3.5:

$$Riesgo\ real\ asumido = ganacia\ Over - p\acute{e}rdida\ Under = 487.51€$$

Por lo tanto el riesgo real que hemos asumido no es la suma de ambas apuestas, sino sólo 487.51, aunque para ello hayamos tenido que movilizar 1487.51€.

En el caso en el que el partido haya terminado con un número de goles dentro del intervalo, dos o tres, habríamos ganando ambas apuestas:

$$Beneficio\ total = ganacia\ Over - ganancia\ Under = 512.49€$$

¿A qué cuota equivale la compra del middle que habríamos hecho?

Teniendo en cuenta que la cuota, respecto al riesgo y beneficio, es por definición:

$$Cuota = \frac{Beneficio}{Riesgo} + 1$$

En este caso nuestro middle tendrá una cuota equivalente a:

$$Cmiddle = \frac{512.49€}{487.51€} + 1 = 2.05$$

Cuota que no aparece en el Betsite y que nosotros sí que hemos podido construir de una forma lógica.

Podría darse el caso en el que el Betsite publique cuota para el intervalo de goles buscado, pero resulte que la cuota sea menor que la que nos hayamos construido buscando por nuestra cuenta el middle con los mercados Over/Under.

Más ejemplos de middle, menos evidentes que un mero intervalo de goles o puntos, son:

- **Empate – Over 0.5**, es decir el empate y el que se marquen un gol o más.
- **En contra del favorito – Over 0.5**, también es otro middle. No se pueden perder ambas apuestas.

Y un sinfín de cruces más…

Este tipo de composición, el middle, sí se presta a la búsqueda de usar apuestas simples sobrevaloradas para su construcción. Se obtiene un plus de sobrevaloración con la composición.

Para más información sobre middles puedes leer el contenido del **Anexo II**.

Además, ya de cosecha propia, hemos dado con situaciones de composición similares a las que hemos bautizado como **triddles** y **cuaddles**. Como su nombre indica implican tres y cuatro cotizaciones, donde sea imposible perder todas. Un tema suficientemente extenso y detallado como para tratarse aparte.

Por último, cuando sabemos de una forma objetiva y medible, que disponemos de sobrevaloración en una cotización dada, existen criterios para optimizar el tamaño de la apuesta a realizar en el contexto de la gestión de nuestro fondo.

El más conocido de estos criterios es el de Kelly. John Kelly, ingeniero aficionado a apostar. Aunque su fórmula fue desarrollada teniendo en cuenta las Carreras de Caballos, es válida para cualquier tipo de apuesta en cualquier deporte/mercado. Para cualquier cuota sobrevalorada tendremos que:

$$Fracción \ de \ Kelly = \frac{Cuota * Probabilidad \ real - 1}{Cuota - 1}$$

Aunque tengamos ya definida la unidad de riesgo sobre nuestro fondo, y la forma en la que definimos puntualmente para cada precio el montante de cada apuesta, podemos "modificar" esta cantidad siguiendo este criterio matemático basado en la sobrevaloración de los precios. Así, cualquier apuesta sobrevalorada que vayamos a realizar, siempre y cuando tengamos de forma precisa dicho valor de sobrevaloración, es decir confiemos en nuestros indicadores para hallar la probabilidad de que ocurra un suceso, será engordada basándose en este criterio de Kelly.

Evidentemente, la dificultad está en saber la probabilidad real del suceso. Con eso no habrá duda de si la cuota presenta o no sobrevaloración.

Información, noticias, rumores, talento.
Una vez se tiene una herramienta que nos oriente en relación a los precios justos, un "justiciero", cada pronosticador ha de tener su estrategia para saber distinguir entre lo que apostar.

Hay quien sigue muy de cerca a unos pocos equipos, jugadores, caballos, etc. Se basan en la información que muy pocos saben para medir su riesgo y sus apuestas.

Por ejemplo, un pronosticador de cierto de éxito me contaba que, a veces, dispone de información sobre concretos partidos de Tenis en torneos importantes antes de que den comienzo los mismos.

Se vale de un profesional, un periodista que cubre este tipo de eventos. Por su trabajo, sigue esta disciplina deportiva durante todo el año, acudiendo o estando muy cerca de los más importantes torneos.

Este periodista provee de los últimos "detalles" relevantes sobre los tenistas que van a enfrentarse en importantes partidos. Filtraciones tales como lesiones recientes que no han trascendido, malestar previo al partido, mala digestión,… en general información que obtiene del entorno del tenista. Informaciones privilegiadas que solo unos pocos tienen. Lógicamente, estas informaciones tienen su coste.

Suponga que dispone de una información de este estilo, sobre un tenista que el mercado considera claro favorito. Esto le permitirá gestionar su apuesta en contra del mismo. Sin duda, se gane o se pierda, será una apuesta de gran valor.

Puedo contar el caso de otro gran pronosticador. De nuevo la información es la clave.

En este caso es un asunto de talento. Hablamos de un gran jugador de ajedrez. En su día descubrió el mundo de las apuestas de intercambio en Betfair. Concretamente el tenis acapara su interés. A lo largo de los años, ha convertido las apuestas en una labor profesional.

Este pronosticador descubrió que observando los partidos en vivo, podía detectar, por el modo de juego, comportamiento de los tenistas, gestos y demás, el miedo de los tenistas.

Es un talento que ha desarrollado a lo largo de los años jugando al ajedrez. Puede oler el miedo del contrincante. Además, el sistema de puntuación en el ranking de los ajedrecistas y el de los tenistas, sigue unas reglas parecidas.

Esto le ayudó, en vivo, a realizar apuestas a ganador del partido. Su índice de acierto es muy superior al marcado por las cotizaciones del mercado en el momento que entra a comprar.

Lógicamente, con el paso de tiempo, y adquisición de riqueza, se ha rodeado de un equipo adecuado de profesionales multidisciplinares que, como todo buen pronosticador, permiten su acceso a sus propios indicadores que, a buen seguro, completan su información, más allá de "detectar" el miedo.

Por lo que yo sé, cada año comienza su andadura con un fondo que ronda los 2.000.000€ y lo suele cerrar el año, superando los 4.000.000€ del valor del fondo. Solo hace tenis.

Evidentemente, "oler el miedo" esto es poco sistematizable. Se trata de talentos únicos que, o se tienen, o no se tienen.

Indicadores propios para toma de decisiones

Sin embargo, aunque disponer de una buena información, obtenida como en los ejemplos que he expuesto, nos da clara ventaja a la hora de realizar nuestras apuestas, no tendríamos un criterio objetivo para medir, de forma precisa, la probabilidad real de que suceda la opción por las que hemos apostado en el mercado.

Este aspecto de la precisión afecta de forma puntual y general, a la buena gestión de nuestro fondo.

La apuesta puntual depende de la unidad de riesgo que hemos definido sobre nuestro fondo, supongamos un 3%. A su vez, la apuesta concreta dependerá de la cotización del mercado y su sobrevaloración.

Con tan sólo informaciones facilitadas por una fuente como las mencionadas, es difícil obtener con precisión la sobrevaloración. Esto sucede por no tener una forma razonablemente precisa de obtener una probabilidad de que ocurra la opción del mercado que nos interesa.

Aquí es donde entra la parte de sistematización de la que puede valerse el pronóstico. Lo que todo buen pronosticador ha de saber construirse o proveerse.

Aunque ya lo hemos mencionado, los mejores y más innovadores pronosticadores han de tener sus propios indicadores objetivos.

Dotarse de cierta sistematización en la toma de decisiones es algo fundamental. Si quieres que la tarea de invertir en Valor Deportivo sea profesional, tienes que dotarte de herramientas de información.

Normalmente hemos de tener acceso a la mayor información posible de los eventos en forma de datos, de frías estadísticas, para poder alimentar nuestros propios indicadores.

Hemos hablado de cómo algunos han construido indicadores que miden agresividad, ataque, defensa y cansancio acumulado. Así han podido obtener sus propias probabilidades, es decir, sus cuotas. Con ello pueden comparar de forma sistemática con las ofertadas por el mercado. Esto permite una mejor toma de decisiones y una eficaz gestión del fondo.

Nosotros mismos, hace bastante tiempo, en nuestros inicios, nos creamos un pronosticador para los mercados del fútbol. Lo bautizamos como el método de las Q's. Un sistema basado en vectores, operadores evolutivos que aprenden del pasado, y probabilidades.

La idea básica era definir un equipo en una competición dada, por un vector capaz de representar el estado del mismo. Este vector no era más que un conjunto de datos obtenidos de las frías estadísticas de cada equipo.

Definiendo una serie de operadores en forma de matrices, ajustadas y evolucionadas, jornada tras jornada, mediante un método evolutivo de aprendizaje, podíamos obtener las probabilidades para un determinado suceso dentro de un mercado.

Con esas probabilidades obteníamos cuotas y las podíamos comparar con las ofrecidas por el Sector.

Cada pronosticador profesional, basándose en la experiencia y su conocimiento del mercado que prefiere para operar, de un modo o de otro, tiene su propio "manual", para la toma de decisiones y ejecución de apuestas.

Un grupo de pronosticadores, los más profesionales que he tenido la suerte de conocer, operaba desde París.

Hace dos años un amigo me pide que le acompañe a París. Le han hablado de un fondo de inversión fundado en Malta. Invierten en Valor Deportivo, operando principalmente en Betfair. Todo legal.

Mi amigo, empresario de cierto éxito, está interesado en invertir una fuerte suma de capital. En torno al millón de euros. Me pide que le acompañe. Quiere que le dé mi sincera opinión sobre lo que allí veamos. Está convencido de ponerse en manos de estos profesionales, pero siempre está bien contar con una opinión adicional.

Al llegar a París, nos está esperando una intérprete. Mi amigo ha contratado sus servicios para intermediar en nuestra entrevista. Ni él ni yo hablamos ni entendemos el francés.

Se trata de un pequeño grupo de personas. Profesionales que provienen del mundo de las finanzas y mercados tradicionales. Se centran principalmente en el fútbol profesional. Concretamente en los campeonatos Top. Las principales ligas de Inglaterra, Italia, España, Alemania y Francia.

Evidentemente, ellos tienen sus propios indicadores. Estos les permiten seleccionar entre 15 y 30 partidos en los que entrar cada fin de semana.

Por aquel entonces, el fondo ya supera los 6 millones de euros. Eso significa que están obligados a movilizar un gran capital cada semana en los pocos partidos en los que entran.

Sólo apuestan cantidades antes de los partidos. En vivo no movilizan capital, no realizan apuestas.

Por otro lado, su índice de acierto ha de ser grande, si quieren soportar baja volatilidad en el corto plazo. No vale con tener sólo valor en los precios.

Sus datos les preceden. Sinceramente, son espectaculares. El año anterior habían superado el 400% de rentabilidad, de la parte del fondo destinado al fútbol ,a lo largo de toda la temporada de grandes campeonatos de fútbol.

In situ, tras mantener conversación con el representante, y resolver una serie de dudas por mi parte, pude observar los sistemas de información con los que trabajan, sus métodos y su profesionalidad.

Mi amigo negoció con ellos los últimos detalles. Básicamente definieron su perfil de riesgo. Pactaron la unidad de riesgo respecto del capital que aportaría al fondo de Malta.

Por último, destacar que las apuestas son ejecutadas en su mayoría en Betfair, usando un Betsite de apoyo para cubrir riesgo cuando le es necesario. En este tipo de Betsites solo se entra por invitación y admiten sólo grandes jugadores.

Transcurrido el primer mes, volví a recibir llamada de mi amigo. Estaba realmente preocupado. Los resultados, según su criterio, no habían podido ser peores. Las pérdidas ascendían a más de 140.000€. Me suplicó que le acompañase de nuevo para asegurarse de que todo lo ocurrido había sido normal.

Estando allí, pude comprobar que todo había estado dentro de la normalidad. Mi amigo había escogido un perfil de riesgo relativamente alto. Una unidad de riesgo en torno al 5%. Eso significa que cuando se gana, se crece muy rápido, pero cuando se pierde también se nota mucho. Rápidamente notamos la erosión sobre el músculo financiero que supone nuestro fondo de partida.

El siguiente mes, había recuperado pérdidas y ya tenía su fondo en beneficios. Esto es lo que hay. Los fondos están para moverlos. El beneficio no florece solo. A veces se gana y otras se pierde.

Como siempre, lo importante, en el medio y largo plazo, es acumular beneficios sobre la cantidad de partida.

Este pequeño grupo de pronosticadores, es el exponente máximo de profesionalidad que, a mi modo de ver, podemos llegar a alcanzar en este aspecto del pronóstico, en relación a la Inversión en Valor Deportivo.

Construir nuestro propio Betsite

Dentro de este aspecto del pronóstico, y siempre dentro de un Intercambiador tipo Betfair, existe una forma de apostar que puede considerarse sistematizable.

Hemos hablado del sistema "Justiciero". Disponemos de los precios que el Sector está ofreciendo en los distintos mercados de un evento, y además tenemos las correcciones al precio justo.

Esto nos facilitaría poder crear nuestro propio Betsite dentro de un gran intercambiador como es Betfair.

Un Betsite, al fin y al cabo, es una forma sistematizable de pronosticar con Valor, ofreciendo sistemáticamente malos precios, controlando el flujo de riesgo y procurando captar miles de clientes.

Aunque más tarde, en la sección de Creación de Riesgo con Valor, lo trataremos más detalladamente, Betfair ofrece un API muy completo al usuario que busque la automatización de ejecución de apuestas en sus mercados.

Un API es un el conjunto de funcionalidades que se ofrece para poder disfrutar de un servicio que un servidor, de forma remota, nos ofrece para ser usado en nuestras propias aplicaciones.

Un ejemplo famoso y conocido por todos es el API de Google Maps. Si estás interesado en mostrar un servicio de información en tu propia web, que requiera del uso de mapas, lo lógico es que no te cree tus propios mapas. Lo más probable es que termines usando el API que ofrece Google Maps para representar mapas. Sobre ellos mostrarás las capas de datos y la lógica de negocio que te interese, provenientes de tu propia aplicación.

Igualmente, Betfair dispone de su propio API. En este momento, año 2015, Betfair ha cambiado su API, evolucionándolo a su última versión. Excelente, por cierto.

Sin necesidad de pasar por su interfaz web. Basta con disponer de una cuenta válida con saldo para apostar y podremos hacer uso de este fabuloso API, recientemente renovado. Nos permite crear nuestras propias aplicaciones para llevar a cabo las estrategias que consideremos adecuadas en cada mercado.

Volvemos al tema protagonista de esta sección. Una de las estrategias más básicas es construir nuestro propio Betsite usando los mercados publicados por Betfair-Intercambio. Si disponemos de los precios aproximadamente justos, y el precio promedio que ofrece el sector por las opciones del mercado, antes y durante el evento, nos bastará con ofrecer precios por debajo de los justos en los mercados que así lo consideremos.

La ventaja de este planteamiento es que la inversión necesaria para crear nuestro propio Betsite, así camuflado, es mínima. Piensa en lo que significa crear tu propio Betsite. En la primera parte del libro hemos hablado en profundidad del asunto.

Además, es un Betsite en el que no te faltarán clientes. La comunidad de usuarios de Betfair es enorme.

Pero claro, no todo son ventajas. Este asunto, el de sistematizar un Betsite camuflado dentro de Betfair, lo conoce una gran cantidad de miles de apostantes.

Existen soluciones comerciales que te ofrecen la posibilidad de actuar de esta forma dentro de Betfair. Los principales mercados están ya saturados de este tipo de soluciones, quedando poco margen para los recién llegados. Ni que decir tiene que nos tendríamos que arrimar mucho a los precios justos para poder capturar algo de volumen de riesgo bien pagado. Obligándonos a ser muy precisos en el cálculo de las probabilidades, es decir, del precio justo. Esto es lo que hace que mercados muy populares tiendan a ser cada vez más eficientes en los precios frontera. El gap entre el back y el lay es inexistente.

La única opción que nos quedaría sería la conocida como la de "Crear mercado". En los mercados poco seguidos o poco poblados, podemos observar que el volumen igualado suele ser bajo. Además la diferencia en precios con volúmenes disponibles, entre el "A favor" (Back) y el en "En Contra" (Lay) es grande. A esa diferencia la denominamos "Gap".

Esto suele ocurrir por varios motivos:

- Puede ser que el mercado no sea muy popular entre los apostantes, aunque el evento sí vaya a ser muy seguido.
- Puede ser que el evento sea seguido por muy poca gente y, por lo tanto, haya muy poca opinión en el Sector sobre sus mercados.
- Puede ser porque se crea una situación de incertidumbre, en un momento dado, durante un partido en vivo, y entonces los que ofrecen precios se distancian mucho de lo que debería ser un precio justo. Se abre un gran gap.

Varias situaciones más podrían ser los motivos. Es en estas situaciones donde podríamos arriesgar a hacer de Betsite. Lógicamente, no exentas de riesgo.

Una vez hecho mercado, el dinero llama a dinero, así que poco a poco, con el tiempo, esos mercados se hacen más populares, por lo tanto eficientes, y dejan de ser interesantes para competir haciendo de Betsite.

Sin duda, esta es una forma bastante sistematizable de usar nuestro conocimiento de pronóstico.

Consejeros

En los últimos años están surgiendo plataformas que intentan agrupar el mayor talento posible dentro de este aspecto del Pronóstico.

Es el caso de la iniciativa BetAdvisor.com.

Plataforma donde fenomenales pronosticadores con talento, compiten para vender a terceros sus pronósticos. Profesionales especialistas en determinados deportes/mercados, analizan de forma muy profesional los mercados de los que son especialistas.

Ofertan sus consejos a un cupo máximo de seguidores por un precio razonable. Para ello exhiben sus resultados de beneficios acumulados por periodos de tiempo. No existe mejor reclamo para la venta.

Los mejores están muy solicitados. Suelen presentar la mejor medida de rendimiento, esto es, el mejor porcentaje Yield: $\% \, Yield = \dfrac{Beneficio}{Total \, apostado} * 100$

Hay que esperar en una cola a que quede una vacante libre en su cupo de seguidores y, así poder contratar sus servicios. Servicios por los que cobran una tarifa mensual.

La razón de tener un cupo máximo es obvia.

La labor de un buen consejero consiste en identificar precios con Valor. Tarea nada sencilla, como ya hemos visto. Si encima tiene una alta probabilidad de acierto, entonces ese tipo es un fuera de serie.

Pongamos que un buen consejero es experto en Carrera de Caballos. Tras una intensa labor de análisis de datos e indicadores, determina que hay apostar a ganador por un determinado caballo en una carrera de 2 millas, cuyo precio ofrecido por el mercado, en promedio es de 13. Concluye que comprar a ese caballo para ganar esa carrera, a un precio superior a 9 es una gran compra. Este consejo lo facilita a sus seguidores.

¿Qué ocurriría si hiciese público su pronóstico y cientos de apostadores se lanzan a comprar la victoria de dicho caballo? Fácil, entra en juego la ley de la oferta y demanda del mercado, que siempre resulta ser implacable.

Rápidamente el mercado dejaría de ofertar precios tan altos a ese caballo. Fácil es que llegase a bajar por debajo de 7. Precio al que ese caballo ha dejado de tener valor.

De ahí la restricción a aceptar un número máximo de seguidores.

De un buen consejero, no solo es importante que le arranque valor al mercado que estudia, sino como lo hace, esto es, la forma en la que crecen los beneficios en el tiempo.

Basta con observar con atención el acumulado de su beneficio en periodos suficientemente largos de tiempo en los mercados donde opera, que incluyan un gran número de apuestas realizadas. Recordemos que ellos exhiben sus resultados.

Si el mercado donde opera es muy volátil, no deberíamos esperar beneficios en el corto plazo. Periodos de 3 meses, 6 meses o un año, con un número de eventos suficientemente alto, sería lo recomendable. Mientras que en mercados más estadísticos, menos volátiles, el beneficio debería llegar de forma regular en intervalos menores de tiempo.

Trading

De nuevo, dentro de un intercambiador, podemos plantearnos tratar los mercados como habitualmente se hace en los mercados financieros tradicionales.

Se trata de usar indicadores de tendencias habituales tales como medias móviles (SMA, EMA), convergencia/divergencia de medias móviles (MACD), bandas de Bollinger, Indicador parabólico (SAR)… y un sinfín de parámetros más.

El objetivo: identificar cambios de tendencia. O bien para conseguir una ganancia o bien para minimizar una pérdida.

Para poder aplicar este tipo de técnicas, es necesario conocer muy bien la dinámica de los mercados en vivo donde se va a operar. Veremos este aspecto en profundidad en el tercer aspecto de Inversión en Valor Deportivo que veremos en esta obra, la creación de riesgo con valor.

Los mercados de Tenis y los de Carreras de Caballos son un buen sustrato para aplicar este tipo de técnicas de inversión. La probabilidad de presentar oscilación en las cotizaciones de un tenista o un caballo durante el transcurso del evento, es relativamente alta. No se busca tanto la probabilidad de ganar o perder, sino la probabilidad de presentar oscilación durante el evento.

Básicamente consiste en saber "entrar" y "salir".

En un momento dado "entramos" al mercado a comprar una opción del mercado siguiendo una orden dentro de un plan estratégico previamente definido por nuestro sistema de trading.

En un momento posterior, de nuevo siguiendo un plan trazado previamente, "salimos" comprando lo contrario de lo que compramos al inicio.

Como resultado de la entrada y la salida, o bien conseguimos una parte de la potencial ganancia de la primera compra, o conseguimos una parte de la potencial pérdida completa definida por la primera compra.

Es fundamental entender, que igual que salimos para ganar, hay que saber salir para perder minimizando la pérdida.

No podemos salir para ganar a costa de truncar el beneficio potencial mayor, y no salir para truncar una pérdida completa. Eso sería nefasto para la inversión basada en trading.

Existen, documentadas, multitud de técnicas para realizar trading en mercados de distintas naturalezas. Son técnicas para estrategias muy disciplinadas.

En internet podemos encontrar multitud de ejemplos. Normalmente, son estrategias llevadas a cabo con ayuda de robots. Programados para hacer más precisa y con menos errores la labor del trading en los mercados objetivo.

Desde luego, si miramos el funcionamiento de cualquiera de estos robots, diríamos que más que tratar con eventos deportivos, parecería que estamos operando en mercados bursátiles o de divisas.

No hemos de engañarnos, hagamos lo que hagamos, elijamos la estrategia que elijamos, en un mercado comisionado, si no hay Valor en las compras que hagamos, a la larga no ganaremos.

Probabilidad frente a Valor.

Un detalle importante a tener en cuenta, como inversores, es interiorizar la diferencia entre un cambio en la probabilidad de que ocurra un suceso, frente al cambio en el valor de un precio.

Para ello nada mejor que exponer otro clarificador ejemplo.

Supongamos que vamos a sopesar entrar a apostar en un partido de tenis ATP importante. Se enfrentan un clarísimo favorito contra un desconocido principiante.

Centrémonos en el favorito. Se trata de Novak Djokovic, el actual número uno del mundo. En estos momentos el mercado ofrece una cotización para que juguemos a favor de 1.01.

Este 1.01, representa una probabilidad, como ya hemos visto de 1/1.01, según este precio ofrecido en el intercambiador. 99% de que Djokovic vaya a ganar el evento, antes de comenzar el mismo.

Durante instantes previos al comienzo, y debido a un mal gesto de Djokovic frente a las cámaras, el mercado reacciona y es capaz de ofrecer 1.02 por su victoria. En esos momentos la probabilidad habría descendido a 98.04%.

$$Cambio\ en\ la\ Probabilidad = \frac{0.9804 - 0.9900}{0.9900} = -0.0096$$

Eso ha supuesto una disminución respecto de la probabilidad original de aproximadamente un 1%.

Pero ¿qué ha pasado con el cambio en el valor?

El mercado ha pasado de ofrecernos un 1% de beneficio sobre nuestro riesgo, al 2%. Nada más y nada menos que EL DOBLE.

$$Cambio\ en\ el\ Valor = \frac{0.02 - 0.01}{0.01} = 1$$

Es decir que el cambio respecto del valor original que nos ofrecía el mercado ha sido del 100%.

Esto significa que si el precio justo realmente es de 1.01, comprar a 1.02, es una grandiosa sobrevaloración.

Comprar a 1.01 significa que para recuperar una pérdida en algo que sucede el 99% de las ocasiones, necesitaremos tener éxito 100 veces para recuperar lo perdido. Así que comprar a 1.02 algo que sucede el 99% de las veces, requiere solo de 50 aciertos recuperar una pérdida.

Esta diferencia, cambio en la probabilidad frente a cambio en el valor de la cotización, es fundamental.

Como ejercicio, haz un esfuerzo y juega con distintas cotizaciones y sus cambios. Te sorprenderá.

Pronóstico: Modelo duro, costoso y poco sistematizable.

Tras analizar el enfoque del pronóstico en nuestro objetivo de Invertir en Valor Deportivo, podemos empezar a sacar nuestras propias conclusiones.

Al contrario que el arbitraje, supuestas roturas de mercado, el pronóstico es riesgo. Para poder invertir en pronóstico debemos, en esencia:

- Saber gestionar correctamente nuestro fondo para cada tipo de mercado.
- Conocer los mercados donde operamos.
- Disponer de la opinión del Sector. Disponer de nuestro "Justiciero"
- Disponer de indicadores propios que identifiquen de forma, lo más objetiva posible, las sobrevaloraciones del mercado. O bien comprárselas a otros.
- Diseñar estrategias de Valor, en base a la observación. Muestras lo suficientemente amplias como para considerarlas con Valor.
- Seguir las estrategias con férrea disciplina.

Evidentemente, entre los aspectos más duros y más difíciles, se encuentran:

- Encontrar la liquidez suficiente en los mercados, al precio que buscamos, para el fondo que estamos moviendo.
- Que los mercados sean lo suficientemente reactivos al cambio en la probabilidad, como para que nos igualen el riesgo pendiente de ser igualado.
- La creación de indicadores de valor propios. O en su ausencia, tener proveedores, consejeros, suficientemente buenos.
- Identificación de cuando una estrategia ha dejado de tener Valor.

Toca ahora resaltar un aspecto realmente importante. Ya lo he comentado. Cuando se trata de emprender o invertir es necesario apoyarnos en tres pilares. Una buena idea, un buen equipo y que el asunto se preste a sistematización.

Esta última característica, es un aspecto absolutamente necesario para profesionalizar nuestra labor de Inversión en Valor Deportivo.

Al principio, con un fondo pequeño y sin demasiada obligación, nos puede parecer que no es necesaria la sistematización.

El tiempo y el incremento de los fondos a mover, requieren sistematización y un pequeño equipo de gestión. Es así. Se minimiza todo lo posible la probabilidad de error.

Ni que decir tiene que, siempre que podamos, hemos de acudir a un Intercambiador a realizar nuestra labor de inversión.

Sólo en el caso de que el mercado en el que vayamos a invertir, disponga de baja liquidez, no tenga seguimiento, o el Intercambiador no lo haya publicado, habremos de usar como alternativa un Betsite.

Aparte de los más populares, para este asunto, existen una serie de Betsites en la Red que aceptan jugadores por invitación. Buscan un tipo de jugador que moviliza importantes apuestas. Desde Betsites hasta grandes jugadores. Conseguir una invitación es relativamente fácil. Tan sólo hay que saber buscar. Ya sabes, formula las preguntas correctas al Oráculo, Google, y tendrás respuestas que te ayuden a tirar del hilo e ir localizando este tipo de Betsites.

En su día, mi socio y yo hicimos uso del entramado de Betsites de Asian Connect. Llevan funcionando muchos años.

Este tipo de Betsites, llegan a asignarte un agente que te atenderá por Skype.

Existe alguna alternativa más.

Tercer enfoque: Creación de riesgo con valor.

De los enfoques que vamos a ver en este libro, este es el más novedoso, el que se sale de la norma. Lo desconocido.

En el pasado, con todo el conocimiento adquirido sobre el Sector y la forma de usarlo como nicho de inversión, mi socio Ángel y yo, nos propusimos un reto: ¿Seríamos capaces de crear riesgo con Valor en mercados deportivos, entrando en ellos de forma sistemática? ¿Vencer así al mercado?

Tras un gran esfuerzo creativo, mucho trabajo lógico, mucha programación e inagotable tenacidad, encontramos solución al reto.

Muchos fueron los caminos sin salida, soluciones infructuosas y fracasos estrepitosos, antes de llegar a los conceptos que vamos a ver aquí. Dignos de ser comentados y analizados, por el aprendizaje que conllevaron, pero que darían para otro libro. Ya habrá ocasión en el futuro.

Para poder exponer la solución encontrada, abordarla en total plenitud, y que puedas comprenderla en toda su extensión, hemos de ver detalladamente una serie de aspectos previos.

Prerrequisitos que te serán necesarios para encontrarte cómodo en la lectura de lo que considero, la parte más jugosa e interesante esta obra.

A continuación vamos a ver, suficientemente detallados, los siguientes temas introductorios:

- Betfair-Intercambio: características intrínsecas de sus mercados y la función de su API
- Dinámica de mercados de deportes típicos: Tenis, Baloncesto, Fútbol y Carreras de Caballos.

Posteriormente definiremos y veremos en detalle:

- Mapas de Riesgo.
- Simulador.
- Plataforma de gestión de estrategias basadas en Mapas de Riesgo.
- Casos prácticos reales.

Betfair-Intercambio

En la primera parte del libro he hablado de Betfair-Intercambio. La he descrito desde lo que supone como iniciativa empresarial; una genialidad; y he identificado el sitio que ocupa en el Sector de la Apuesta Deportiva.

De forma resumida podríamos definir Betfair-Intercambio, como una gran Plataforma donde se publican los eventos de los principales deportes y sus mercados, y donde sus usuarios, personas y compañías, pueden intercambiar sus propuestas de cotización y riesgo, yendo a favor o en contra de cualquiera de las opciones de cualquier mercado.

Ya sabemos que Betfair comisiona de las ganancias de sus usuarios. Entre un 2% y un 5%, dependiendo de la cuenta. Cada cuenta está sujeta a un plan de incentivo que, en base al volumen de apuestas y su frecuencia, puede disfrutar de un descuento en la comisión que puede llegar hasta el 60%, dejando la comisión, en ese caso, en un 2%.

Hablando de cuentas de Betfair-intercambio. Has de residir en un país donde el intercambio esté permitido y correctamente regulado. Lo mejor, si vas a usar el intercambiador como medio para invertir en Valor Deportivo, es disponer de una persona jurídica o compañía, preferiblemente británica o irlandesa, y operar bajo su identidad. Constituir una sociedad británica con medio de pago online, hoy día, es relativamente sencillo, barato y sin obligación de tener que residir en Inglaterra o sus colonias. Después de este inciso, sigamos...

Una interfaz web, adaptada a diferentes dispositivos; ordenador, Tablet, teléfono,...; nos ofrece toda la funcionalidad suficiente para poder proponer y ejecutar nuestras apuestas. Bajo esta interfaz web, en muchos eventos, podemos disfrutar de la retransmisión del evento que nos provee Betfair en live-streaming. Absolutamente fantástico.

Pero quizá, lo más importante para nosotros, Inversores en Valor Deportivo, es poder disponer de un servicio excepcional: El API de Betfair. Todo lo que ofrece la funcionalidad web y mucho más. Betfair-Intercambio nos ofrece un fabuloso conjunto de funcionalidad a través de un evolucionado API servido vía servicio web.

Ya hemos descrito lo que es un API y lo que nos permite hacer como desarrolladores. Pusimos el ejemplo de un API tan conocido como es la de Google Maps, capaz de que cualquier desarrollador pueda integrar útiles y precisos mapas en su propia web o aplicación.

¿Por qué es importante para un potencial Inversor en Valor Deportivo, contar con un API como el que provee Betfair?

Integrar nuestras aplicaciones con este API, va a permitir que podamos conectarnos a los distintos mercados que publica Betfair, tal y como si acudiésemos a su página. Recientemente lo han evolucionado y una nueva versión está disponible de forma gratuita, siempre y cuando dispongamos de saldo en la cuenta desde la que operemos.

En resumen, este API va a permitir que nuestras aplicaciones:

- Se conecten, de forma certificada, a Betfair.
- Obtengan hasta el más mínimo detalle, en tiempo real, de los mercados que publica Betfair.
- Realicemos y cancelemos apuestas.
- Gestionemos aspectos y datos de nuestra cuenta.

Todo esto de la forma más sencilla, eficiente y transparente.

Familiarizarse con el uso de este API a través de nuestras aplicaciones, desarrolladas bajo la tecnología que más cómodos nos sintamos, será **obligado** para poder llevar a cabo la forma de creación de riesgo que vamos a abordar en esta parte del libro.

Como alternativas al uso directo del API, existen soluciones comerciales que hacen uso del API de Betfair y que permiten la confección de estrategias. Soluciones tales como Market Feeder, Bet Angel o Geeks Toy. Lamentablemente, para aplicar estos conceptos que vamos a ver en esta sección, serán insuficientes.

Espectro de cotizaciones y su resolución.
Empecemos con lo más básico. Desde el principio.

Cuando Betfair-Intercambio publica un evento deportivo y sus mercados ¿Qué es lo que publica de cada uno y de qué herramientas nos dota para poder hacer nuestras propuestas de cotización y riesgo?

Además del nombre del Evento, para un mercado concreto, Betfair publicará las opciones en las que podremos entrar a proponer nuestros precios o aceptar los de otros usuarios. Estas propuestas de cotizaciones y riesgo aparecerán como anónimas para el resto de usuarios.

Para cada opción del mercado, Betfair-intercambio, dejará que podamos proponer precios pertenecientes a un espectro predefinido. Un conjunto de precios que Betfair permite y que irán desde **1.01** hasta **1000**.

Los precios permitidos, el espectro de potenciales cotizaciones, sigue la resolución impuesta por Betfair. En general la resolución de los distintos mercados irá así:

- Desde 1.01 hasta 1.99 los precios siguen un incremento de 0.01. Representa el intervalo de probabilidad que va desde el 99% hasta el 50%.
- Desde 2 hasta 3 seguirán un incremento de 0.02. Representa el intervalo de probabilidad que va desde el 50% al 33.33%.
- Desde 3 hasta 4 seguirán un incremento de 0.05. Representa el intervalo de probabilidad que va desde el 33.33% al 25%.
- Desde 4 hasta 6 seguirán un incremento de 0.1. Representa el intervalo de probabilidad que va desde el 25% al 16.66%.
- Desde 6 hasta 10 seguirán un incremento de 0.2. Representa el intervalo de probabilidad que va desde el 16.66% al 10%.
- Desde 10 hasta 20 seguirán un incremento de 0.5. Representa el intervalo de probabilidad que va desde el 10% al 5%.
- Desde 20 hasta 30 seguirán un incremento de 1. Representa el intervalo de probabilidad que va desde el 5% al 3.33%.
- Desde 30 hasta 50 seguirán un incremento de 2. Representa el intervalo de probabilidad que va desde el 3.33% al 2%.
- Desde 50 hasta 100 seguirán un incremento de 5. Representa el intervalo de probabilidad que va desde el 2% al 1%.
- Desde 100 hasta 1000 seguirán un incremento de 10. Representa el intervalo de probabilidad que va desde el 1% al 0.1%.

Cada vez intervalos más estrechos de probabilidad.

Es un momento muy interesante para tener siempre presente lo que expusimos anteriormente: la gran diferencia del cambio de probabilidad respecto a un precio justo, frente a su cambio de valor. Si no lo recuerdas, vuelve a leerlo.

Parámetros y características básicas de los mercados.

Ahora vamos a ver qué información relevante, de las características de un mercado, publica Betfair.

Además de poder ofertar bajo el espectro de cotizaciones, que hemos visto en el apartado anterior, Betfair publica informaciones del mercado que debemos considerar importantes:

- El estado de del mercado: activo, abierto, suspendido, cerrado...
- Si estamos o no en vivo: previo o durante el evento.
- El delay: tiempo que transcurre desde que lanzamos una apuesta, hasta que llega al mercado. Previo al evento el delay es cero, mientras que es mayor que cero cuando el mercado ya está en vivo. Hay mercados que nunca entran en vivo.
- El volumen de capital intercambiado en apuestas: suma de todas las compraventas en todas las opciones del mercado.
- El volumen de capital ofrecido e intercambiado en tiempo real, a lo largo del espectro de precios: tabla con todos los precios que han sido protagonistas en las propuestas de riesgo, así como el volumen comprometido en esos precios.
- Evolución de los precios y volumen por cada opción del mercado: gráficas mostrando las evoluciones de los precios en cada opción del mercado.

Lo mejor es verlo con unas imágenes de un partido en vivo que en el momento de redactar esta sección se estaba disputando en Betfair. El mercado: Cuotas de Partido (Match Odds) en un partido de Tenis WTA.

Veamos el volumen total intercambiado en el mercado y en cada una de sus opciones:

	Apuesta a: Camila Giorgi ▼		Apuesta a: Christina McHale ▼
Total igualado en este evento:	€419.670	Total igualado en este evento:	€432.966
Resumen de apuestas - Volumen:	€229.747	Resumen de apuestas - Volumen:	€191.110
Último precio igualado:	1.56	Último precio igualado:	2.4

Entre una y otra captura ha transcurrido suficiente tiempo como para que el volumen total haya crecido y presenten diferencias.

Fijémonos ahora en la información gráfica que Betfair provee sobre la evolución de los precios de ambas opciones del mercado:

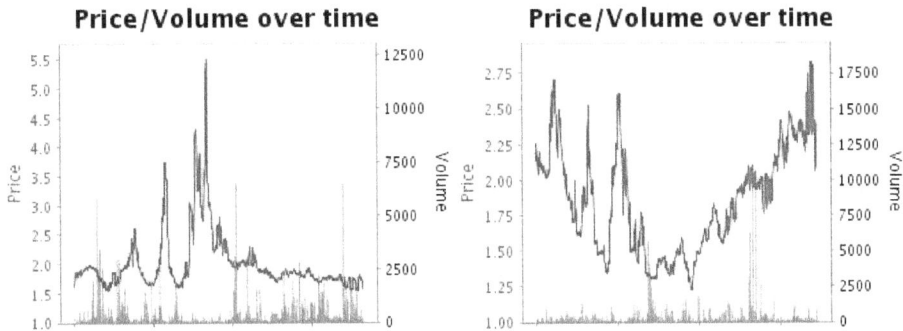

Price/Volume over time

Price/Volume over time

Las barras negras representan la entrada de capital en el volumen intercambiado.

En cada opción del mercado, también se puede llegar a ver la tabla de precios donde se han intercambiado apuestas a favor y en contra. Demasiado extensa para mostrar aquí la totalidad de ambas tablas de precios con los volúmenes disponibles e intercambiados donde se han realizado apuestas. Te lo dejo a ti como curiosidad. Investígalo por ti mismo.

Con toda esta información, puedes construirte muchos indicadores útiles como: la presión del capital, el centro de capitales, indicadores típicos de mercados para análisis de tendencias, etc.

Apuestas.

En la primera parte del libro, al hablar sobre la diferencia operativa entre Betsite e Intercambiador, vimos de forma práctica lo que significa ejecutar, proponer o cancelar apuestas en Betfair-Intercambio. Si se te ha olvidado, dale una rápida lectura y vuelve aquí.

En esencia, una apuesta puede:

- ser lanzada contra un volumen disponible a un precio dado, con la intención de que sea igualada.
- ser una propuesta de precio/riesgo por nuestra parte. Entrando a formar parte del volumen que ya hubiese disponible y pendiente de ser igualado en dicho precio. Formando parte de una cola de propuestas de riesgo, formada en estricto orden de llegada.
- ser una apuesta a medio igualar, permaneciendo a la espera de ser igualada o cancelándola, eliminando la propuesta que estuviese pendiente de la posición que ocupase en la cola en el momento de la cancelación.

Ya vimos la diferencia fundamental de hacer una apuesta A Favor (Back) y una apuesta En Contra (Lay):

- En el caso de ir A Favor (Back), el importe de la apuesta indica el riesgo que estamos dispuestos a correr por un beneficio dado por la cuota que indiquemos. Ejemplo: 100€ Back @ 1.35, 100€ de riesgo para intentar acceder a un beneficio de 35€ (menos la comisión)
- En el caso de ir En Contra (Lay), el importe de la apuesta indica el beneficio que queremos obtener por un riesgo marcado por la cuota que indiquemos. Ejemplo: 100€ Lay @ 1.35, 35€ de riesgo para intentar acceder a un beneficio de 100€ (menos la comisión)

En ambos casos, el beneficio en la apuesta Back y el riesgo en la apuesta Lay, vienen definidos por:

$$(Cuota - 1) * Importe\ de\ apuesta$$

Live Video Streaming.

Como curiosidad. Betfair-intercambio, en muchos eventos que mantendrán mercados en vivo, emitirá en formato live-video streaming dichos eventos. Esto favorece que haya más apostantes en el mercado, lo que nos vendrá francamente bien para nuestros fines.

Veremos cómo, para nuestros objetivos, estaremos interesados en eventos seguidos por muchos usuarios, mucha atención, y con mercados altamente reactivos. Que el riesgo mínimamente bien pagado, probabilísticamente hablando, sea recogido para ser igualado inmediatamente.

Basta con tener una cuenta con saldo, y a veces apuestas realizadas en sus mercados, como en el caso de las carreras de caballos, para poder disfrutar de la emisión en streaming.

Dinámica de mercados

Como inversores profesionales, deberíamos conocer sobre qué suelo pisamos. En este caso, tu papel es el de Inversor en Valor Deportivo. Así que tu obligación es conocer muchos de los aspectos de la naturaleza de los mercados donde vas a operar creando riesgo con tu capital. En cierto modo, tiene algo de análisis técnico. Algo que es muy normal en el estudio de los mercados financieros.

Para poder comprender las características dinámicas de los mercados donde vamos a operar, lo primero es poder verlos, observarlos con detenimiento. Una gran muestra que nos cuente mucho sobre los mercados en los que nos vamos a meter.

Aquí es donde empieza a ser imprescindible el uso del API de Betfair-Intercambio. Hemos de comenzar a construir nuestras propias herramientas básicas.

Necesitamos lo que mi socio y yo hemos denominado, un **Observador**.

Un Observador es un componente de software que nos será imprescindible para poder operar en mercados. Su función principal será la de ser un mero observador que dé fe, de forma periódica, de lo que acontece en el mercado con el transcurrir del tiempo.

Esta labor es básica, y nos permitirá grabar y almacenar las "películas" de los partidos. Fijando intervalos regulares de tiempo dependiendo del tipo de mercado, iremos guardando los cientos de "fotogramas" que compondrán la "película" del mercado de nuestro evento hasta su cierre.

Lo normal, para el tipo de mercados que estudiaremos, serán intervalos de entre 1 y 5 segundos. Hoy día, Observador es ya una evolución de lo aquí expuesto.

¿Qué aspecto tendrán estas "películas" de mercados grabados? Lo mejor es, de nuevo, ver un ejemplo de lo que un Observador ha traído de un evento típico de tenis.

Se trata de un evento de un torneo ATP en el que se enfrentan John Isner contra Kei Nishikori. Vamos mostrar tan sólo los "fotogramas" del inicio, unas cuantas líneas del inicio del archivo, unas cuantas de una sección media del mercado, y unas cuantas líneas del final. Realmente la longitud del archivo es de 3704 líneas o "fotogramas" de nuestra "película" del mercado, desde minutos antes del comienzo en vivo, hasta su cierre.

Momentos del inicio:

- …
- Isner v Nishikori/12;09/08/2015 21:11:55;OPEN;0;2,92;2,92;2,94;1,52;1,53;1,53
- Isner v Nishikori/12;09/08/2015 21:11:57;OPEN;0;2,88;2,92;2,94;1,52;1,52;1,53
- Isner v Nishikori/12;09/08/2015 21:11:59;OPEN;0;2,88;2,92;2,94;1,52;1,52;1,53
- Isner v Nishikori/12;09/08/2015 21:12:01;OPEN;0;2,88;2,92;2,94;1,52;1,53;1,53
- Isner v Nishikori/12;09/08/2015 21:12:03;OPEN;0;2,9;2,9;2,94;1,52;1,53;1,53

- Isner v Nishikori/12;09/08/2015 21:12:06;OPEN;0;2,9;2,9;2,94;1,52;1,53;1,53
- Isner v Nishikori/12;09/08/2015 21:12:08;OPEN;5;2,84;2,9;3;1,5;1,53;1,54
- Isner v Nishikori/12;09/08/2015 21:12:10;OPEN;5;2,84;2,9;3;1,5;1,53;1,54
- Isner v Nishikori/12;09/08/2015 21:12:12;OPEN;5;2,84;2,9;3;1,5;1,54;1,54
- Isner v Nishikori/12;09/08/2015 21:12:14;OPEN;5;2,88;2,9;3;1,5;1,54;1,53
- Isner v Nishikori/12;09/08/2015 21:12:16;OPEN;5;2,88;2,92;2,9;1,52;1,52;1,53
- Isner v Nishikori/12;09/08/2015 21:12:18;OPEN;5;2,88;2,88;2,9;1,52;1,53;1,53
- Isner v Nishikori/12;09/08/2015 21:12:20;OPEN;5;2,88;2,88;2,9;1,52;1,53;1,53
- …

Momentos de algún momento intermedio:

- …
- Isner v Nishikori/12;09/08/2015 21:47:36;OPEN;5;1,5;1,5;1,51;2,96;3;3
- Isner v Nishikori/12;09/08/2015 21:47:38;OPEN;5;1,51;1,51;1,53;2,88;3;2,98
- Isner v Nishikori/12;09/08/2015 21:47:40;OPEN;5;1,51;1,53;1,53;2,88;2,96;2,98
- Isner v Nishikori/12;09/08/2015 21:47:42;OPEN;5;1,51;1,52;1,52;2,92;2,92;2,98
- Isner v Nishikori/12;09/08/2015 21:47:44;OPEN;5;1,51;1,51;1,52;2,92;2,98;2,98
- Isner v Nishikori/12;09/08/2015 21:47:46;OPEN;5;1,51;1,52;1,52;2,92;2,96;2,98
- Isner v Nishikori/12;09/08/2015 21:47:48;OPEN;5;1,51;1,51;1,52;2,92;2,98;2,98
- Isner v Nishikori/12;09/08/2015 21:47:50;OPEN;5;1,51;1,52;1,52;2,92;2,92;2,96
- Isner v Nishikori/12;09/08/2015 21:47:52;OPEN;5;1,51;1,51;1,52;2,92;2,96;2,96
- Isner v Nishikori/12;09/08/2015 21:47:55;OPEN;5;1,5;1,51;1,51;2,96;2,96;2,98
- Isner v Nishikori/12;09/08/2015 21:47:57;OPEN;5;1,5;1,51;1,51;2,96;2,96;2,98
- Isner v Nishikori/12;09/08/2015 21:47:59;OPEN;5;1,5;1,51;1,51;2,96;2,96;2,98
- Isner v Nishikori/12;09/08/2015 21:48:01;OPEN;5;1,5;1,51;1,51;2,96;2,96;2,98
- Isner v Nishikori/12;09/08/2015 21:48:03;OPEN;5;1,5;1,51;1,51;2,96;2,98;2,98
- …

Momentos del final:

- …
- Isner v Nishikori/12;09/08/2015 23:05:07;OPEN;5;75;75;80;1,01;1,02;1,02
- Isner v Nishikori/12;09/08/2015 23:05:09;OPEN;5;75;75;80;1,01;1,02;1,02
- Isner v Nishikori/12;09/08/2015 23:05:11;OPEN;5;75;75;90;1,01;1,01;1,02
- Isner v Nishikori/12;09/08/2015 23:05:13;OPEN;5;50;50;65;1,01;1,02;1,02
- Isner v Nishikori/12;09/08/2015 23:05:15;OPEN;5;50;50;65;1,01;1,02;1,02
- Isner v Nishikori/12;09/08/2015 23:05:17;OPEN;5;50;50;90;1,01;1,02;1,02
- Isner v Nishikori/12;09/08/2015 23:05:19;OPEN;5;50;50;80;1,01;1,01;1,02
- Isner v Nishikori/12;09/08/2015 23:05:21;OPEN;5;50;50;80;1,01;1,01;1,02

- Isner v Nishikori/12;09/08/2015 23:05:23;OPEN;5;50;50;80;1,01;1,01;1,02
- Isner v Nishikori/12;09/08/2015 23:05:25;OPEN;5;65;50;110;1,01;1,01;1,02
- Isner v Nishikori/12;09/08/2015 23:05:28;OPEN;5;65;50;110;1,01;1,02;1,02
- Isner v Nishikori/12;09/08/2015 23:05:30;OPEN;5;50;110;290;0;1,01;1,02
- Isner v Nishikori/12;09/08/2015 23:05:32;OPEN;5;50;110;290;0;1,01;1,02
- Isner v Nishikori/12;09/08/2015 23:05:34;OPEN;5;50;110;290;0;1,01;1,02
- …

Momentos previos al cierre:

- …
- Isner v Nishikori/12;09/08/2015 23:07:11;SUSPENDED;5;0;0;0;0;0;0
- Isner v Nishikori/12;09/08/2015 23:07:13;SUSPENDED;5;0;0;0;0;0;0
- Isner v Nishikori/12;09/08/2015 23:07:15;SUSPENDED;5;0;0;0;0;0;0
- Isner v Nishikori/12;09/08/2015 23:07:17;SUSPENDED;5;0;0;0;0;0;0
- …

De los muchos datos que podemos recoger del mercado, hemos elegido recoger los datos que podemos ver en cada línea. Son los suficientes como para entender dinámicas de partidos y aplicar estrategias:

- El **nombre** del evento
- El **tipo** de mercado, en este caso el de Cuotas de Partido (Match Odds), representado internamente por nosotros como 12, para abreviar. Representando con 1 a un tenista y con 2 al otro.
- La fecha y hora del instante en el que fue tomada la foto que representa la línea completa.
- El **modo** en el que se encuentra el mercado
- El **delay** o retardo. Representa el tiempo en segundos que transcurre entre que se lanza una apuesta, hasta que llega al mercado. 0 para cuando el partido todavía no ha comenzado, y 5 para cuando el partido ya está en vivo. Puede ocurrir que el mercado esté en vivo y sin embargo, realmente no haya comenzado, o incluso esté temporalmente suspendido, por lluvia, lesión, retraso, etc.
- Conjunto de **precios**. Los 3 primeros representan al primer tenista, y los tres segundos, al oponente. Cada terna representan el precio de la oferta Back disponible, el último precio intercambiado y la oferta Lay disponible, respectivamente.

Aspectos destacables que hemos de observar y aprender:

- Al principio, en el bloque inicial, podemos ver quien es la opción favorita del mercado, por el precio. En este caso, podemos ver que Nishikori es el favorito, con un precio intercambiado en torno a 1.52.
- Podemos ver que los gaps (intervalos entre el precio intercambiado y el Back y Lay ofrecidos) tanto en el favorito como en no favorito, es prácticamente inexistente. Lo que significa que el interés generado por el partido es alto. Una relación útil en esto de los precios es que teniendo un cuota dada C1, podemos calcular su cuota complementaria con la expresión: $Ccomplementaria = \frac{C1}{C1-1}$, en este caso para un precio de 1.52 podemos esperar una complementaria de 2.92, lo que puedes comprobar que así ocurre en nuestro caso.
- Podemos averiguar quién ha terminado ganando o perdiendo, por los precios. Habrá ganado, casi con toda probabilidad, el que más cerca de 1.01 se haya encontrado al final del evento, antes de suspenderse y cerrarse el mercado.

Ahora, que ya sabemos lo que nos traemos y guardamos con un Observador, vamos a estudiar la naturaleza de algunos de los deportes más populares, y sus mercados más interesantes.

Cuotas de Partido (Match Odds) del Baloncesto (NBA)

Sin duda alguna el Baloncesto NBA, es uno de los deportes más populares. Cada equipo NBA es una gran franquicia que moviliza gran cantidad de seguidores.

Los partidos son muy intensos e igualados. Muchos partidos se deciden con un ganador que supera los 100 puntos. De hecho, en muchos, ambos superan esas cifras, e incluso necesitan de una prórroga para poder dilucidar quién gana el encuentro.

A diferencia de otras ligas fuertes de Baloncesto, en la NBA, se juegan multitud de partidos todas las semanas, mientras dura el campeonato, que empieza en Noviembre de todos los años.

Son mercados que generan mucha atención, y eso se refleja en el volumen total igualado antes y durante los partidos.

En el evento se enfrentan dos equipos que a lo largo de cuatro cuartos, de doce minutos de duración, han de intentar conseguir la victoria, alcanzando para ello, el mayor número de puntos que se consiguen encestando en las canastas contrarias.

Además de intentar ganar consiguiendo el mayor número de puntos, en estos mercados, en los que hay un tiempo máximo reglamentario que cumplir, tras el cual se termina el partido, el reloj es un aliado del que va ganando, sobre todo en los momentos finales.

Este factor de tiempo, lógicamente, influye de forma determinante en la dinámica de los precios intercambiados.

¿Qué podemos esperar de la dinámica de la evolución de los precios cambiados, durante el transcurrir de un típico partido de esta liga tan fuerte de Baloncesto?

Es importante entender que estamos en un mercado en la que cada opción, a la que denominaremos **actor** del mercado, representa a un equipo. Cada actor puede, potencialmente, cotizar en cualquier cuota del posible espectro completo de precios que nos ofrece el intercambiador: desde 1.01 hasta 1000.

Principalmente, el tiempo y la diferencia de puntos en el marcador, determinarán el precio ofrecido e intercambiado por cualquiera de los actores.

En este tipo de mercados, con dos actores, diremos que el que presenta precios intercambiados por debajo de 2, probabilidad por debajo del 50%, en un instante dado, será el actor dominante. Lógicamente, antes del comienzo del evento, el actor favorito del mercado, coincidirá con el dominante.

Así, en el primer cuarto del partido, siempre y cuando la diferencia en puntos no sea muy grande, los precios irán evolucionando de forma "suave". Según vayan sucediéndose los cuartos, y acabándose el tiempo, los precios oscilarán más bruscamente. Así, un favorito, no dejará de serlo, si al terminar el primer cuarto, va perdiendo por poca diferencia en el marcador. No ocurrirá así, probablemente, en la misma situación de diferencia de puntos, al final de un tercer cuarto. Y mucho menos si estamos en los instantes finales del último cuarto.

El mercado mantiene su "interés" en vivo, cuando el partido siga vibrante, en la lucha. Si se decanta hacia uno y otro lado con una gran diferencia de puntos el partido dejará de ofertar buenos precios y presentará menos operaciones intercambiadas. Podría llegar a paralizarse el intercambio por la apertura de gaps.

Por otro lado, si el mercado está llegando a su final y hay mucha situación de incertidumbre, será más difícil determinar el precio justo, y se abrirán grandes gaps alrededor del precio justo.

En este mercado, para este deporte, es muy típico sufrir un "vuelco" en los últimos minutos del partido. Una sola canasta en los últimos segundos puede dar al traste con la victoria de un equipo. Eso se traduce, en la dinámica de las cotizaciones y precios intercambiados, en grandes variaciones en cuanto al valor y probabilidad se refiere.

Este tipo de circunstancias, son lo que llamamos características de alta volatilidad en los mercados. Más adelante, en el apartado de "Casos prácticos reales" veremos cómo intentar eliminarlas, en la medida de lo posible, a un bajo coste.

Aquí vemos la evolución de los precios intercambiados que han tenido los dos actores de un mercado de este tipo, en un partido de playoffs de este año: Cleveland vs Chicago. El favorito fue Cleveland.

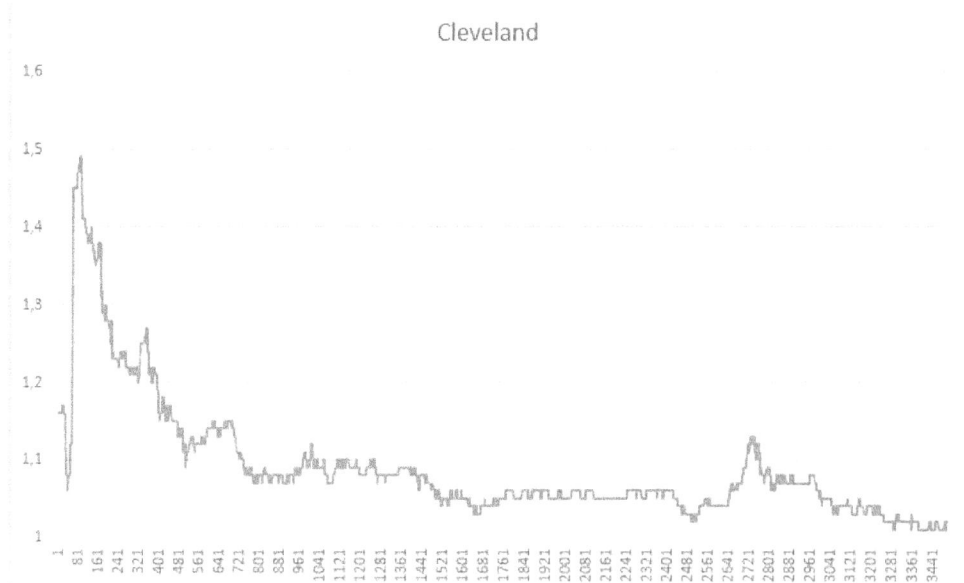

Cleveland

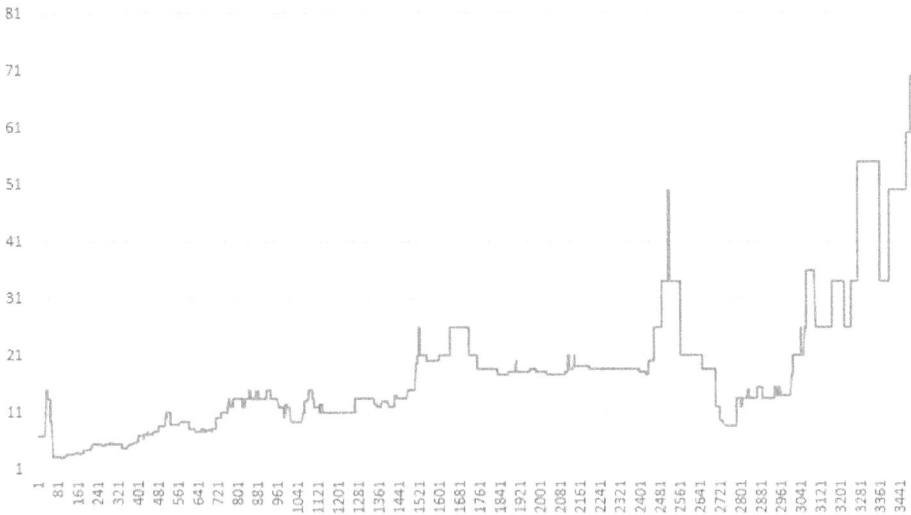

Cuotas de Partido (Match Odds) del Fútbol (Top Ligas)

El fútbol es el autoproclamado deporte rey. Tenemos futbol de calidad, con sus mercados cotizados y suficientemente populares, todo el año.

Nuestra recomendación es la de centrarse en los campeonatos más importantes: las ligas Top. Las mejores son las primeras de Inglaterra, Italia, España, Alemania y Francia.

El mercado que nos ocupa es el del vencedor del partido. A diferencia que el mercado equivalente que hemos descrito en el caso del Baloncesto, en este tendremos tres actores: Un equipo, el otro y el empate.

Hemos de tener muy presente que, en promedio, entre 2 y 3 goles, determinan el resultado de un partido. Esto significa que el gran peso que tiene un gol en un evento, influye de forma bastante determinante en el mercado, en el fuerte cambio de precios.

Tal es así, que un gol, en un intercambiador, provoca la suspensión de cotización del mismo, para evitar así cualquier tipo de ventaja de unos inversores sobre otros, por ejemplo, los que están viendo en directo en el estadio el partido, frente a los que están frente a la página en el intercambiador con una señal con retraso vía streaming.

Aun así, hay veces que Betfair publica mercados de eventos de fútbol, que no van a ser administrados por ellos. No los suspenden tras el gol. Suelen ser partidos con baja atención y poco volumen.

Más situaciones que podrían provocar suspensión del mercado de Cuotas de partido (Match Odds) en el fútbol son: una tarjeta roja (expulsión de un jugador), un penalti, una causa de fuerza mayor,…

De nuevo estamos en un mercado donde el tiempo es una variable determinante. Los partidos constan de dos partes de 45 minutos cada una, más el tiempo de descuento que el árbitro del encuentro considere en cada parte.

Vamos a comprender, lo que llamo, **zonas prohibidas de cotización** que poseen estos mercados de fútbol. Una dinámica de lo más curiosa.

Sean C1, C2 y C3 las cuotas del favorito, del empate y del no favorito, respectivamente. La evolución de los precios, que seguirán un modelo probabilístico, vendrá determinada, sin tener en cuenta expulsiones, por el reloj y la diferencia de goles.

Veamos esto de una forma descriptiva, sin entrar en mucho detalle.

Comienza el partido. En ausencia de goles, las cotizaciones, de forma general, evolucionarán de la siguiente manera:

- C1 comenzará a incrementar su valor lentamente. Cada vez queda menos tiempo para que el favorito gane y todavía no habrá marcado goles. El mercado ofrecerá, siguiendo las leyes de la probabilidad, un precio cada vez más apetecible.
- C2 comenzará a ser menor con el transcurrir del tiempo. Siguiendo las leyes de la probabilidad, el mercado poco a poco, terminará convirtiendo a este actor, el empate, en el dominante.
- C3 incrementará su valor, pero de forma menos pronunciada que la cuota del actor favorito.

En ausencia de expulsiones de jugadores, los actores del mercado ya no volverán a repetir un precio una vez ha cambiado valor de forma significativa, más allá de las pequeñas variaciones de volatilidad en la probabilidad.

Efectivamente, supongamos que a los 20 minutos de empezar el partido, se marca un gol, adelantando al favorito en el marcador. C1 que hasta entonces ha ido incrementando su valor, tras la suspensión de cotización, el mercado ofrecerá un valor para C1 que habrá perdido un gran valor. El mercado ofrecerá un precio correspondiente a la ventaja de un gol y al tiempo que quede para finalizar el evento. C2 y C3 habrán incrementado su precio siguiendo una relación lógica, acorde a las leyes de la probabilidad y al instante en el que estamos del partido.

En ausencia de goles, los precios seguirán evolucionando. El tiempo se va agotando. El favorito, al llevar ese gol de ventaja en el marcador, se irá haciendo cada vez más dominante, reflejándolo así en el decremento de valor paulatino que presentará C1. Al contrario que con C2 y C3.

Sin embargo, supongamos que transcurridos 30 minutos tras el primer gol, el no favorito logra empatar con otro gol en el encuentro. Tras la suspensión ¿Volverán los precios a los mismos valores que tenían antes de que el favorito hubiese marcado el primer gol?

La respuesta es clara, C1, C2 y C3, tendrán los precios que tendrían que tener si el mercado hubiese evolucionado como si nunca se hubieran marcado goles. Los precios que tendrían que tener tan solo debido a la evolución del reloj si el partido se hubiese mantenido con diferencia de goles nula.

Si más tarde volviera a adelantarse el favorito en el marcador, de nuevo tendríamos un gol de diferencia a favor del actor favorito ¿Volveríamos a tener los precios que teníamos antes de volver al empate? No, claro que no. Volveríamos a precios marcados por el tiempo que quedase para la finalización del partido, en la que el favorito tuviese un gol de diferencia a su favor.

Por lo tanto, existen zonas del espectro de cotización ofrecido por Betfair que, en condiciones normales en un partido de fútbol, son imposibles de alcanzar para sus actores. Zonas prohibidas de cotización.

Por último, hagamos mención especial al actor empate. Su cotización, en ausencia de goles tiene un recorrido bien definido. Va contrayendo su valor. Pero, dependiendo de la diferencia entre el favorito y el no favorito, y lo pronto que se establezca la diferencia de goles, el empate puede subir o bajar.

A continuación vamos a ver la evolución de los tres actores de este mercado en el evento Hertha vs Werder Bremen de la Bundesliga I, la liga Top de Alemania.

El partido empató a goles, 1-1, los goles se marcaron pronto en la primera parte, pero será suficiente para ver el efecto del que hablamos. Tan sólo he representado los primeros 1225 datos recogidos de precios intercambiados. De esta forma podemos ver más los detalles alrededor de ambos goles. En el minuto 5 se adelantaba el favorito y en el minuto 26 empataban.

La atención que generan estos partidos y el volumen que alcanzan, como cualquier mercado importante, hace que los modelos probabilísticos para ajustar precios sean bastante precisos. Son mercados en vivo bastante eficientes.

Durante la evolución de las cuotas podemos observar una clara línea dominante que es la que marca la tendencia probabilística. También, puntualmente, vemos oscilaciones alrededor de la tendencia general. Suelen ser debidas a lo que está ocurriendo en tiempo real en el campo de juego. Situaciones que hacen que la cotización puntualmente se "salga" de la trayectoria dominante.

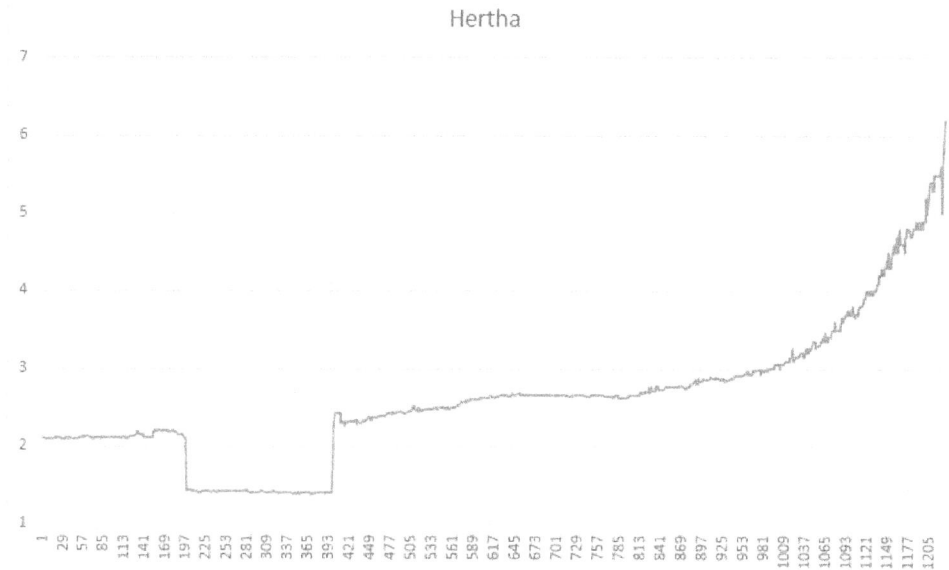

Hertha

Werder Bremen

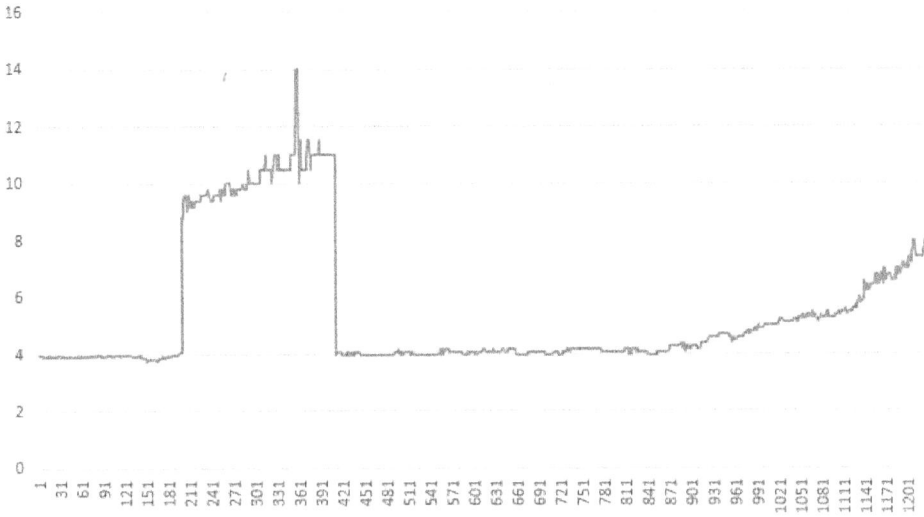

Empate

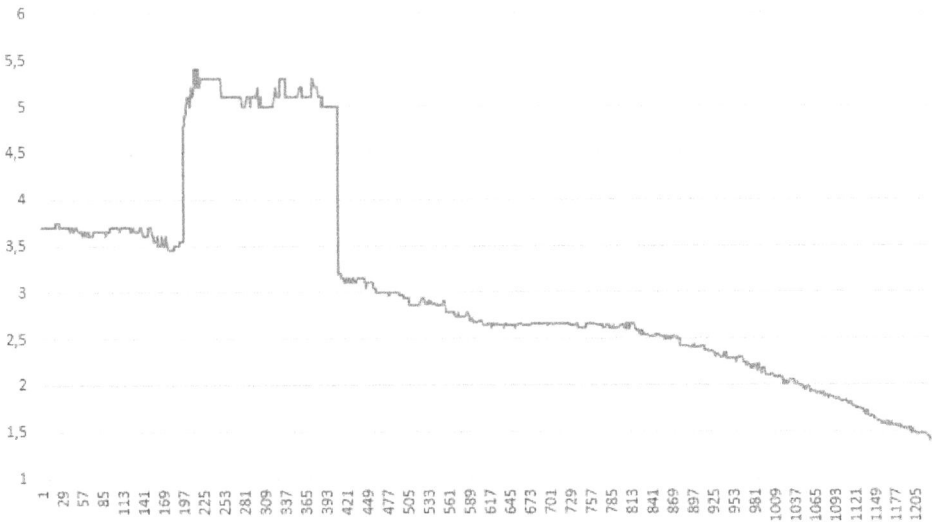

En un evento de fútbol, son muy populares los mercados de goles asociados al mismo. Concretamente los de Over/Under. De todos ellos el más seguido es el de Over/Under 2.5. Esto no es por casualidad.

Si contemplamos la mayoría de las ligas importantes de fútbol del mundo, el promedio de goles por partido que uno espera es entre 2 y 3 goles. Este mercado representa este hecho.

El modelo probabilístico que sigue el número de goles durante el transcurrir del partido es relativamente sencillo. Además, conocido uno de estos Over/Under, conocidos todos. Para una información más detallada echa un vistazo al **Anexo IV**.

En esencia, en todas las opciones Under, en ausencia de goles, el mercado va ofreciendo precios cada vez menores con el transcurrir del tiempo del partido. Es lógico, va quedando menos tiempo para que se marquen goles. Al contrario ocurre con las opciones de mercado Over, al ser opciones complementarias. Recordemos la relación de cotización que había para cuotas de opciones complementarias:

$$Ccomplementaria = \frac{Cuota}{Cuota - 1}$$

Así en un empate a cero goles, veremos, en un mercado lo suficientemente seguido, una curva perfecta que se ajustará matemáticamente al modelo probabilista de goles. Esta predicción suele ser algo más imprecisa y volátil en los instantes finales de los partidos.

¿Qué ocurre con la llegada de los goles en el partido?

Ya hemos comentado que, en el fútbol, al marcarse un gol, el mercado suspende la cotización durante un intervalo corto de tiempo. Es tanto lo que influye en el evento que todos sus mercados se ven fuertemente afectados. También hemos comentado, que el instante en el que llega ese gol, es determinante para el brusco cambio en los mercados.

En un mercado Over/Under 0.5, el mercado evoluciona, hasta que llega el primer gol. En ese momento se suspende el mercado y seguidamente se cierra. Claro, en este mercado se apuesta a que en el evento haya al menos un gol o lo contrario, que queden empatados a cero goles. Si se marca un primer gol, se habrá ganado la opción de Over, por lo tanto, el mercado después de suspenderse de cotización, se cierra, porque ha quedado resuelto.

Si el mercado es uno superior en número de goles, por ejemplo, Over/Under 2.5, al marcarse el primer gol del encuentro, la opción del Under, que habrá estado disminuyendo hasta ese momento, tras la reanudación de la suspensión, su cotización habrá vuelto a subir. Y lo contrario con el Over. Esto es lógico. Antes del gol, se ha ido haciendo más probable la opción de quedar por debajo del número de goles marcados por el mercado, en este caso 2.5. Según se marca un primer gol, se hace menos probable que lo era justo antes del gol. Dependiendo de cuánto tiempo quede para la resolución del mercado, el salto será más o menos brusco.

En esta ocasión tras el primer gol, el mercado se reanuda tras la suspensión, ya que no está resuelto. De hecho el mercado Over/Under 2.5 se ha transformado respecto a sus cotizaciones en el mercado Over/Under 1.5, como no puede ser de otra forma.

Lo que es seguro es que una vez se reanude el mercado, independientemente del cambio de las cotizaciones, el mercado seguirá su dinámica intrínseca. En ausencia de goles, la cotización del Under volverá a decrecer poco a poco, al contrario que su opción complementaria, el Over.

En buena lógica, si en un momento dado del evento, se marcase un tercer gol, el mercado Over/Under 2.5, se suspenderá, pero ya no reanudará. Se cerrará, el mercado habrá quedado resuelto.

Por último, los mercados más alejados respecto del número de goles que suponga el resultado actual del partido, son los que presentan una mayor velocidad en la variación de sus precios.

Para ver esto de una forma detallada, veamos el caso del partido de fútbol que vimos en el apartado anterior: Hertha vs Werder Bremen, Bundesliga I, Top Liga Alemana.

Recordemos que empataron a un gol.

Under 2.5

Over 2.5

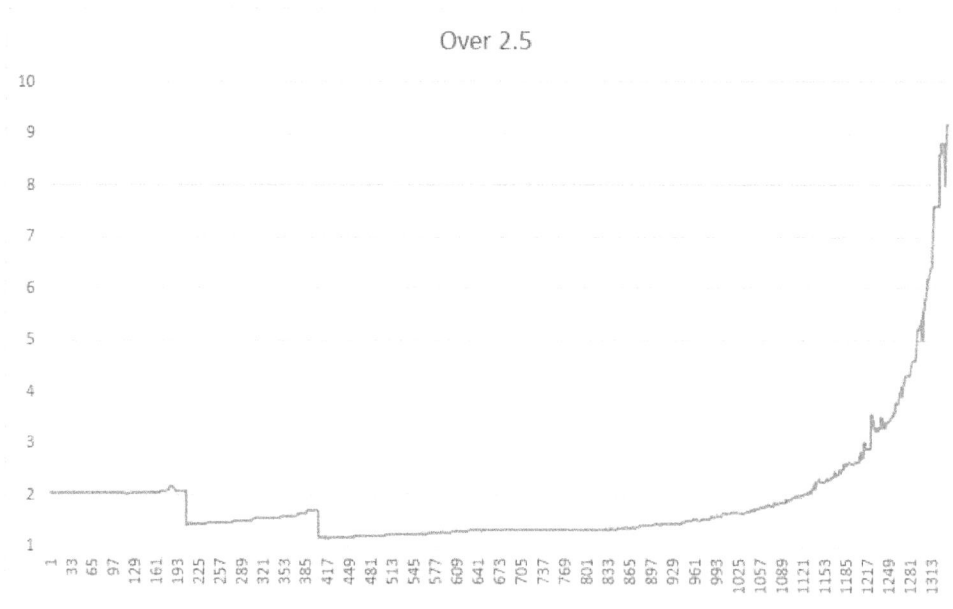

Los dos escalones, son las variaciones debidas a sendos goles. Minutos 5 y 26 del partido. La evolución de los precios, como ya hemos comentado, sigue un modelo probabilístico (Anexo IV), corregido por lo que sucede en el campo de juego. De ahí las volatilidades puntuales.

El tenis es muy popular entre los apostantes, tanto bajo pronóstico previo al partido, como para realizar trading en vivo.

A diferencia de todo lo que hemos visto hasta el momento, el reloj no es un factor relevante en la evolución de la cotización. Hemos visto como en otros mercados, el transcurrir del tiempo de partido, va a favor de la opción del mercado que refleja el marcador.

Aquí, solo la voluntad de un tenista puede empujar la cotización/probabilidad a su favor.

Los partidos son al mejor de tres sets (cinco sets en los masculinos de Grand Slam).

En estos mercados no existen lo que en el fútbol he denominado zonas prohibidas de cotización. Muy al contrario. Cada opción del mercado es capaz de recorrer potencialmente cualquier cuota del espectro de cotización que publica Betfair.

Son mercados con una alta probabilidad de oscilación dentro de cada set. Algo muy apetecible para el trading en vivo. Mercados en los que no suceden eventos que provoquen su suspensión.

Las mayores perturbaciones vendrán dadas por las roturas de servicio y su posterior afianzamiento. El mayor número de roturas suele darse en partidos femeninos (WTA). El saque de una tenista, en general, es menos contundente que el de un tenista.

La evolución de las cotizaciones en el primer set es más suave, menos brusca, que en un set definitivo, cuya resolución marque la resolución del mercado. El escenario extremo es del partido que llega al tie break en el tercer set. Un actor del mercado puede ser realmente dominante, como para ganar el partido, e instantes después, puede darse la situación contraria, cambiando papel con el otro actor.

Como siempre lo mejor será ver una evolución típica de mercado. Se trata del mismo partido que usamos al principio de la sección. John Isner contra Kei Nishikori. El favorito era Kei Nishikori y terminó ganando. Para poder mostrar adecuadamente los detalles, vamos a dejar de mostrar cotización en los momentos finales, donde el tenista perdedor intercambia en precios realmente altos: Isner (Azul o superior) vs Nishikori (Marrón o inferior).

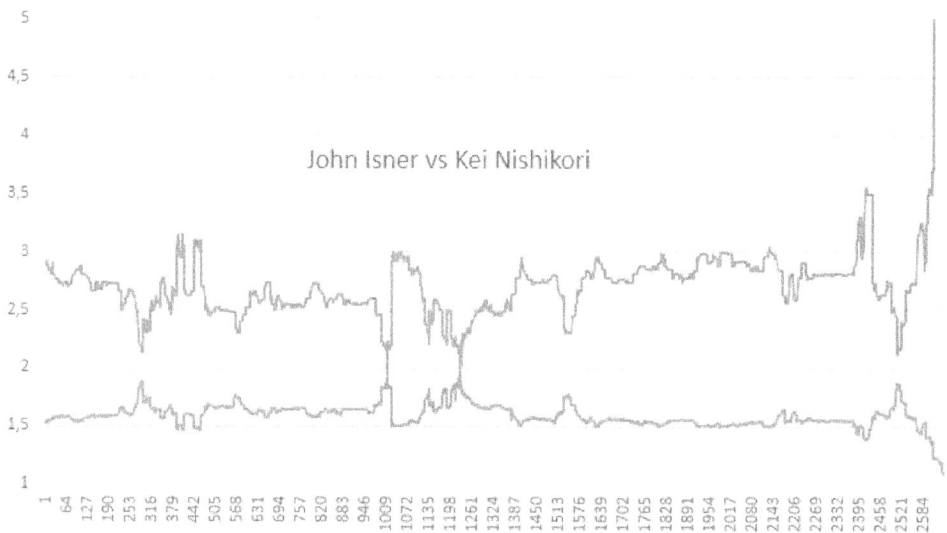

John Isner vs Kei Nishikori

Mercado de Carreras de Caballos (Winner) (GB/IRL)

Las carreras de caballos, en las plataformas de intercambio, son mercados muy populares. Principalmente las carreras británicas (GB) e irlandesas (IRL). Son mercados seguidos por decenas de miles de apostantes y realmente, como inversores, merece la pena que los tengamos en cuenta. El volumen igualado y número de operaciones en cada carrera es impresionante.

Normalmente todos los días hay carreras, incluso en fiestas típicas de descanso y vacaciones, los mercados de caballos no se detienen.

De una forma muy simple podemos describir este mercado como un conjunto de caballos, uno por cada opción del mismo, que han de recorrer una distancia en el menor tiempo posible, e intentar ganarla. Solo gana uno.

El número de caballos es variable. Desde 2, hasta más allá de 30, pueden ser los caballos que compitan en una misma carrera. Lo mismo ocurre con las distancias, desde 5f (f=furlong, unidad de medida de longitud del sistema anglosajón), hasta más allá de 3 millas. Otras variables son los obstáculos, el hándicap, los novatos, etc...

En un día normal, Betfair puede publicar para gestionar, en promedio, unas 25 carreras de interés. Realmente publica bastantes más. Publican carreras de EEUU,

Francia, y algunos países más. Aquí sólo vamos a describir aquellas que realmente despiertan el interés de los apostantes.

En distintos hipódromos, y de forma alternada entre ellos, se van disputando las carreras. A veces solapan en el tiempo algunas carreras, pero normalmente hay unos minutos de separación entre carreras.

Resulta espectacular ver cómo el volumen igualado pasa de una carrera a otra. Según termina la anterior, ya se empiezan a disparar las operaciones en la siguiente. Más rápido crece el volumen según nos vamos acercando al minuto de arranque.

Estos mercados, en vivo, son realmente rápidos. De hecho el delay que muestra Betfair para estos mercados (el tiempo que tarda tu apuesta desde que la lanzas hasta que llega al mercado) es de tan sólo 1 segundo.

Si hay un mercado en el que operar en vivo, donde realmente sea necesaria el uso del API, sin duda es este. De hecho, las soluciones comerciales más extendidas, como por ejemplo Market Feeder, Bet Angel o Geeks Toy son usadas principalmente en estos mercados.

Esto explica el gran volumen de operaciones por segundo que puede llegar a gestionar Betfair.

En general, el uso de estrategias programadas, ha disparado el número de operaciones que Betfair registra al día. Ya hemos comentado como en Betfair, a día de hoy, presenta un número de operaciones de compraventa al día, superior al total de operaciones de compraventa de todos los principales mercados occidentales.

Betfair retransmite las carreras. El usuario podrá disfrutar del visionado de una carrera dada siempre y cuando haya puesto en riesgo capital en la misma. Es decir, esté apostando en cualquiera de sus mercados.

Normalmente, salvo que algún caballo se quede enganchado en la salida, se caiga, se retire, o situación anómala, al inicio de la carrera las cotizaciones presentan una dinámica suave. Suele ser en la parte final de la carrera, una vez se han definido los caballos que tienen opciones de ganar, donde la dinámica de las cotizaciones puede volverse realmente brusca y errática. Lógicamente cuanto más corta es la carrera, antes llegará esa situación. Se dice que los precios presentan mayor volatilidad.

Más adelante, cuando hayamos comprendido los ingredientes básicos para crear riesgo, y presentemos cómo abordar estos mercados, aprenderemos como transformar estos mercados, en una clase de mercado similar a un partido de tenis.

¿Sientes Curiosidad? Paciencia, lo veremos en breve.

Por último, hacer mención especial al impresionante esfuerzo y despliegue tecnológico que hace Betfair para proveer a sus usuarios de tan rápida, eficiente y espectacular plataforma de intercambio. Nosotros que, del tema tecnológico entendemos, no podemos más que felicitar a Betfair por el importante esfuerzo en dotarse de recursos, infraestructura y talento para lograr lo que hoy día es la referencia mundial del Intercambio en apuestas deportivas.

Mapas de Riesgo

Ahora que ya sabemos algo de la naturaleza de los mercados y de la dinámica de algunos de los más interesantes, vamos a entrar en materia.

En esta sección vamos a introducir los elementos básicos de creación de riesgo que usaremos para la confección de estrategias en los distintos mercados.

Es importante familiarizarse e interiorizar los conceptos que aquí vamos a describir.

Un **mapa de riesgo** es un plan predefinido a lo largo de un intervalo de cotizaciones-riesgo. Representa un riesgo total potencial que una opción, de un mercado dado, puede llegar a adquirir. Riesgo distribuido a lo largo de distintas cotizaciones y que será o no igualado con el transcurrir del evento en vivo.

Este mapa puede ser de dos naturalezas contrarias: riesgo Normal o riesgo Contrario. En general:

- El **riesgo Normal** a favor de una opción del mercado, lo definimos como aquel que va en la dirección del back disponible en dicha opción. Vamos en la dirección en la que la opción resultaría ganadora. Esto es, en la que aumenta la probabilidad de ganar de dicha opción.
- El **riesgo Contrario** a favor de una opción del mercado, lo definimos como aquel que va en la dirección del lay disponible en dicha opción. Vamos en la dirección en la que opción resultaría perdedora. Es decir, en la que disminuye la probabilidad de ganar de dicha opción.

Nótese que en ambas opciones se apuesta a favor de la opción del mercado en cuestión.

Un mapa de riesgo viene caracterizado por:

- La **cuota inicial** del mapa, habitualmente influenciada por la cuota de la opción favorita del mercado.
- El **riesgo total** del mapa, habitualmente definido por la unidad de riesgo de nuestro fondo, y por la última cuota del mapa.
- Y lo que hemos venido a llamar **fuerza**, parámetro porcentual en el intervalo [1%, 99%]. Define la anchura del intervalo de cuotas.

Por último, aunque lo veremos ahora de una forma mucho más detallada, en un mapa de riesgo normal (**RN**) lo que importa es fijarse y llevar el control del riesgo del mapa, mientras que en un mapa de riesgo contrario (**RC**), lo que importa es llevar el control del valor del mapa.

Para ir abriendo boca, vamos a ver la apariencia que tienen un par de mapas de naturalezas normal, RN, y contraria, RC. Así podremos tener presentes más detalles que luego no nos pillen desprevenidos. Son solo dos casos del total de mapas posibles que podemos llegar a generar.

Estos son los dos mapas, uno de RN y otro de RC, cuya unidad de riesgo es 1000€, la cuota inicial el 1.5 y su fuerza es del 1% para el RN, y del 3% para el RC.

Usando nuestra aplicación **Mapeador**, ejecutamos en comando de línea: `Mapeador.exe BN 1000 1,5 1`, y `Mapeador.exe SC 1000 1,5 3`, obtenemos la salida:

RN → BN 1000 1,5 1	RC → SC 1000 1,5 1	RC → SC 1000 1,5 1 (continuación)
• 1,49 ; -24,36 ; 11,94	• 1,51 ; -2,12 ; 1,08	• ….
• 1,48 ; -48,87 ; 23,70	• 1,52 ; -4,21 ; 2,17	• 2,24 ; -105,12 ; 87,04
• 1,47 ; -73,51 ; 35,28	• 1,53 ; -6,27 ; 3,26	• 2,26 ; -106,88 ; 89,25
• 1,46 ; -98,25 ; 46,66	• 1,54 ; -8,30 ; 4,35	• 2,28 ; -108,58 ; 91,43
• 1,45 ; -123,04 ; 57,82	• 1,55 ; -10,29 ; 5,45	• 2,30 ; -110,21 ; 93,55
• 1,44 ; -147,88 ; 68,75	• 1,56 ; -12,24 ; 6,54	• 2,32 ; -112,45 ; 96,51
• 1,43 ; -172,72 ; 79,43	• 1,57 ; -14,15 ; 7,63	• 2,34 ; -114,09 ; 98,70
• 1,42 ; -197,54 ; 89,85	• 1,58 ; -16,03 ; 8,72	• 2,36 ; -115,59 ; 100,74
• 1,41 ; -226,16 ; 101,56	• 1,59 ; -17,86 ; 9,80	• 2,38 ; -117,05 ; 102,76
• 1,40 ; -251,07 ; 111,52	• 1,60 ; -19,64 ; 10,87	• 2,40 ; -119,32 ; 105,93
• 1,39 ; -275,86 ; 121,19	• 1,61 ; -21,76 ; 12,16	• 2,42 ; -120,69 ; 107,87
• 1,38 ; -300,49 ; 130,55	• 1,62 ; -23,62 ; 13,31	• 2,44 ; -121,99 ; 109,75
• 1,37 ; -330,00 ; 141,45	• 1,63 ; -25,32 ; 14,38	• 2,46 ; -123,89 ; 112,52
• 1,36 ; -354,36 ; 150,22	• 1,64 ; -26,96 ; 15,44	• 2,48 ; -125,48 ; 114,89
• 1,35 ; -384,11 ; 160,59	• 1,65 ; -28,56 ; 16,48	• 2,50 ; -126,65 ; 116,63
• 1,34 ; -408,01 ; 168,71	• 1,66 ; -30,77 ; 17,93	• 2,52 ; -128,40 ; 119,30
• 1,33 ; -437,64 ; 178,44	• 1,67 ; -32,37 ; 19,01	• 2,54 ; -129,98 ; 121,73
• 1,32 ; -460,89 ; 185,88	• 1,68 ; -33,86 ; 20,02	• 2,56 ; -131,00 ; 123,32
• 1,31 ; -490,07 ; 194,89	• 1,69 ; -35,32 ; 21,03	• 2,58 ; -132,88 ; 126,28
• 1,30 ; -512,50 ; 201,62	• 1,70 ; -37,59 ; 22,61	• 2,60 ; -134,17 ; 128,35
• 1,29 ; -540,91 ; 209,86	• 1,71 ; -38,96 ; 23,59	• 2,62 ; -135,10 ; 129,86
• 1,28 ; -568,87 ; 217,66	• 1,72 ; -40,28 ; 24,54	• 2,64 ; -137,25 ; 133,39
• 1,27 ; -596,27 ; 225,02	• 1,73 ; -42,22 ; 25,95	• 2,66 ; -138,04 ; 134,70
• 1,26 ; -623,00 ; 231,93	• 1,74 ; -43,84 ; 27,16	• 2,68 ; -139,51 ; 137,17
• 1,25 ; -648,95 ; 238,37	• 1,75 ; -45,03 ; 28,05	• 2,70 ; -140,96 ; 139,62
• 1,24 ; -674,03 ; 244,35	• 1,76 ; -46,85 ; 29,43	• 2,72 ; -141,70 ; 140,90
• 1,23 ; -698,16 ; 249,87	• 1,77 ; -48,48 ; 30,68	• 2,74 ; -143,78 ; 144,52
• 1,22 ; -721,25 ; 254,93	• 1,78 ; -49,53 ; 31,51	• 2,76 ; -144,34 ; 145,50
• 1,21 ; -749,02 ; 260,72	• 1,79 ; -51,50 ; 33,06	• 2,78 ; -146,04 ; 148,54
• 1,20 ; -769,55 ; 264,80	• 1,80 ; -52,85 ; 34,14	• 2,80 ; -146,98 ; 150,23
• 1,19 ; -793,99 ; 269,40	• 1,81 ; -53,84 ; 34,94	• 2,82 ; -148,19 ; 152,44
• 1,18 ; -816,37 ; 273,38	• 1,82 ; -56,10 ; 36,80	• 2,84 ; -149,53 ; 154,90

• 1,17 ; -836,55 ; 276,77	• 1,83 ; -56,94 ; 37,50	• 2,86 ; -150,33 ; 156,39
• 1,16 ; -854,41 ; 279,58	• 1,84 ; -58,52 ; 38,82	• 2,88 ; -151,99 ; 159,50
• 1,15 ; -873,03 ; 282,32	• 1,85 ; -60,05 ; 40,12	• 2,90 ; -152,46 ; 160,40
• 1,14 ; -885,39 ; 284,02	• 1,86 ; -60,86 ; 40,82	• 2,92 ; -154,35 ; 164,03
• 1,13 ; -897,08 ; 285,51	• 1,87 ; -63,09 ; 42,76	• 2,94 ; -154,57 ; 164,46
• 1,12 ; -904,82 ; 286,42	• 1,88 ; -63,70 ; 43,29	• 2,96 ; -156,61 ; 168,46
• 1,11 ; -908,56 ; 286,83	• 1,89 ; -65,56 ; 44,95	• 2,98 ; -156,70 ; 168,62
• 1,10 ; -908,82 ; 286,85	• 1,90 ; -66,58 ; 45,87	• 3,00 ; -159,18 ; 173,60
	• 1,91 ; -67,92 ; 47,09	• 3,05 ; -161,63 ; 178,62
	• 1,92 ; -69,38 ; 48,43	• 3,10 ; -164,03 ; 183,64
	• 1,93 ; -70,27 ; 49,26	• 3,15 ; -166,37 ; 188,68
	• 1,94 ; -72,10 ; 50,97	• 3,20 ; -168,65 ; 193,71
	• 1,95 ; -72,63 ; 51,48	• 3,25 ; -171,08 ; 199,18
	• 1,96 ; -74,73 ; 53,49	• 3,30 ; -173,22 ; 204,10
	• 1,97 ; -74,99 ; 53,75	• 3,35 ; -175,31 ; 209,01
	• 1,98 ; -77,27 ; 55,98	• 3,40 ; -177,34 ; 213,88
	• 1,99 ; -77,36 ; 56,07	• 3,45 ; -179,32 ; 218,73
	• 2,00 ; -79,71 ; 58,43	• 3,50 ; -181,24 ; 223,54
	• 2,02 ; -82,06 ; 60,82	• 3,55 ; -183,11 ; 228,30
	• 2,04 ; -84,38 ; 63,23	• 3,60 ; -184,93 ; 233,02
	• 2,06 ; -86,64 ; 65,63	• 3,65 ; -186,69 ; 237,69
	• 2,08 ; -88,85 ; 68,01	• 3,70 ; -188,40 ; 242,30
	• 2,10 ; -91,01 ; 70,39	• 3,75 ; -190,06 ; 246,86
	• 2,12 ; -93,11 ; 72,74	• 3,80 ; -191,87 ; 251,93
	• 2,14 ; -95,16 ; 75,08	• 3,85 ; -193,45 ; 256,44
	• 2,16 ; -97,16 ; 77,40	• 3,90 ; -194,98 ; 260,88
	• 2,18 ; -99,09 ; 79,68	• 3,95 ; -196,46 ; 265,24
	• 2,20 ; -100,97 ; 81,94	• 4,00 ; -199,11 ; 273,25
	• 2,22 ; -103,18 ; 84,63	• 4,10 ; -201,49 ; 280,63
	• ...	• 4,20 ; -204,42 ; 290,03
		• 4,30 ; -206,66 ; 297,43
		• 4,40 ; -209,37 ; 306,66
		• 4,50 ; -211,47 ; 314,02
		• 4,60 ; -212,66 ; 318,31
		4,70 ; -212,77 ; 318,70
1,10; -908,82; 286,85		4,70; -212,77; 318,70

En ambos mapas, ideales, se muestra el conjunto de cuotas, el riesgo acumulado y el beneficio acumulado. Al pie de cada mapa, indicamos la última cuota del mapa, el total de riesgo acumulado del mapa, y el total del valor o beneficio del mapa.

Sí, lo sé, en estos momentos estás desbordado de preguntas y no entiendes nada. Voy a ir procurando aclarar tus dudas.

En primer lugar, veamos cómo se originan estos mapas y qué características intrínsecas tienen.

Estos mapas surgen, ante todo por cubrir una necesidad real.

Uno de los motivos de usar estos ingredientes para crear riesgo, tiene que ver con la necesidad de fraccionar el riesgo.

Es mucho más fácil esperar que el mercado digiera nuestra necesidad de riesgo si somos capaces de fraccionar el mismo, a lo largo de distintas cotizaciones.

Uno de los problemas que tienen los grandes fondos de riesgo basados en el pronóstico; la búsqueda de valor en determinadas sobrevaloraciones presentes en el mercado; es la necesidad de tener que cubrir grandes apuestas a un precio promedio adecuado. Ya hemos mencionado cómo, a veces, se tienen que apoyar en Betsites especiales donde acepten jugadores de alto riesgo.

Imagina que dispones de buena información, como pronosticador, sobre un mercado dado. Un precio promedio ofrecido en el mercado por la victoria de un tenista, está excepcionalmente bien valorado. Se trata de un partido de primera ronda, por lo que el mercado todavía no le presta demasiada atención hasta que comienza. Supón que su unidad de riesgo es de 10000€ y su precio buscado es de 1.5, que resulta ser el ofrecido en promedio por el tenista favorito.

Según sus cálculos y correcciones varias (criterio de Kelly, etc.), obtiene que su apuesta en dicha opción, antes de dar comienzo el partido, es superior a los 6666€.

El mercado no ofrece ese volumen a ese precio concreto antes de comenzar el evento, así que deberás llegar con antelación y permanecer firme en tu posición buscando que te igualen la mayor cantidad posible de ese monto, antes de que comience el partido.

Justo antes de comenzar, y si queda algo por igualar a 1.5, habremos de conformarnos con completar el riesgo a cotizaciones más bajas, con lo que promediaremos a la baja la cotización. O peor, tener que recurrir a un Betsite "especial" con el que completar el riesgo restante, de nuevo, promediando a la baja, puesto que casi seguro tendremos un peor precio que el deseado.

Esto es un problema, pero no lo es tanto si añadimos una dificultad. Imagina que andas haciendo trading en vivo, y lo que buscamos ya es comprar y vender grandes cantidades de riesgo de forma puntual, entrando y saliendo del mercado siguiendo unos indicadores. En fin, rápidamente entenderás que el mercado no tiene por qué digerir, al precio que necesitas, el riesgo que pretendes que te igualen.

Los mapas de riesgo son ingredientes imprescindibles que vienen a solucionar gran parte de este problema.

Conceptos que se adaptan como un guante a mercados de baloncesto, tenis y caballos. O cualquier mercado, cuyos actores puedan, potencialmente y sin limitación, cotizar a cualquier precio del espectro de cotizaciones ofertado por Betfair durante la duración del evento.

No todo son ventajas. Hay mercados donde este concepto de mapa de riesgo, no es aplicable de la forma óptima que se persigue.

Hemos comentado que en los mercados de Cuotas de Partido (Match Odds) del fútbol, existen zonas prohibidas de cotización. Es decir, de inicio ya hay cotizaciones que formarán parte de nuestros mapas y serán inalcanzables, lo que, como veremos más adelante, es inapropiado para los mapas de riesgo normal.

Mapas de Riesgo Normal: definición.

Ahora vamos a centrarnos en los Mapas RN. Ya hemos comentado que denominamos así al mapa a aplicar a una opción del mercado cuyo conjunto de cuotas van en el sentido que hace que la opción resulte ganadora. Es decir, hacia cuotas decrecientes.

Para confeccionar estos mapas partimos de un concepto teórico que trabaja en un ideal espacio continuo de cuotas, que luego adaptamos transformándolo al espectro de cotización que nos permite Betfair. Hacemos discreto el mapa. Lo convertimos en algo útil y práctico.

Al acto de crear un mapa de riesgo de cualquier tipo, para una opción del mercado dada, lo denominaremos "mapear" a dicha opción.

Hemos avanzado que para crear un mapa de riesgo normal vamos a necesitar una cuota inicial (Ci), una unidad de riesgo, UR, y un factor fuerza, F, en el intervalo [0.01, 0.99], relacionada con la extensión del mapa. A menos fuerza, mayor extensión.

En esencia, lo que vamos a hacer es distribuir una cantidad máxima de riesgo, definida por la unidad de riesgo de nuestro fondo y la última cuota secuencial del conjunto que formará nuestro mapa, en pequeños trocitos más pequeños. Así decimos que en cada **posición** del mapa tendremos la terna:

(Cuota, riesgo acumulado, beneficio o valor acumulado teórico)

Al final, con el procedimiento detallado que ahora vamos a ver, obtendremos una especie de "barra de riesgo" potencial, bastante uniformemente distribuida.

Para calcular las distintas posiciones de cuota, riesgo y valor de un mapa de riesgo normal, lo primero que hemos de definir es si se trata de un mapa de bajada (apuestas back, mapa de BN) o uno de subida (apuestas lay, mapa de SN).

Vamos con la definición de un **mapa de bajada normal** sobre la opción de un mercado y luego veremos que la subida normal, en un mercado de dos opciones (tenis, baloncesto,...), es completamente equivalente en riesgo y valor aplicada sobre la opción complementaria.

Usando un procedimiento iterativo, un cálculo en bucle, podremos obtener las distintas posiciones que conforman el mapa en el que estamos interesados.

Definimos:

- **B** $\rightarrow$ bolsa o unidad de riesgo de nuestro fondo.
- **C_{ini}** $\rightarrow$ la cuota inicial o de partida.
- **dec** $\rightarrow$ constante usada para marcar el cambio secuencial entre cuotas del mapa. En este caso lo fijaremos en 0.02. Un 2% de decremento de valor entre cuota y cuota.
- **F** $\rightarrow$ fuerza del mapa. Parámetro que pertenece al intervalo [0.01, 0.99].
- **C** $\rightarrow$ la cuota actual en el cálculo de las posiciones del mapa.
- **C_u** $\rightarrow$ cuota techo. Recalculada y usada en cada iteración en el cálculo de nuestras posiciones del mapa.
- **C_d** $\rightarrow$ cuota suelo. Recalculada y usada en cada iteración en el cálculo de nuestras posiciones del mapa.
- **posR** $\rightarrow$ posición de riesgo acumulado. Recalculado para cada iteración en el cálculo de nuestras posiciones del mapa.
- **posV** $\rightarrow$ posición de valor acumulado. Recalculado para cada iteración en el cálculo de nuestras posiciones del mapa.
- **f** $\rightarrow$ factor ajustable a fijar, para el correcto cálculo de las posiciones del mapa. Para cada C_{ini} y **F** tendremos un **f** distinto.

Tras un proceso de ajuste para el cálculo de f y del total de posiciones, teniendo en cuenta para ello el riesgo total que como máximo habremos de distribuir en nuestro mapa de riesgo, las expresiones que habremos de usar en el cálculo iterado de las posiciones de nuestro mapa, serán:

$$C = (C - 1) * (1 - dec) + 1 \ siendo \ C = Cini \ en \ la \ primera \ iteración$$

$$Cu = (C - 1) * (1 + F) + 1$$

$$Cd = (C - 1) * (1 - F) + 1$$

$$apLay = \frac{\dfrac{B}{Cd} - \dfrac{B}{C}}{C - 1}$$

$$apBack = \left(\frac{B}{C} - \frac{B}{Cu}\right) * f$$

$$posR = posR + apLay - apBack$$

$$siendo \ posR = 0 \ en \ la \ primera \ iteración$$

$$posV = posV + (C - 1) * apBack - (C - 1) * apLay$$

$$siendo \ posV = 0 \ en \ la \ primera \ iteración$$

Así que mediante este procedimiento iterativo (un cálculo en bucle, recalculando variables con valores del anterior paso por el bucle), usando las expresiones anteriores, podemos hallar los valores de cuota, posR y posV para las distintas posiciones que conformarán nuestro mapa de bajada de riesgo normal.

El que hayamos tenido que ajustar un valor de f para el correcto cálculo del mapa, se debe a que la función de posR que devuelve el riesgo que debemos tener a una cuota dada, es una función de riesgo que presenta un máximo, a partir del cual comienza a disminuir. Esto es debido a que, si te fijas, posR es el resultado de un equilibrio entre apuestas back y apuestas lay. Esto hace el cálculo del riesgo algo realmente interesante.

Por último, una vez tenemos el mapa de forma teórica bajo un espectro continuo de cuotas, sin limitaciones, lo hemos de transformar en un mapa que siga las cuotas del espectro permitido por Betfair, con sus limitaciones.

Al inicio de este apartado, sobre mapas de riesgo, pudimos ver el aspecto que tiene un mapa de riesgo normal, concretamente un mapa de BN de cuota inicial 1.5 (C_{ini} = 1.5), con una fuerza al 1% (F = 0.01) y una unidad de riesgo de 1000€ (B = 1000). El mapa aparece ya adaptado al espectro de cuotas permitido por Betfair. Para ello usamos una pequeña aplicación que hace uso de nuestro componente para el cálculo de mapas, basado en las expresiones antes expuestas.

Vamos ahora con la definición de un **mapa de subida normal**.

A veces, quisiésemos trabajar, en un mercado con únicamente dos opciones, un mapa de riesgo equivalente al mapa de bajada como el que hemos visto para una de las opciones del mercado, pero esta vez de subida, trabajando con la otra opción del mercado.

Hacer back sobre una opción del mercado que solo tiene dos opciones, es lo mismo que hacer lay sobre la otra opción. Para ser más claro, ir a favor de un tenista A, es lo mismo que ir en contra del tenista B del mismo encuentro.

El planteamiento es similar que el anterior, solo que ahora en vez de tener cuotas para hacer back, tendremos cuotas complementarias donde hacer lay.

Al igual que en el caso de la bajada normal, usando un procedimiento iterativo, podremos obtener las distintas posiciones que conforman el mapa de subida normal en el que estamos interesados.

Definimos:

- **B** $\rightarrow$ bolsa o unidad de riesgo de nuestro fondo.
- **C_{ini}** $\rightarrow$ la cuota inicial o de partida.
- **inc** $\rightarrow$ constante usada para marcar el cambio secuencial entre cuotas del mapa. En este caso lo fijaremos en 0.02. Un 2% de incremento de valor entre cuota y cuota.
- **F** $\rightarrow$ fuerza del mapa. Parámetro que pertenece al intervalo [0.01, 0.99].
- **C** $\rightarrow$ la cuota actual en el cálculo de las posiciones del mapa.
- **C_u** $\rightarrow$ cuota techo. Recalculada y usada en cada iteración en el cálculo de nuestras posiciones del mapa.
- **C_d** $\rightarrow$ cuota suelo. Recalculada y usada en cada iteración en el cálculo de nuestras posiciones del mapa.
- **posR** $\rightarrow$ posición de riesgo acumulado. Recalculado para cada iteración en el cálculo de nuestras posiciones del mapa.
- **posV** $\rightarrow$ posición de valor acumulado. Recalculado para cada iteración en el cálculo de nuestras posiciones del mapa.

- **f** → factor ajustable a fijar, para el correcto cálculo de las posiciones del mapa. Para cada **C**ini y **F** tendremos un **f** distinto.

Tras un proceso de ajuste para el cálculo de f y del total de posiciones, teniendo en cuenta para ello el riesgo total que como máximo habremos de distribuir en nuestro mapa de riesgo, las expresiones que habremos de usar en el cálculo iterado de las posiciones de nuestro mapa, serán:

$$Cu = (C - 1) * (1 + F) + 1$$

$$Cd = (C - 1) * (1 - F) + 1$$

$$apLay = \frac{\frac{B}{Cd} - \frac{B}{C}}{C - 1} * f$$

$$apBack = \frac{B}{C} - \frac{B}{Cu}$$

$$posV = posV + apLay - apBack$$

$$siendo\ posV = 0\ en\ la\ primera\ iteración$$

$$posR = posR + (C - 1) * apBack - (C - 1) * apLay$$

$$siendo\ posR = 0\ en\ la\ primera\ iteración$$

$$C = (C - 1) * (1 + dec) + 1\ siendo\ C = Cini\ en\ la\ primera\ iteración$$

Así que mediante este procedimiento iterativo (un cálculo en bucle, recalculando variables con valores del anterior paso por el bucle), usando las expresiones anteriores, podemos hallar los valores de cuota, posR y posV para las distintas posiciones que conformarán nuestro mapa de subida de riesgo normal.

De nuevo, en la práctica tendremos que trabajar con el mapa adaptado al espectro de cuotas permitidas por Betfair.

Para comprobar la equivalencia entre un mapa de riesgo de bajada normal (BN) sobre una opción de un mercado con dos opciones, y un mapa de subida normal (SN) aplicado sobre la opción complementaria de la primera, vamos a comprobarlo con el ejemplo que pusimos al principio de este apartado.

Recordemos que teníamos un mapa de BN partiendo de una cuota de 1.5, con una unidad de riesgo de 1000€ y con una fuerza del 1%. Esto nos daba que el mapa completo presentaba un riesgo acumulado máximo de 895.4€ y valor teórico máximo de 283.11€, siendo 1.1 la cuota de la última posición de este mapa.

En un mercado de dos opciones, con gran volumen y atención, donde la opción dominante vale 1.5, su complementaria valdrá, como ya sabemos, 3. Así que un mapa de SN con cuota de inicio 3, unidad de riesgo 1000€ y fuerza 1%, tendrá el siguiente aspecto. Con la ayuda de nuestro programita Mapeador.exe, tecleamos:

```
Mapeador.exe SN 1000 3 1
```

RN →SN 1000 3 1	RN →SN 1000 3 1
• 3,00 ; -4,70 ; 2,35	• ...
• 3,05 ; -32,40 ; 15,86	• 5,60 ; -721,57 ; 255,30
• 3,10 ; -59,34 ; 28,69	• 5,70 ; -732,42 ; 257,60
• 3,15 ; -85,52 ; 40,87	• 5,80 ; -742,74 ; 259,75
• 3,20 ; -110,94 ; 52,42	• 5,90 ; -752,54 ; 261,75
• 3,25 ; -137,78 ; 64,34	• 6,00 ; -769,54 ; 265,13
• 3,30 ; -161,26 ; 74,55	• 6,20 ; -786,24 ; 268,32
• 3,35 ; -184,00 ; 84,23	• 6,40 ; -797,94 ; 270,48
• 3,40 ; -206,00 ; 93,39	• 6,60 ; -812,18 ; 273,03
• 3,45 ; -227,29 ; 102,08	• 6,80 ; -825,07 ; 275,24
• 3,50 ; -247,85 ; 110,31	• 7,00 ; -836,69 ; 277,17
• 3,55 ; -267,70 ; 118,09	• 7,20 ; -844,95 ; 278,50
• 3,60 ; -286,86 ; 125,46	• 7,40 ; -854,56 ; 280,00
• 3,65 ; -305,32 ; 132,43	• 7,60 ; -861,44 ; 281,04
• 3,70 ; -323,10 ; 139,01	• 7,80 ; -869,23 ; 282,18
• 3,75 ; -340,39 ; 145,30	• 8,00 ; -874,85 ; 282,99
• 3,80 ; -358,87 ; 151,90	• 8,20 ; -881,04 ; 283,84
• 3,85 ; -375,00 ; 157,56	• 8,40 ; -885,52 ; 284,45
• 3,90 ; -390,49 ; 162,90	• 8,60 ; -889,55 ; 284,98
• 3,95 ; -405,34 ; 167,93	• 8,80 ; -893,77 ; 285,52
• 4,00 ; -431,82 ; 176,70	• 9,00 ; -896,83 ; 285,90
• 4,10 ; -455,22 ; 184,25	• 9,20 ; -899,50 ; 286,23
• 4,20 ; -483,62 ; 193,10	• 9,40 ; -901,81 ; 286,50
• 4,30 ; -505,04 ; 199,59	• 9,60 ; -903,76 ; 286,73
• 4,40 ; -530,54 ; 207,07	• 9,80 ; -905,38 ; 286,91
• 4,50 ; -550,05 ; 212,65	• 10,00 ; -907,80 ; 287,18
• 4,60 ; -572,80 ; 218,94	• 10,50 ; -908,69 ; 287,27
• 4,70 ; -590,49 ; 223,72	• 11,00 ; -908,74 ; 287,28
• 4,80 ; -607,49 ; 228,20	
• 4,90 ; -626,64 ; 233,09	
• 5,00 ; -641,96 ; 236,92	
• 5,10 ; -656,62 ; 240,49	
• 5,20 ; -670,66 ; 243,84	
• 5,30 ; -684,08 ; 246,96	
• 5,40 ; -696,89 ; 249,87	
• 5,50 ; -710,17 ; 252,82	
• ...	
	11; -908,74; 287,28

Comparando la BN de 1.5, con la SN de 3, vemos como el total de riesgo acumulado y el total de valor potencial teórico, coinciden prácticamente.

Si hay pequeñas variaciones es por el hecho de tener que transformar los mapas teóricos a los mapas prácticos que requieren de su adaptación al espectro de precios que Betfair permite. En dicha transformación se pueden producir pequeñísimos desajustes en las cantidades, como se puede comprobar.

Mapas de Riesgo Normal: características.

Aunque hemos comenzado por su descripción formal, y la visión de un par de ejemplos, ahora vamos a tratar de que comprendas este concepto en su plenitud.

¿Qué diablos es un mapa de riesgo normal? Vamos a hablar en cristiano.

Lo que sabemos hasta ahora es que:

- Un mapa de riesgo normal es una forma de apostar por una opción de un mercado dado.
- Un mapa de riesgo normal es un conjunto secuencial de apuestas.
- Las apuestas que conforman el mapa de riesgo normal, irán a partir de una cuota inicial en el sentido en el que aumenta la probabilidad de ganar de la opción del mercado a la que aplicamos el mapa.
- El total de apuestas dependerá de un factor que hemos llamado Fuerza. A menor fuerza, más ancho el mapa.
- Recorrer el mapa completo supone poder llegar a alcanzar una posición de riesgo máximo acumulado, definido éste por la unidad de riesgo de nuestro fondo, y la última cuota del mapa.
- Recorrer el mapa completo de una forma ideal, cuota a cuota, nos puede proporcionar un valor teórico acumulado predicho por el cálculo del mapa. En la práctica veremos cómo este valor es más o menos preciso dependiendo de la naturaleza y dinámica del mercado donde apliquemos estos ingredientes para confeccionar riesgo.

Ahora vamos a centrarnos en las características intrínsecas que posee esta forma de hacer riesgo.

Ir completando las apuestas que forman el mapa de riesgo, recorriéndolas idealmente, es una forma de hacer riesgo promediado. El valor resultante según vamos avanzando en el mapa, es el promedio de riesgo y precio que hemos ido completando.

Este aspecto del riesgo normal es muy importante. Si nos fijamos, lo que está pasando es que en cada cuota nueva, siempre tenemos un riesgo promedio construido mejor pagado que la última cuota en la que estamos.

Así en el ejemplo que hemos ido arrastrando para ilustrar el concepto de mapa de riesgo normal, concretamente en mapa de BN con unidad de riesgo de 1000, cuota inicial 1.5 y fuerza 1%, teníamos que al final del mapa la posición de cuota, riesgo y valor era de:

$$(1.10, -908{,}82€, 286.85€)$$

Lo que nos da un riesgo frente a un beneficio que equivale a la cuota equivalente de:

$$Cequivalente = \frac{Beneficio}{Riesgo} + 1 = \frac{286.85}{908.82} + 1 = 1.315$$

Que como se puede ver es mayor que 1.1, es decir, que si alguien quisiese entrar a comprar a favor de la opción en la que hemos ido construyendo riesgo, sería imposible que pudiera conseguir un riesgo pagado por encima de 1.1. Concretamente la apuesta de alguien en ese punto con 1000€ de unidad de riego, debería ser:

$$Apuesta = \frac{B}{C} = \frac{1000}{1.1} = 909.09€$$

Que prácticamente coincide con el riesgo que llevaríamos en ese punto con nuestro mapa normal.

Además está la dificultad, que ya hemos comentado, de necesitar que nos igualen la cantidad de riesgo en la cuota que queremos en un instante dado. Cuanto más grande el importe, más difícil de lograr que el mercado digiera nuestro riesgo.

Lógicamente, a cambio, el apostante que ha estado esperando a hacer riesgo hasta ese instante ha dejado de gastar capital hasta ese punto, por lo que un mapa que ha quedado incompleto porque el mercado ha dejado de recorrer los precios en el sentido que nos interesaba, ha supuesto una pérdida de capital. Si el "vuelco" se produce cuando se recorren pocas apuestas del mapa, la ganancia se produce por lo que dejamos de completar de riesgo del mapa.

Veremos más adelante, en el análisis de los casos reales, que gran parte del éxito de estrategias basadas en mapas de riesgo, consiste en saber dónde, a partir de qué cuota inicial, aplicarlos. Cada tipo de mercado tendrá su propia receta para el uso de estos ingredientes. Lo veremos en su aplicación en los casos reales, más adelante.

En la práctica, no todos los mercados son aptos para aplicar estos ingredientes, los mapas de riesgo. Idealmente un mapa de riesgo normal debería poder recorrerse por todo su conjunto de apuestas. Una a una. Así que hemos de buscar mercados que, por su naturaleza y dinámica, se presten a ser candidatos ideales para el uso de estos mapas.

Lo primero que han de cumplir estos mercados es que sus opciones puedan llegar a recorrer potencialmente cualquier cuota del espectro propuesto por Betfair. En apartados anteriores hemos podido analizar la dinámica de algunos mercados. Hemos visto como, por ejemplo, el mercado Cuotas de Partido (Match Odds) en los partidos de fútbol presentan, tras un gol o expulsión, grandes cambios en las cotizaciones e incluso, zonas prohibidas de cotización. El uso de mapas de riesgo normal en ellos, será francamente ineficiente, por la pérdida de valor respecto del teórico máximo precalculado por el mapa.

Sin embargo, mercados como los de Cuotas de Partido (Match Odds) en tenis y en baloncesto, se prestan perfectamente como candidatos a albergar mapas de riesgo normal.

Para entender el por qué hay que detallar la evolución de la igualación de las apuestas que conforman un mapa de riesgo normal.

Antes empezar con la descripción vamos con una máxima a la hora de lanzar apuestas de un mapa de riesgo:

- En un mapa de riesgo normal (RN), lo realmente importante a conseguir, es el riesgo del mapa. El valor es un valor teórico máximo al que aspiramos.
- En un mapa de riesgo contrario (RC), lo realmente importante a conseguir, es el valor del mapa. El riesgo es un cantidad teórica máxima que aspiramos reducir.

Supongamos que estamos mapeando un riesgo normal en una de las opciones de un mercado de Cuotas de Partido (Match Odds) en un partido de tenis. Concretamente aplicamos el mapa al tenista A. Para hacer tangible el ejemplo, vamos a usar el mapa de BN que ya hemos visto en los ejemplos. Mapa de BN con unidad de riesgo de 1000€, cuota inicial de 1.5 y fuerza al 1%.

Imaginemos que el tenista A, ya en vivo durante el evento, ha alcanzado el precio intercambiado de 1.5. Comienza la ejecución de nuestro mapa.

Suponga que la siguiente medida que ve nuestro Observador, es de 1.44. Inmediatamente, el Operador asignado a la creación de riesgo sobre el tenista A, ha de comprobar el riesgo comprometido que en ese punto debería llevar. Vemos que en ese instante el acumulado de riesgo debería ser de 147.88€.

¿Cómo procederíamos al lanzar las apuestas que nos lleven a ese riesgo?

Lo primero que se nos ocurre es lanzar todas ellas de forma individual, es decir, lanzaríamos:

- 24.36€ @ 1.49
- 24.51€ @ 1.48
- 24.64€ @ 1.47
- 24.74€ @ 1.46
- 24.79€ @ 1.45
- 24.84€ @ 1.44

Evidentemente entre las 6 apuestas tenemos el total de riesgo que en 1.44 deberíamos llevar acumulado.

Como el último precio intercambiado ha sido de 1.44, de todas las apuestas lanzadas, la que mayor probabilidad de ser igualada tenemos es, precisamente esa, los 24.84€ en 1.44.

¿Y el resto? ¿Qué hacemos con las apuestas pendientes de igualar?

Aquí podemos obrar de varias maneras. Son tres las formas correctas de obrar, aunque nuestra preferencia es la tercera:

1. **Dejarlas plantadas donde están.** Al lanzar apuestas de tipo Back a favor del tenista A, y estar en un precio de 1.44, las apuestas en 1.45, 1.46,..., 1.49, quedarán en el mercado en forma de Lay disponible, ocupando una posición en una cola a la espera de ser igualadas. Si nuestro mercado, presenta una alta probabilidad de oscilación en los precios, tendremos una alta probabilidad de que el precio retroceda y nos terminen igualando, al precio

propuesto, el resto del riesgo pendiente de ser igualado para completar los 147.88€. En cierto modo, estamos actuando como claros socios de Betfair, ofertando riesgo en todas las posiciones en las que no nos han igualado todavía. Estamos rellenando huecos, ofertando en su escaparate, atrayendo con ello a más jugadores.

2. **Acumular todas las apuestas lanzadas en la menor de ellas**, en este caso 1.44. si nuestro mercado tiene pocas probabilidades de presentar oscilaciones alrededor de ese precio último de 1.44, lo mejor es recoger todo el riesgo pendiente de ser igualado y lanzarlo en ese precio. Si sigue bajando, seguiremos persiguiendo el precio intercambiado hasta cumplir con el riesgo acumulado que hemos de llevar en dicho precio. Esta es la opción en la que perdemos más valor respecto del valor teórico predicho por el mapa de riesgo normal. Acumular riesgo en cuotas dadas, es lo que lleva consigo. Promediamos el riesgo en menos cuotas del mapa.

3. **Emplear un sistema de redistribución de riesgo**, en dirección a la última cuota del intervalo, en este caso, 1.44. Esta podría ser la mejor solución, es nuestra preferida. Por un lado dejar plantadas las apuestas, en precios superiores al ofrecido por el mercado, nos dejaría con alguna de probabilidad de tener riesgo incompleto en nuestro mapa de riesgo. Y por otro lado, acumular en la apuesta más baja que vemos en este momento, es decir, en 1.44, nos haría perder valor. Al no promediar entre 1.49 y 1.44, y solo comprar en 1.44, nos deja en un valor de 1.44.

   Una solución es arrastrar el riesgo de forma paulatina hacia la cuota más baja igualada del intervalo. De forma procedimental, iremos cancelando riesgo atrasado y recalculando apuestas en intervalos cada vez más estrechos hacia 1.44.

   La forma correcta de seguir el procedimiento debe seguir un ajuste que solo la experiencia te dará para cada tipo de mercado.

   En la sección de casos reales, comentaré algo más al respecto.

Una vez lanzado el riesgo de las primeras apuestas y haber obrado con el riesgo de la forma que hayamos elegido, buscando completar el riesgo que necesitamos tener en 1.44, llamaremos a esta cuota, cuota umbral.

Supongamos que el Observador, vuelve a tomar medida del mercado, con la frecuencia que hayamos definido, y vemos que devuelve un precio intercambiado de 1.41, menor que la cuota umbral. Vuelta a empezar. Repetirá el proceso arriba descrito, esta vez con las cuotas de 1.43, 1.42 y 1.41, hasta completar un riesgo de 226.16€.

Si el mapa llega a completarse, entonces tendremos un riesgo a favor del tenista A, de 908.82€ y un valor que aspira a estar en torno a 286€. En la realidad, será algo menor, ya que en algunos tramos habremos perdido algo de valor por la acumulación de riesgo de varias apuestas en una cuota en vez de en varias.

Tanto el tenis como el baloncesto son deportes fabulosos para poder aplicar el concepto de mapa de riesgo normal. Las carreras de caballos suponen también un buen sustrato donde aplicar mapas de riesgo normal. Actualmente estamos explorando otros mercados adicionales.

Podrías pensar que el mercado podría manipular la forma en la que perseguimos los precios. Incorrecto. Solo aplicaremos estos conceptos en mercados muy seguidos y eficientes, donde los precios reflejen bastante bien la probabilidad en cada instante del evento. Mercados reactivos, para que robots y jugadores recojan riesgo plantado mínimamente bien pagado.

El valor logrado no proviene de cada precio puntual que nos igualan, sino de la forma de construir riesgo. De nuestro mapa de riesgo normal. Podremos demostrar esto con datos más adelante, en los casos reales.

Mapas de Riesgo Contrario: definición.
Ahora vamos a centrarnos en los Mapas RC.

Recordemos que ahora estamos considerando un conjunto de cuotas y riesgo que aplicamos a favor de una opción del mercado, y que van en el sentido que disminuye la probabilidad de que dicha opción resulte ganadora.

Al igual que con los mapas de riesgo normal, para confeccionar estos mapas de riesgo contrario partimos de un concepto teórico que trabaja en un espacio continuo de cuotas, que luego adaptamos al espectro de cotización que nos permite Betfair. Tendremos un mapa discreto, un mapa para usar en la práctica.

Hemos dicho que para crear un mapa de riesgo contrario vamos a necesitar una cuota inicial (Ci), una unidad de riesgo, RU, y un factor fuerza, F, en el intervalo [0.03, 0.99], relacionada con la extensión del mapa. A menos fuerza, mayor extensión.

En esencia, lo que vamos a hacer es distribuir una cantidad máxima de riesgo, definida por la unidad de riesgo de nuestro fondo y la última cuota secuencial del conjunto que formará nuestro mapa, en pequeños trocitos más pequeños. Así decimos que en cada **posición** del mapa tendremos la terna:

$$(Cuota, riesgo\ acumulado\ teórico, beneficio\ o\ valor\ acumulado)$$

De nuevo, con un procedimiento detallado, obtendremos una especie de "barra de valor" potencial, bastante uniformemente distribuida.

Para calcular las distintas posiciones de cuota, riesgo y valor de un mapa de riesgo contrario, lo primero que hemos de definir es si se trata de un mapa de subida (apuestas back, mapa de SC) o uno de bajada (apuestas lay, mapa de BC).

Vamos con la definición de un **mapa de subida contraria** sobre la opción de un mercado y luego veremos que la bajada contraria, en un mercado de dos opciones (tenis, baloncesto,...), no es equivalente en riesgo y valor aplicada sobre la opción complementaria. Al contrario que con el riesgo normal, aquí no tendremos simetría perfecta.

Usando un procedimiento iterativo, un cálculo en bucle, podremos obtener las distintas posiciones que conforman el mapa en el que estamos interesados.

Definimos:

- **B** → bolsa o unidad de riesgo de nuestro fondo.
- **C_{ini}** → la cuota inicial o de partida.
- **inc** → constante usada para marcar el cambio secuencial entre cuotas del mapa. En este caso lo fijaremos en 0.02. Un 2% de incremento de valor entre cuota y cuota.
- **F** → fuerza del mapa. Parámetro que pertenece al intervalo [0.03, 0.99].
- **C** → la cuota actual en el cálculo de las posiciones del mapa.
- **C_u** → cuota techo. Recalculada y usada en cada iteración en el cálculo de nuestras posiciones del mapa.
- **C_d** → cuota suelo. Recalculada y usada en cada iteración en el cálculo de nuestras posiciones del mapa.
- **posR** → posición de riesgo acumulado. Recalculado para cada iteración en el cálculo de nuestras posiciones del mapa.
- **posV** → posición de valor acumulado. Recalculado para cada iteración en el cálculo de nuestras posiciones del mapa.

Teniendo en cuenta el riesgo total que como máximo habremos de distribuir en nuestro mapa de riesgo contrario, las expresiones que habremos de usar en el cálculo iterado de las posiciones de nuestro mapa, serán:

$$C = (C - 1) * (1 + inc) + 1 \; siendo \; C = Cini \; en \; la \; primera \; iteración$$

$$Cu = (C - 1) * (1 + F) + 1$$

$$apBack = \left(\frac{B}{C} - \frac{B}{Cu}\right)$$

$$posR = posR - apBack$$

$$siendo \; posR = 0 \; en \; la \; primera \; iteración$$

$$posV = posV + (C - 1) * apBack$$

$$siendo \; posV = 0 \; en \; la \; primera \; iteración$$

Así que mediante este procedimiento iterativo (un cálculo en bucle, recalculando variables con valores del anterior paso por el bucle), usando las expresiones anteriores, podemos hallar los valores de cuota, posR y posV para las distintas posiciones que conformarán nuestro mapa de subida de riesgo contrario.

Llega un momento, en este cálculo, que nos metemos en una posición en la que excederíamos el riesgo máximo. Esa posición de cuota, riesgo y valor, la eliminamos y la ajustamos con la diferencia de riesgo que quedaría hasta completar el total del riesgo máximo que soportará nuestro mapa.

Al contrario que lo que pasaba con la función posR que teníamos en el caso de los mapas de riesgo normal, esta vez no pasamos por un máximo a partir del cual, empezamos a disminuir el riesgo. Se trata, en este caso, de una función más simple, estrictamente creciente de riesgo a cuotas cada vez mayores.

Recordemos que este riesgo máximo vendrá definido por la última cuota de nuestro mapa. Por ello tendremos que hacer un doble mapeo. El primero lo haremos distribuyendo un riesgo máximo definido por la primera cuota de nuestro mapa. Y una vez tenemos el total de cuotas que conforman nuestro mapa, volvemos a calcular una cota de riesgo máximo, esta vez dada por la última cuota de nuestro mapa. Este riesgo máximo acumulado, obviamente será siempre menor que el empleado para nuestro primer cálculo. De una forma inmediata tendremos la adaptación al nuevo riesgo de nuestro mapa de riesgo contrario.

Por último, una vez tenemos el mapa de forma teórica bajo un espectro continuo de cuotas, sin limitaciones, al igual que hicimos con los mapas de riesgo normal, lo hemos de transformar en un mapa que siga las cuotas del espectro permitido por Betfair, con sus limitaciones de resolución de cuotas.

Al inicio de este apartado, sobre mapas de riesgo, pudimos ver el aspecto que tiene un mapa de riesgo contrario, concretamente un mapa de SC de cuota inicial 1.5 (C_{ini} = 1.5), con una fuerza al 3% (F = 0.03) y una unidad de riesgo de 1000€ (B = 1000). El mapa aparece ya adaptado al espectro de cuotas permitido por Betfair. Para ello usamos una pequeña aplicación que hace uso de nuestro componente para el cálculo de mapas, basado en las expresiones antes expuestas: Mapeador.exe.

Vamos ahora con la definición de un **mapa de bajada contraria**.

En un mercado con únicamente dos opciones, podríamos pensar que un mapa de riesgo contrario equivalente al mapa de subida contraria, como el que hemos visto, para una de las opciones del mercado, sería un mapa de bajada contraria asignado a la otra opción del mercado.

Al fin y al cabo, hacer back sobre una opción del mercado que solo tiene dos opciones, es lo mismo que hacer lay sobre la otra opción. Por ejemplo, en un encuentro de tenis, ir a favor de un tenista A, es lo mismo que ir en contra del tenista B del mismo encuentro.

En este caso, al contrario que ocurre con el riesgo normal, la subida y la bajada así expuestas, en el caso del riesgo contrario, no habrá equivalencia, no habrá simetría.

El planteamiento es similar que el anterior, solo que ahora en vez de tener cuotas para hacer back, tendremos cuotas complementarias donde hacer lay.

Al igual que en el caso de la subida contraria, usando un procedimiento iterativo, podremos obtener las distintas posiciones que conforman el mapa de bajada contraria en el que estamos interesados.

Definimos:

- B $\rightarrow$ bolsa o unidad de riesgo de nuestro fondo.
- C_{ini} $\rightarrow$ la cuota inicial o de partida.

- **dec** → constante usada para marcar el cambio secuencial entre cuotas del mapa. En este caso lo fijaremos en 0.02. Un 2% de decremento de valor entre cuota y cuota.
- **F** → fuerza del mapa. Parámetro que pertenece al intervalo [0.01, 0.99].
- **C** → la cuota actual en el cálculo de las posiciones del mapa.
- **C$_u$**→ cuota techo. Recalculada y usada en cada iteración en el cálculo de nuestras posiciones del mapa.
- **C$_d$**→ cuota suelo. Recalculada y usada en cada iteración en el cálculo de nuestras posiciones del mapa.
- **posR** → posición de riesgo acumulado. Recalculado para cada iteración en el cálculo de nuestras posiciones del mapa.
- **posV** → posición de valor acumulado. Recalculado para cada iteración en el cálculo de nuestras posiciones del mapa.

Teniendo en cuenta el riesgo total que como máximo habremos de distribuir en nuestro mapa de riesgo contrario, las expresiones que habremos de usar en el cálculo iterado de las posiciones de nuestro mapa, serán:

$$C = (C - 1) * (1 - dec) + 1 \; siendo \; C = Cini \; en \; la \; primera \; iteración$$

$$Cd = (C - 1) * (1 - F) + 1$$

$$apLay = \left(\frac{B}{Cd} - \frac{B}{C}\right)$$

$$posR = posR - (C - 1) * apLay$$

$$siendo \; posR = 0 \; en \; la \; primera \; iteración$$

$$posV = posV + apLay$$

$$siendo \; posV = 0 \; en \; la \; primera \; iteración$$

Así que mediante este procedimiento iterativo (un cálculo en bucle, recalculando variables con valores del anterior paso por el bucle), usando las expresiones anteriores, podemos hallar los valores de cuota, posR y posV para las distintas posiciones que conformarán nuestro mapa de bajada de riesgo contrario.

Llega un momento en este cálculo que nos metemos en una posición en la que excederíamos el riesgo máximo. Esa posición de cuota, riesgo y valor, la eliminamos y la ajustamos con la diferencia de riesgo que quedaría hasta completar el total del riesgo máximo que soportará nuestro mapa.

Como en el caso de la subida contraria, recordemos que este riesgo máximo vendrá definido por la última cuota de nuestro mapa. Por ello tendremos que hacer un doble mapeo. El primero lo haremos distribuyendo un riesgo máximo definido por la primera cuota de nuestro mapa. Y una vez tenemos el total de cuotas que conforman nuestro mapa, volvemos a calcular una cota de riesgo máximo, esta vez dada por la última cuota de nuestro mapa. Este riesgo máximo acumulado, obviamente será siempre menor que el empleado para nuestro primer cálculo.

De nuevo, en la práctica tendremos que trabajar con el mapa adaptado al espectro de cuotas permitidas por Betfair.

Para comprobar la NO equivalencia entre un mapa de riesgo de subida contraria (SC) sobre una opción de un mercado con dos opciones, y un mapa de bajada contraria (BC) aplicado sobre la opción complementaria de la primera, vamos a comprobarlo con el ejemplo que pusimos al principio de este apartado.

Recordemos que teníamos un mapa de SC partiendo de una cuota de 1.5, con una unidad de riesgo de 1000€ y con una fuerza del 3%. Esto nos daba que el mapa completo presentaba un riesgo acumulado máximo de 212.77€ y valor máximo de 318.7€, siendo 4.7 la cuota de la última posición de este mapa.

En un mercado de dos opciones, con gran volumen y atención, donde la opción dominante vale 1.5, su complementaria valdrá, como ya sabemos, 3. Así que un mapa de BC con cuota de inicio 3, unidad de riesgo 1000€ y fuerza 3%, tendrá el siguiente aspecto. Con la ayuda de nuestro programita Mapeador.exe, tecleamos:

```
Mapeador.exe BC 1000 3 3
```

Y obtenemos,

RC →BC 1000 3 3	RC →BC 1000 3 3
• 2,96 ; -2,31 ; 1,18	• ...
• 2,94 ; -2,40 ; 1,23	• 1,90 ; -97,46 ; 75,51
• 2,92 ; -4,63 ; 2,39	• 1,89 ; -99,66 ; 77,98
• 2,90 ; -4,91 ; 2,53	• 1,88 ; -100,57 ; 79,02
• 2,88 ; -6,97 ; 3,63	• 1,87 ; -102,21 ; 80,91
• 2,86 ; -7,53 ; 3,93	• 1,86 ; -103,77 ; 82,71
• 2,84 ; -9,32 ; 4,90	• 1,85 ; -104,76 ; 83,88
• 2,82 ; -10,25 ; 5,41	• 1,84 ; -107,05 ; 86,60
• 2,80 ; -11,69 ; 6,21	• 1,83 ; -107,87 ; 87,59

- 2,78 ; -13,08 ; 6,99
- 2,76 ; -14,07 ; 7,56
- 2,74 ; -16,01 ; 8,67
- 2,72 ; -16,64 ; 9,04
- 2,70 ; -18,86 ; 10,35
- 2,68 ; -19,77 ; 10,88
- 2,66 ; -21,28 ; 11,79
- 2,64 ; -22,99 ; 12,84
- 2,62 ; -23,88 ; 13,39
- 2,60 ; -26,14 ; 14,80
- 2,58 ; -27,30 ; 15,53
- 2,56 ; -28,59 ; 16,36
- 2,54 ; -30,81 ; 17,81
- 2,52 ; -31,95 ; 18,56
- 2,50 ; -33,52 ; 19,60
- 2,48 ; -35,65 ; 21,04
- 2,46 ; -36,95 ; 21,93
- 2,44 ; -38,49 ; 23,00
- 2,42 ; -40,82 ; 24,64
- 2,40 ; -42,28 ; 25,68
- 2,38 ; -43,80 ; 26,79
- 2,36 ; -46,01 ; 28,41
- 2,34 ; -47,93 ; 29,84
- 2,32 ; -49,60 ; 31,11
- 2,30 ; -51,35 ; 32,45
- 2,28 ; -53,59 ; 34,20
- 2,26 ; -55,71 ; 35,88
- 2,24 ; -57,60 ; 37,41
- 2,22 ; -59,55 ; 39,01
- 2,20 ; -61,58 ; 40,70
- 2,18 ; -63,77 ; 42,56
- 2,16 ; -66,22 ; 44,67
- 2,14 ; -68,37 ; 46,55
- 2,12 ; -70,58 ; 48,53
- 2,10 ; -72,86 ; 50,60
- 2,08 ; -75,19 ; 52,76
- 2,06 ; -77,58 ; 55,01
- 2,04 ; -80,02 ; 57,36
- 2,02 ; -82,52 ; 59,81
- 2,00 ; -84,28 ; 61,57
- 1,99 ; -85,86 ; 63,17
- 1,98 ; -86,85 ; 64,18
- 1,97 ; -88,50 ; 65,88
- 1,96 ; -89,42 ; 66,83
- 1,95 ; -91,24 ; 68,75
- 1,94 ; -91,98 ; 69,54
- 1,93 ; -94,07 ; 71,79
- 1,92 ; -94,54 ; 72,30
- 1,91 ; -97,00 ; 75,00

- 1,82 ; -109,85 ; 90,01
- 1,81 ; -111,31 ; 91,81
- 1,80 ; -112,38 ; 93,15
- 1,79 ; -114,82 ; 96,23
- 1,78 ; -115,88 ; 97,59
- 1,77 ; -117,43 ; 99,61
- 1,76 ; -119,53 ; 102,38
- 1,75 ; -120,75 ; 103,99
- 1,74 ; -122,45 ; 106,30
- 1,73 ; -124,53 ; 109,15
- 1,72 ; -125,89 ; 111,03
- 1,71 ; -127,44 ; 113,21
- 1,70 ; -129,79 ; 116,58
- 1,69 ; -131,28 ; 118,73
- 1,68 ; -132,83 ; 121,02
- 1,67 ; -134,85 ; 124,03
- 1,66 ; -136,90 ; 127,13
- 1,65 ; -138,57 ; 129,70
- 1,64 ; -140,30 ; 132,40
- 1,63 ; -142,17 ; 135,38
- 1,62 ; -144,50 ; 139,14
- 1,61 ; -146,33 ; 142,14
- 1,60 ; -148,22 ; 145,28
- 1,59 ; -150,15 ; 148,55
- 1,58 ; -152,13 ; 151,97
- 1,57 ; -154,16 ; 155,53
- 1,56 ; -156,49 ; 159,68
- 1,55 ; -158,57 ; 163,47
- 1,54 ; -160,67 ; 167,36
- 1,53 ; -162,81 ; 171,40
- 1,52 ; -164,98 ; 175,58
- 1,51 ; -167,19 ; 179,91
- 1,50 ; -169,43 ; 184,39
- 1,49 ; -171,71 ; 189,03
- 1,48 ; -174,01 ; 193,82
- 1,47 ; -176,33 ; 198,77
- 1,46 ; -178,68 ; 203,88
- 1,45 ; -181,06 ; 209,15
- 1,44 ; -183,71 ; 215,18
- 1,43 ; -184,00 ; 215,88
- 1,42 ; -186,46 ; 221,72
- 1,41 ; -188,92 ; 227,74
- 1,40 ; -191,40 ; 233,94
- 1,39 ; -194,34 ; 241,48
- 1,38 ; -194,81 ; 242,75
- 1,37 ; -197,33 ; 249,56
- 1,36 ; -200,41 ; 258,11
- 1,35 ; -200,98 ; 259,77
- 1,34 ; -204,13 ; 269,08
- 1,33 ; -204,76 ; 271,02
- 1,32 ; -207,97 ; 281,07
- 1,31 ; -208,65 ; 283,31

	• 1,30 ; -211,89 ; 294,11 • 1,29 ; -213,06 ; 298,26 • 1,28 ; -213,04 ; 298,21
	1,28; -213,04; 298,21

Comparando la SC de 1.5, con la BC de 3, vemos como el total de riesgo acumulado y el total de valor, no coinciden.

Mapas de Riesgo Contrario Extendido.

Existe una versión extendida de mapa de riesgo contrario a partir de una cuota inicial dada.

Se trata de mapas de riesgo contrario que serán siempre de subida.

Su característica principal es que están diseñados para ir recorriendo todo el espectro de cotización disponible en Betfair desde la cuota inicial de partida.

No nos vamos a detener en los detalles del cálculo porque para este libro no será relevante, pero sí que vamos a ver la apariencia que tiene para poder comparar con lo visto hasta ahora.

Obviamente el cálculo de este mapa de riesgo contrario extendido bebe de las expresiones que ya hemos visto para el cálculo de mapas de riesgo contrario.

Así para una cuota inicial de 1.5, tendremos, con la ayuda de Mapeador.exe, este mapa:

RC →SCED 1000 1.5 3		
• 1,51 ; 1,11 ; -2,18 • 1,52 ; 2,23 ; -4,33 • 1,53 ; 3,35 ; -6,44 • 1,54 ; 4,47 ; -8,52 • 1,55 ; 5,60 ; -10,57 • 1,56 ; 6,72 ; -12,57 • 1,57 ; 7,84 ; -14,53 • 1,58 ; 9,09 ; -16,69 • 1,59 ; 10,30 ; -18,74 • 1,60 ; 11,43 ; -20,63 • 1,61 ; 12,55 ; -22,46 • 1,62 ; 13,66 ; -24,25 • 1,63 ; 14,75 ; -25,99 • 1,64 ; 16,22 ; -28,27 • 1,65 ; 17,35 ; -30,01	• 2,96 ; 172,96 ; -161,57 • 2,98 ; 176,85 ; -163,53 • 3,00 ; 179,26 ; -164,73 • 3,05 ; 180,60 ; -165,39 • 3,10 ; 184,15 ; -167,08 • 3,15 ; 198,44 ; -173,73 • 3,20 ; 201,99 ; -175,34 • 3,25 ; 205,49 ; -176,89 • 3,30 ; 219,79 ; -183,11 • 3,35 ; 233,41 ; -188,91 • 3,40 ; 236,24 ; -190,09 • 3,45 ; 250,07 ; -195,73 • 3,50 ; 252,96 ; -196,89 • 3,55 ; 266,36 ; -202,14 • 3,60 ; 268,75 ; -203,06	• 40,00 ; 942,29 ; -321,35 • 42,00 ; 942,29 ; -321,35 • 44,00 ; 956,28 ; -321,68 • 46,00 ; 956,28 ; -321,68 • 48,00 ; 956,28 ; -321,68 • 50,00 ; 980,26 ; -322,17 • 55,00 ; 980,26 ; -322,17 • 60,00 ; 980,26 ; -322,17

- 1,66 ; 18,42 ; -31,65
- 1,67 ; 19,48 ; -33,22
- 1,68 ; 20,92 ; -35,34
- 1,69 ; 22,14 ; -37,11
- 1,70 ; 23,17 ; -38,57
- 1,71 ; 24,24 ; -40,09
- 1,72 ; 25,88 ; -42,36
- 1,73 ; 26,85 ; -43,70
- 1,74 ; 27,79 ; -44,97
- 1,75 ; 29,53 ; -47,28
- 1,76 ; 30,51 ; -48,58
- 1,77 ; 31,39 ; -49,71
- 1,78 ; 33,25 ; -52,10
- 1,79 ; 34,11 ; -53,19
- 1,80 ; 35,17 ; -54,52
- 1,81 ; 36,86 ; -56,60
- 1,82 ; 37,61 ; -57,52
- 1,83 ; 39,15 ; -59,37
- 1,84 ; 40,34 ; -60,78
- 1,85 ; 41,20 ; -61,80
- 1,86 ; 43,07 ; -63,98
- 1,87 ; 43,66 ; -64,66
- 1,88 ; 45,44 ; -66,68
- 1,89 ; 46,34 ; -67,69
- 1,90 ; 47,63 ; -69,12
- 1,91 ; 49,01 ; -70,64
- 1,92 ; 49,86 ; -71,56
- 1,93 ; 51,67 ; -73,51
- 1,94 ; 52,14 ; -74,01
- 1,95 ; 54,31 ; -76,28
- 1,96 ; 54,54 ; -76,53
- 1,97 ; 56,84 ; -78,90
- 1,98 ; 57,06 ; -79,12
- 1,99 ; 59,26 ; -81,35
- 2,00 ; 60,62 ; -82,71
- 2,02 ; 63,09 ; -85,13
- 2,04 ; 65,56 ; -87,51
- 2,06 ; 68,03 ; -89,83
- 2,08 ; 70,48 ; -92,10
- 2,10 ; 72,91 ; -94,31
- 2,12 ; 75,33 ; -96,47
- 2,14 ; 77,73 ; -98,58
- 2,16 ; 80,39 ; -100,87
- 2,18 ; 82,96 ; -103,05
- 2,20 ; 85,34 ; -105,03
- 2,22 ; 87,68 ; -106,95
- 2,24 ; 89,99 ; -108,81
- 2,26 ; 92,25 ; -110,61
- 2,28 ; 95,26 ; -112,96
- 2,30 ; 97,58 ; -114,74
- 2,32 ; 99,78 ; -116,41
- 2,34 ; 101,92 ; -118,01
- 3,65 ; 291,27 ; -211,56
- 3,70 ; 294,07 ; -212,60
- 3,75 ; 294,72 ; -212,83
- 3,80 ; 307,73 ; -217,48
- 3,85 ; 309,84 ; -218,22
- 3,90 ; 311,72 ; -218,87
- 3,95 ; 333,70 ; -226,32
- 4,00 ; 334,58 ; -226,61
- 4,10 ; 334,58 ; -226,61
- 4,20 ; 351,33 ; -231,85
- 4,30 ; 354,03 ; -232,67
- 4,40 ; 377,12 ; -239,46
- 4,50 ; 398,63 ; -245,60
- 4,60 ; 400,09 ; -246,01
- 4,70 ; 411,28 ; -249,03
- 4,80 ; 431,93 ; -254,47
- 4,90 ; 432,37 ; -254,58
- 5,00 ; 451,71 ; -259,42
- 5,10 ; 461,20 ; -261,73
- 5,20 ; 471,08 ; -264,08
- 5,30 ; 471,11 ; -264,09
- 5,40 ; 480,47 ; -266,22
- 5,50 ; 506,86 ; -272,08
- 5,60 ; 506,86 ; -272,08
- 5,70 ; 514,15 ; -273,63
- 5,80 ; 522,28 ; -275,32
- 5,90 ; 537,99 ; -278,53
- 6,00 ; 537,99 ; -278,53
- 6,20 ; 537,99 ; -278,53
- 6,40 ; 540,71 ; -279,03
- 6,60 ; 577,98 ; -285,69
- 6,80 ; 589,10 ; -287,61
- 7,00 ; 599,83 ; -289,40
- 7,20 ; 599,83 ; -289,40
- 7,40 ; 607,14 ; -290,54
- 7,60 ; 632,11 ; -294,32
- 7,80 ; 641,73 ; -295,74
- 8,00 ; 651,27 ; -297,10
- 8,20 ; 659,91 ; -298,30
- 8,40 ; 659,91 ; -298,30
- 8,60 ; 676,95 ; -300,54
- 8,80 ; 697,97 ; -303,24
- 9,00 ; 703,76 ; -303,96
- 9,20 ; 703,76 ; -303,96
- 9,40 ; 716,92 ; -305,53
- 9,60 ; 716,92 ; -305,53
- 9,80 ; 749,75 ; -309,26
- 10,00 ; 749,75 ; -309,26
- 10,50 ; 749,75 ; -309,26
- 11,00 ; 749,75 ; -309,26
- 11,50 ; 757,54 ; -310,00
- 12,00 ; 757,54 ; -310,00
- 65,00 ; 980,26 ; -322,17
- 70,00 ; 980,26 ; -322,17
- 75,00 ; 980,26 ; -322,17
- 80,00 ; 980,26 ; -322,17
- 85,00 ; 984,14 ; -322,21
- 90,00 ; 984,14 ; -322,21
- 95,00 ; 984,66 ; -322,22
- 100,00 ; 984,66 ; -322,22
- 110,00 ; 984,66 ; -322,22
- 120,00 ; 984,66 ; -322,22
- 130,00 ; 984,66 ; -322,22
- 140,00 ; 984,66 ; -322,22
- 150,00 ; 984,66 ; -322,22
- 160,00 ; 984,66 ; -322,22
- 170,00 ; 984,66 ; -322,22
- 180,00 ; 1006,13 ; -322,34
- 190,00 ; 1006,13 ; -322,34
- 200,00 ; 1006,13 ; -322,34
- 210,00 ; 1006,13 ; -322,34
- 220,00 ; 1006,13 ; -322,34
- 230,00 ; 1006,13 ; -322,34
- 240,00 ; 1006,13 ; -322,34
- 250,00 ; 1006,13 ; -322,34
- 260,00 ; 1006,13 ; -322,34
- 270,00 ; 1006,13 ; -322,34
- 280,00 ; 1006,13 ; -322,34

• 2,36 ; 104,81 ; -120,13	• 12,50 ; 777,89 ; -311,77	• 290,00 ; 1035,20 ; -322,44
• 2,38 ; 107,28 ; -121,92	• 13,00 ; 777,89 ; -311,77	• 300,00 ; 1035,20 ; -322,44
• 2,40 ; 109,32 ; -123,38	• 13,50 ; 816,59 ; -314,86	• 310,00 ; 1035,20 ; -322,44
• 2,42 ; 111,45 ; -124,88	• 14,00 ; 816,59 ; -314,86	• 320,00 ; 1042,19 ; -322,46
• 2,44 ; 114,69 ; -127,13	• 14,50 ; 816,59 ; -314,86	
• 2,46 ; 116,61 ; -128,45	• 15,00 ; 817,22 ; -314,91	
• 2,48 ; 118,46 ; -129,69	• 15,50 ; 843,27 ; -316,71	
• 2,50 ; 121,82 ; -131,93	• 16,00 ; 843,27 ; -316,71	
• 2,52 ; 123,75 ; -133,20	• 16,50 ; 852,13 ; -317,28	
• 2,54 ; 125,44 ; -134,30	• 17,00 ; 852,13 ; -317,28	
• 2,56 ; 129,01 ; -136,59	• 17,50 ; 861,05 ; -317,82	
• 2,58 ; 130,67 ; -137,64	• 18,00 ; 861,05 ; -317,82	
• 2,60 ; 132,69 ; -138,90	• 18,50 ; 870,17 ; -318,34	
• 2,62 ; 135,91 ; -140,89	• 19,00 ; 887,20 ; -319,28	
• 2,64 ; 137,33 ; -141,75	• 19,50 ; 887,20 ; -319,28	
• 2,66 ; 140,21 ; -143,49	• 20,00 ; 891,73 ; -319,52	
• 2,68 ; 142,46 ; -144,83	• 21,00 ; 891,73 ; -319,52	
• 2,70 ; 144,06 ; -145,77	• 22,00 ; 898,10 ; -319,83	
• 2,72 ; 147,56 ; -147,80	• 23,00 ; 898,10 ; -319,83	
• 2,74 ; 148,65 ; -148,43	• 24,00 ; 898,10 ; -319,83	
• 2,76 ; 151,92 ; -150,29	• 25,00 ; 898,10 ; -319,83	
• 2,78 ; 153,59 ; -151,23	• 26,00 ; 912,69 ; -320,41	
• 2,80 ; 155,93 ; -152,53	• 27,00 ; 912,69 ; -320,41	
• 2,82 ; 158,48 ; -153,93	• 28,00 ; 916,53 ; -320,55	
• 2,84 ; 160,00 ; -154,76	• 29,00 ; 916,53 ; -320,55	
• 2,86 ; 163,30 ; -156,53	• 30,00 ; 920,61 ; -320,69	
• 2,88 ; 164,13 ; -156,97	• 32,00 ; 920,61 ; -320,69	
• 2,90 ; 168,05 ; -159,03	• 34,00 ; 942,29 ; -321,35	
• 2,92 ; 168,46 ; -159,25	• 36,00 ; 942,29 ; -321,35	
• 2,94 ; 172,56 ; -161,36	• 38,00 ; 942,29 ; -321,35	
		320; -322.46; 1042.19

Mapas de Riesgo Contrario: características.

Ya hemos expuesto de una manera formal el concepto de mapa de riesgo contrario. Ahora vamos a intentar entenderlo de una forma resumida, con ejemplos prácticos y, sobre todo, analizando sus principales características a la hora de usarlos como ingredientes para realizar riesgo.

¿Qué es lo que sabemos hasta ahora?

- Un mapa de riesgo contrario es una forma de apostar por una opción de un mercado dado.
- Un mapa de riesgo contrario se representa como un conjunto secuencial de apuestas.

- Las apuestas que conforman el mapa de riesgo contrario, a partir de una cuota inicial, irán en el sentido en el que decrece la probabilidad de ganar de la opción del mercado a la que aplicamos el mapa.
- Que el total de apuestas dependerá de un factor que hemos llamado Fuerza. A menor fuerza, más ancho el mapa.
- Que recorrer el mapa completo supone poder llegar a alcanzar una posición de valor máximo acumulado.
- Que recorrer el mapa completo de una forma ideal, cuota a cuota, nos puede posicionar en un riesgo máximo teórico acumulado, definido por la unidad de riesgo de nuestro fondo, y la última cuota del mapa. En la práctica veremos cómo este riesgo es más o menos preciso dependiendo de la naturaleza y dinámica del mercado donde apliquemos estos ingredientes para confeccionar riesgo.

Ahora vamos a centrarnos en las características intrínsecas que posee esta forma de hacer riesgo.

La principal virtud que puede llegar a tener el mapa de riesgo contrario, es la del ahorro de riesgo, frente a la consecución del valor que nos marca como objetivo el mapa.

Este aspecto del riesgo contrario es muy importante. Al contrario que con los mapas de riesgo normal, ahora en el seguimiento del mapa hemos de fijarnos en la posición del valor acumulado, no así en el riesgo.

Se trata de aprovechar los saltos a cuotas mayores en valor, y aprovecharlas para conseguir el valor que en ese punto hemos de llevar.

La principal desventaja, al contrario que con el riesgo normal, es que estamos promediando riesgo en un valor que siempre irá por detrás de la cuota actual.

Así en el ejemplo que hemos ido arrastrando para ilustrar el concepto de mapa de riesgo contrario, concretamente en mapa de SC con unidad de riesgo de 1000, cuota inicial 1.5 y fuerza 3%, teníamos que al final del mapa la posición de cuota, riesgo y valor era de:

$$(4.7, -212{,}77€, 318.7€)$$

Lo que nos da un riesgo frente a un beneficio que equivale a la cuota equivalente de:

$$Cequivalente = \frac{Beneficio}{Riesgo} + 1 = \frac{212.77}{318.7} + 1 = 2.497$$

Que como se puede ver es menor que 4.7. En la práctica este precio será mejor, dependiendo de los saltos en los precios, que la opción del mercado presente durante la duración del evento. Eso sí, el riesgo es el que, en ese instante de precio 4.7, cualquiera que quisiera entrar a comprar con unidad de riesgo de 1000€ debería llevar:

$$Apuesta = \frac{B}{C} = \frac{1000}{4.7} = 212.76€$$

Que prácticamente coincide con el riesgo que llevaríamos en ese punto con nuestro mapa contrario.

Además está la dificultad, que ya hemos comentado, de necesitar que nos igualen la cantidad de riesgo en la cuota que queremos en un instante dado. Cuanto más grande el importe, más difícil de lograr que el mercado digiera nuestro riesgo.

Al contrario que con el riesgo normal, con el contrario, lo que hacemos es especular, durante el intervalo en el que aplicamos el RC, a que la opción del mercado en la que estamos de un "vuelco" hacia el sentido en el que aumente su probabilidad de ganar, una vez hemos empezado a recorrer el mapa.

Veremos que este ingrediente de riesgo lo usaremos, principalmente, para eliminar volatilidad, y de paso, disfrutar de un efecto "beneficioso" que veremos en el siguiente apartado. El Efecto Comisiones. Y dependiendo de dónde se aplique este riesgo contrario, generalmente aumentaremos el %Yield.

Ya hemos comentado que una parte fundamental de tener éxito con estrategias que incorporen entre sus ingredientes para la creación de riesgo estos mapas, es saber dónde aplicarlos. Y por supuesto, no todos los mercados son aptos para aplicar estos conceptos de forma eficiente.

Al igual que con el riesgo normal, mercados como los de Cuotas de Partido (Match Odds) en tenis y en baloncesto, se prestan perfectamente como candidatos a albergar mapas de riesgo contrario.

Para entender el porqué, hay que detallar la evolución de la igualación de las apuestas que conforman un mapa de riesgo contrario.

Antes de empezar con la descripción vamos con una máxima a la hora de lanzar apuestas de un mapa de riesgo contrario:

- En un mapa de riesgo contrario (RC), lo realmente importante a conseguir, es el valor del mapa. El riesgo es una cantidad teórica máxima que aspiramos a reducir.

Es decir, buscamos aprovechar los saltos en los precios.

Supongamos que estamos mapeando un riesgo contrario en una de las opciones de un mercado de Cuotas de Partido (Match Odds) en un partido de tenis. Concretamente aplicamos el mapa al tenista A. Vamos a usar el mapa de SC que ya hemos visto en los ejemplos. Mapa de SC con unidad de riesgo de 1000€, cuota inicial de 1.5 y fuerza al 3%.

Imaginemos que el tenista A, ya en vivo durante el evento, ha alcanzado el precio intercambiado de 1.5, nuestra cuota de activación de nuestra SC, dando comienzo a la ejecución de nuestro mapa.

Suponga que la siguiente medida que ve nuestro Observador, es de 1.64. Inmediatamente, el Operador asignado a la creación de riesgo sobre el tenista A, ha de comprobar el valor que en ese punto debería llevar. Vemos que en ese instante el acumulado de beneficio debería ser de 15.44€.

¿Cómo procederíamos al lanzar las apuestas que nos lleven a ese valor?

Ahora procedemos de la siguiente forma, lanzamos una única apuesta a 1.64 buscando como objetivo alcanzar el valor marcado:

- 24.12€ @ 1.64 ya que esta operación nos daría como beneficio 15.43€, básicamente el valor buscado.

Evidentemente, en esta única operación, siempre y cuando nos hayan igualado el riesgo completo a 1.64, habremos ahorrado riesgo del mapa. Observa que en esa posición deberíamos llevar un riesgo acumulado de 26.96€ y solo hemos empleado 24.12€ para conseguir nuestro objetivo de valor.

Una vez lanzada la apuesta, ¿Cómo procedemos con ella?

Aquí podemos obrar de varias maneras. Son las dos las formas correctas de obrar:

1. **Dejarla plantada donde está.** Al lanzar la apuesta de tipo Back a favor del tenista A, y estar en un precio de 1.64, la habrán igualado, sólo en parte. Si es este el caso, quedará en el mercado en forma de Lay disponible, ocupando una posición en una cola a la espera de ser igualadas en dicha cuota. Si nuestro mercado, presenta una alta probabilidad de oscilación en los precios, tendremos una alta probabilidad de que el precio avance y nos terminen igualando, al precio propuesto, el resto del riesgo pendiente de ser igualado para completar los 24.12€ necesarios para alcanzar el valor de 15.43€.

2. **Perseguir el precio hasta un mínimo.** En este caso 1.51. si nuestro mercado tiene pocas probabilidades de presentar oscilaciones alrededor de ese precio último de 1.64, lo mejor es ir cancelando el riesgo pendiente de ser igualado y lanzarlo a precios cada vez menores hasta el límite, en este caso de 1.51. Lógicamente, antes de lanzar una nueva apuesta, hay que ir recalculándolo dependiendo del valor objetivo que marca el mapa en las nuevas cuotas, y el valor que ya llevamos conseguido de nuestro mapa.

Igualado el riesgo de las primeras apuestas y logrado el valor objetivo marcado por el mapa, llamaremos a la cuota correspondiente al valor conseguido, cuota umbral.

Supongamos que el Observador, vuelve a tomar medida del mercado, con la frecuencia que hayamos definido, y vemos que devuelve un precio intercambiado de 1.75, mayor que la cuota umbral. Vuelta a empezar. Repetirá el proceso arriba descrito, esta vez con la cuota de 1.75, para completar un valor de 28.5€.

Si el mapa llega a completarse, entonces tendremos un valor a favor del tenista A, de 318.7€ y un riesgo que casi seguro será inferior al marcado de forma teórica por el mapa de 212.77€. En la realidad, será algo menor, ya que en algunos tramos habremos ahorrado algo de riesgo por los saltos discontinuos de cuotas al recorrer el mapa.

Efecto comisiones

A estas alturas ya tenemos que haber comprendido en qué consiste mapear riesgo en una opción de un mercado, y entender las principales diferencias entre riesgo normal y riesgo contrario. Dos conceptos muy poderosos que, cuando analicemos los casos reales, nos permitirán entender el porqué de esta obra.

Resumiendo:

- En el caso del Riesgo normal en forma de mapa, apostamos por la opción del mercado sobre el que lo aplicamos, en la dirección en la que aumenta su probabilidad de ganar. En este tipo de mapa lo importante es conseguir cumplir con el riesgo. Es un riesgo que según aumenta vamos consiguiendo sobrevaloración respecto de la cuota en la que estamos.
- En el caso del riesgo contrario en forma de mapa, apostamos por la opción del mercado sobre el que lo aplicamos, en la dirección en la que disminuye su probabilidad de ganar. En este tipo de mapa lo importante es conseguir cumplir con el valor. Es un valor que según aumenta vamos consiguiendo ahorro en riesgo respecto de la cuota en la que estamos.

Procura tener estos conceptos, así resumidos, bien claros y presentes para el resto de la lectura del libro.

Supongamos que en un evento deportivo, por ejemplo, un partido de Baloncesto, estamos dispuestos a entrar a crear riesgo en su mercado principal: Cuotas de Partido (Match Odds), también llamado en muchos Betsites, Money Line.

Se enfrentan equipo A, contra equipo B, que representan las dos opciones del mercado en el que estamos.

Contemplemos dos escenarios. En el primero mapeamos sobre la opción que representa a la victoria del equipo A, a una cuota dada C_A, un mapa de riesgo normal. Concretamente una BN. En el segundo escenario mapeamos con un mapa de riesgo contrario, una SC, sobre la opción que representa la victoria del equipo B, a cuota dada C_B.

Pongamos que, aunque no tiene por qué ser así, C_A y C_B son complementarias, es decir, representan probabilidades complementarias. Recordemos que entonces:

$$Cb = \frac{Ca}{Ca - 1}$$

Durante el partido, los precios intercambiados en A y B, han sido superiores e inferiores a C_A y C_B, lo que significa que ambos mapas se ha recorrido.

Al final del evento habrá ganado el equipo A o el equipo B. Como con cada mapa, al recorrerse, hemos apostado a favor por uno y otro equipo, con un equipo habremos perdido en un escenario y con el otro equipo, en el otro escenario, habremos ganado. En este caso el balance resultante total será:

$$Balance\ escenarios\ separados$$
$$= ganancia\ escenario\ ganador - comisión\ soportada$$
$$- pérdida\ escenario\ perdedor$$

Pero ¿y si hubiésemos aplicado ambos escenarios en uno solo, compartiendo el mismo mercado a la vez? ¿Cuál habría sido el balance?

$$Balance\ escenarios\ juntos$$
$$= ganancia\ escenario\ ganador$$
$$- pérdida\ escenario\ perdedor$$

Recordemos que el intercambiador no aplicará sus comisiones hasta el final del evento y sólo si ha habido beneficio como resultado del total de nuestras apuestas.

En el primer supuesto, en el que habríamos usado dos cuentas distintas para, en el mismo mercado, aplicar estrategias distintas sobre A y sobre B, haya resultado o no beneficioso el balance resultante total, hemos soportado una comisión.

Mientras que en el segundo supuesto, donde hemos aplicado ambas estrategias, bajo una cuenta en el intercambiador, ese lastre ha desaparecido. ¡Atención!, la comisión no habrá desaparecido si el balance bajo este segundo supuesto ha resultado ser positivo, pero desde luego, la comisión será siempre menor que la indicada en el primer supuesto, en el escenario ganador.

Esto es lo que denominaremos Efecto Comisiones. Como veremos en los casos reales, es un efecto muy importante que incrementará nuestro beneficio.

El Efecto Comisiones se puede definir como un beneficio producto de las comisiones que dejamos de pagar. Dos estrategias de riesgo comisionado, que de forma conjunta presentan un resultado positivo. Algo parecido a la siempre interesante y fascinante paradoja de Parrondo. Ver **Anexo III**.

Simulador

Imprescindible. Así de claro, sencillo y rotundo.

Cuando mi socio y yo nos planteamos abordar este reto, teníamos claro que antes de hacer una sola apuesta real en los mercados, habría que tener la capacidad de contrastar las teorías aquí expuestas con la cruda realidad.

Es aquí donde empieza el reto tecnológico. Como siempre ocurre en investigación, primero va la ciencia, el conocimiento básico, y luego sus derivados tecnológicos. Estos últimos no exentos de grandes dificultades para llevar a cabo lo que la ciencia permite.

Por ejemplo, los fundamentos para el desarrollo del láser y sus predecesores, los máseres, se establecieron con Albert Einstein a principios del siglo pasado. Pero no fue hasta 1953 que se construyó el primer máser (mismos principios que el láser pero que produce un haz coherente de microondas) y hasta 1960 no funcionó el primer láser.

Por lo tanto, es la ingeniería la que ha de agudizar el ingenio para lograr lo que las leyes de la ciencia permiten.

Algo mucho menos drástico, pero bastante laborioso, fue lo que supuso para nosotros construir nuestro simulador, bautizado como **Simgen**.

Se trataba de lograr simular, con el mayor grado de precisión, lo que habría sido aplicar nuestras estrategias, basadas en mapas de riesgo, en los distintos mercados que pensamos que se adaptan mejor a estos conceptos.

Es realmente importante tener algo así. Como suele decirse, el papel lo aguanta todo, así que debíamos tener un software capaz de contrastar realidad de ejecución de riesgo en forma de apuestas, frente a simulación.

En la actualidad, Simgen, nos da un excelente grado de similitud entre lo sucedido realmente en el mercado frente a lo simulado.

Ya hemos comentado que una pieza clave en esto de la investigación de mercados y de invertir en ellos, es el Observador. Recordemos que se trata de un proceso, bastante completo y eficiente, que nos permite guardar la "película" del partido. Periódicamente guarda "fotogramas" del mercado que conforman la película hasta su cierre.

Pues bien, en esencia un Simulador bien hecho, ha de poder ser configurable a nivel de estrategias de riesgo. Ha de poder digerir las películas de los mercados grabados, y obtener lo que habría pasado tras aplicar dichas estrategias.

Esto es fácil decirlo, pero más difícil hacerlo. Has de suponer situaciones desfavorables a la hora de lanzar riesgo. Todos estos imponderables los hemos resumido en un solo parámetro al que denominamos "desfase". Valor que pertenece al intervalo [0, 99].

Cuando configuramos este parámetro, en la simulación, más cerca del 99, estamos suponiendo el escenario más desfavorable. Cuando uno plantea estrategias, siempre ha de suponer que si algo puede salir mal, saldrá, así que es muy saludable poner este parámetro siempre al 99. Si la estrategia resiste este escenario, entonces tendremos estrategia ganadora.

La prueba definitiva es la realidad.

Supongamos que con la plataforma de creación de riesgo que implementa las estrategias basadas en mapas de riesgo; a la nuestra la bautizamos como Peco; hemos entrado en un mercado deportivo en vivo, grabando su película con un Observador asociado a ese mercado, y ejecutando mapas con sus respectivos Operadores. Al final tenemos un resultado final y las distintas apuestas ejecutadas.

Simgen entra en acción. Configurando la misma estrategia que Peco ha estado llevando a cabo en dicho mercado, y cargando la "película" del mismo, podemos contrastar el resultado real frente al que devuelve Simgen.

El grado de similitud entre Simgen y Peco es algo de lo que realmente nos sentimos orgullosos.

El simulador no hace más que, a toda velocidad, reproducir el partido completo. Por lo tanto un buen simulador nos ha de permitir cargar miles de mercados bajo una misma estrategia. Así es como podemos certificar que puede o no tener valor.

Ha de poder generar informes y análisis de datos muy detallados. A más detalle, menos dudas... mayor claridad en todo lo que haces.

Normalmente el simulador y la plataforma, van a compartir librerías de software comunes. Por lo tanto, acepta un consejo: Pensar antes de actuar. Bien merece una reflexión el proyecto, antes de ponerte a lanzar una sola línea de código.

Es importante hacer notar que, para que Simgen funcione, no es necesario que esté conectado a los mercados, ni siquiera a Internet. Simgen se alimenta solo de datos. En este sentido, el simulador no es dependiente de elementos externos para su correcto funcionamiento.

También es importante darse cuenta que hoy día la tecnología no es el problema. Me refiero a que existen tantos fabulosos paradigmas de programación y estándares abiertos que es relativamente sencillo desarrollar centrándonos en nuestro problema y no en la tecnología.

Nosotros recomendamos el uso del estándar C++, C# (.net) o Java. El primero es más laborioso pero da lugar a soluciones óptimas en rendimiento. Los otros dos son más productivos y lo suficientemente eficientes para el problema que nos ocupa. El sustrato de clases y herramientas de las que constan estos tres mundos, es sencillamente espectacular.

A continuación vamos a ver una captura de nuestro simulador, Simgen:

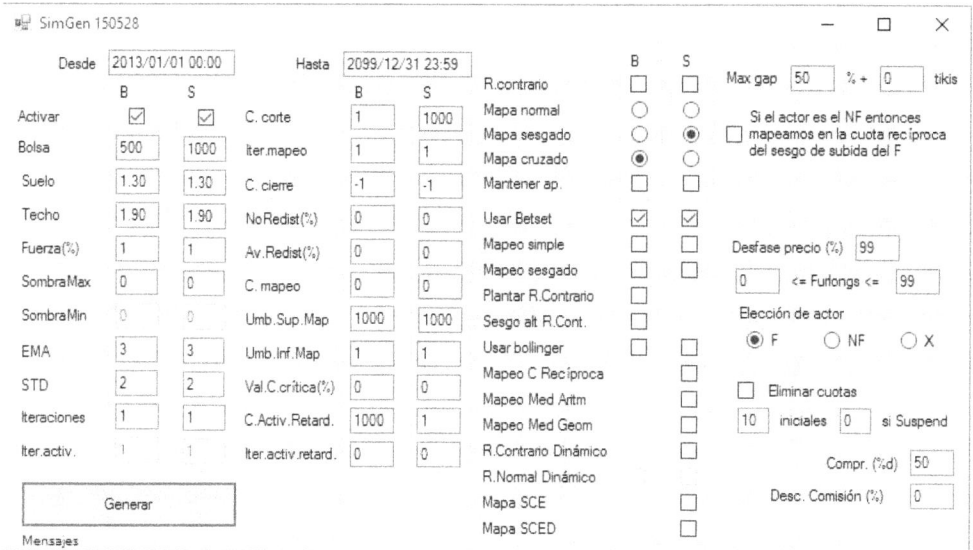

```
SimGen 150528                                                    —  □  ×

    Desde  2013/01/01 00:00      Hasta  2099/12/31 23:59      B    S
                                                    R.contrario   □    □      Max gap  50      % +  0      tikis
             B      S                      B      S    Mapa normal   ○    ○        Si el actor es el NF entonces
Activar      ☑      ☑      C. corte        1     1000  Mapa sesgado  ○    ⊙        □ mapeamos en la cuota recíproca
Bolsa       500    1000    Iter.mapeo      1      1    Mapa cruzado  ⊙    ○          del sesgo de subida del F
Suelo       1.30   1.30    C. cierre      -1     -1    Mantener ap.  □    □
Techo       1.90   1.90    NoRedist(%)     0      0    Usar Betset   ☑    ☑      Desfase precio (%)  99
Fuerza(%)    1      1      Av.Redist(%)    0      0    Mapeo simple  □    □
SombraMax    0      0      C. mapeo        0      0    Mapeo sesgado □    □      0      <= Furlongs <=  99
SombraMin    0      0      Umb.Sup.Map    1000   1000  Plantar R.Contrario □          Elección de actor
EMA          3      3      Umb.Inf.Map     1      1    Sesgo alt R.Cont. □          ⊙ F       ○ NF      ○ X
STD          2      2      Val.C.crítica(%) 0      0    Usar bollinger □    □
Iteraciones  1      1      C.Activ.Retard. 1000    1    Mapeo C Recíproca □        □ Eliminar cuotas
Iter.activ.  1      1      Iter.activ.retard. 0    0    Mapeo Med Aritm □          10  iniciales  0   si Suspend
                                                    Mapeo Med Geom □
                                                    R.Contrario Dinámico □        Compr. (%d)  50
         Generar                                    R.Normal Dinámico            Desc. Comisión (%)  0
                                                    Mapa SCE      □
Mensajes                                            Mapa SCED     □
```

Muchos son los parámetros que con el tiempo se han ido incorporando al simulador. Ahora estamos trabajando en una mejora. Los mercados deportivos, a la hora de ser grabados, van a llevar ahora información del Observador, como hasta ahora y otra dada por un Observador de **Contexto**. Hablaremos de esto al final en las reflexiones finales, pero ya te adelanto que tiene que ver con observar circunstancias tales como, por ejemplo, el marcador del evento.

166

Plataforma de Gestión de Riesgo

La joya de la corona. Así habría que considerarla. Poca broma con esto.

Hasta este punto "sólo" hemos llevado a cabo:

- Trabajo de investigación
- Recogida de datos
- Definición de estrategias basadas en los ingredientes de creación de riesgo, los mapas.
- Creación de un gran simulador.

¿De qué vale todo este titánico trabajo creativo y lógico si no dispones de una plataforma solvente desde sus cimientos para ejecutar tus estrategias en los distintos mercados?

No hay que ser muy listo para darse cuenta que, crear riesgo durante un evento en vivo, basado en mapas como los aquí descritos, es algo que conlleva la posibilidad de lanzar muchas apuestas en momentos concretos de lectura de precios intercambiados. Superar el centenar de apuestas por evento/mercado será una situación de lo más habitual. Es decir, no está al alcance de un operador humano. Al menos más de allá de un evento simultáneo en un solo mercado. Y aun así, no sería tan eficaz. Necesitamos una Plataforma.

Lo dicho, esta Plataforma de Gestión de Riesgo, ha de ser la joya de la corona. Durante el tiempo de desarrollo y testeo, será lo que nos debe quitar el sueño.

Más allá de un simple software, la Plataforma es algo más. Al contrario que Simgen, Peco, como hemos llamado a nuestra Plataforma, sí que depende de factores externos a él. No depende tan solo de procesos internos o de una simple lectura de datos para poder trabajar.

En este caso la Plataforma, nuestro Peco, tiene que conectarse a Internet y convivir perfectamente con el API de Betfair, o de cualquier intercambiador que preste un API.

Esta perfecta coordinación ha de poder gestionar una gran cantidad de situaciones de potenciales errores. No gestionar cualquier potencial error entre la Plataforma y cualquier proceso dependiente de un tercero, puede resultar fatal.

Es una gran suerte, en estos tiempos que nos ha tocado vivir, disponer del paradigma de la programación orientada a objetos.

La introducción de esta forma abstracta de creación de código, nos ha permitido, a la hora de diseñar nuestras soluciones, ser tremendamente efectivos. Poder centrarnos en el problema en sí mismo, y no tanto en los detalles de la tecnología, encerrando estos en clases que darán lugar a nuestros objetos. Es algo sencillamente fabuloso. Todo esto es independiente del lenguaje de programación y tecnología asociada.

Aunque ya lo hemos comentado, siempre hay que seguir una máxima cuando vayamos a desarrollar software: Primero pensar, luego actuar. En esto, desde luego, la experiencia es un grado. Sin embargo, una mente bien amueblada sin experiencia, aunque tardará más tiempo, será capaz de desarrollar bajo este paradigma de creación, cualquier solución en respuesta a una necesidad.

Así que lo primero, armados con un documento, digital o escrito, hemos de poder empezar a diseñar las partes esenciales, de menor entidad por sí mismas, que tendrán sentido al construir nuestro software.

Por ejemplo, durante gran parte del libro hemos hablado de la figura de un Observador. Cada mercado tendrá que usar uno. Hemos hablado de ejecutar apuestas. Podremos entonces ir en pensando en la figura de un Operador. Un Operador que habrá de ejecutar apuestas resumidas en forma de Mapa. Hemos hablado de Justiciero, que a su vez puede contener Indicadores. Y así podemos estar durante varios días. Identificando uno a uno todos los componentes básicos que habrán de ser usados desde nuestra propia Plataforma de Gestión de Riesgo.

Además de la "infraestructura" de clases que habremos de construir, es también muy importante diseñar una buena forma de interacción con la Plataforma. Presentar una eficiente arquitectura de la información. Lo ideal será disponer de varias formas. Desde una simple ejecución de comandos en línea, para poder construir nuestros propios scripts para ser ejecutados de forma manual o programada. Pasando por una interfaz tipo formulario claro y sencillo, que permita a un operario trabajar interaccionando con la Plataforma, hasta una sencilla interfaz web que permita desde consultar información con objeto de monitorizar la actividad de nuestra Plataforma, hasta poder interactuar con la misma desde un Tablet o móvil.

Una vez tenemos claro el "Plan", hemos de comenzar la tarea de desarrollar. Es aquí donde debemos casarnos con un conjunto de tecnologías: lenguajes de programación, infraestructura de librerías base, bases de datos, entornos de desarrollo, gestores de control de código y versiones, etc...

Hoy día disponemos de una gran oferta para abordar este tipo de solución.

Es muy importante, a la par que se van terminando partes, probarlas a fondo. No desarrolles a lo loco y sin parar. Otra máxima: "Demasiado código para tan poca prueba". Cada poco has de parar y testear. La acumulación de pruebas pendientes disparará el número de bugs a cazar.

Crea una zona de pruebas y otra de producción. Realiza control exhaustivo de versiones a la par que backups periódicos.

Recuerda, estás con la joya de la Corona. Al fin y al cabo pretendes que esta pieza de software se convierta en un activo en tu economía.

Por último, aunque construyas una gran arma de Gestión de Riesgo, al final eres tú quien la carga. De poco vale que tengas un gran coche, si no sabes conducirlo.

De nuevo, recuerda que es capital lo que moverá tu Plataforma.

PECO.

Aunque ya lo hemos citado, mi socio y yo hemos logrado crear nuestra propia plataforma para Gestión de Riesgo para ejecutar estrategias basadas en estos ingredientes de Mapas de Riesgo.

Una cosa es conocer y tener claros los conceptos expuestos a lo largo del libro, y otra poder llevarlos a la práctica.

Producto de un gran esfuerzo nació PECO, actualmente bajo propiedad intelectual y patente en USA.

Concebimos la Plataforma para facilitar el diseño y ejecución de estrategias de creación de riesgo en mercados relacionados con las apuestas deportivas.

Debía permitir características tales como:

- Conexión con las principales plataformas de intercambio del mundo.

- Tecnología redundante y de recuperación frente a fallos puntuales de baja gravedad.
- Escalabilidad frente al crecimiento del número de mercados donde operar.
- Funcionalidad para tareas de gestión y control.
- Facilidad para implementación de nuevas estrategias con ficheros de configuración externos

A su vez PECO ha de prestar servicios intrínsecos tales como:

- La generación de observadores de mercados.
- La generación de operadores que lleven a cabo las estrategias diseñadas.
- La Integración/Comunicación con las funcionalidades de control y gestión.

Esta es una captura de PECO en su versión interfaz formulario, gestionando riesgo en mercados.

Evidentemente, detallar un desarrollo como PECO da para otro libro al menos tan extenso como este. Dependiendo del interés suscitado y demanda generada nos animaremos a publicar un libro de esa naturaleza.

Por último, recordar el papel de un buen simulador para poder contrastar, lo realmente sucedido en un evento a la hora de crear riesgo y resultado, frente a lo que tendría que haber pasado bajo simulación. Es muy importante ir comprobando que, en el medio y largo plazo, el grado de coincidencia en la similitud sea suficientemente alto. Esto asegurará que, teniendo una estrategia ganadora, se gane o se pierda en un día concreto, sabremos que debemos estar tranquilos mientras lo simulado mantenga esa similitud con la realidad.

De nuevo PECO en acción en mercados de caballos:

Otro detalle muy importante. NO existe la máquina perfecta de invertir. Por muy sistemático que sea nuestro objetivo de crear riesgo con valor en mercados deportivos, PECO, siempre requerirá de atención, por poca que sea, por parte de un operador humano.

Casos prácticos reales

Alcanzamos el momento de la verdad, el momento de poner en práctica con fuego real todo lo hasta aquí expuesto. Basta de hipótesis, teorías y conceptos. Entiendo que estés completamente saturado de tanta definición y descripciones de conceptos básicos.

Era absolutamente necesario que entendieras los ingredientes con los que ahora vamos a confeccionar las recetas de riesgo para cada mercado.

Como con las recetas culinarias, con los mismos ingredientes se pueden cocinar distintos platos. Además, hemos de asegurarnos de que los ingredientes sean los de mayor calidad posible.

Así ocurre con los mapas de riesgo y los distintos mercados donde podemos usarlos. En cada mercado objetivo, haremos un uso de nuestros ingredientes de la forma adecuada para cocinar los mejores resultados. A su vez, has de asegurarte que los ingredientes sean de la mejor calidad posible. Has de certificar y asegurar que tu Plataforma de Gestión de Riesgo es capaz de usar y ejecutar los mapas de riesgo de una forma absolutamente perfecta.

A continuación vamos a detallar las estrategias, recetas de riesgo, que hemos usado en muestras suficientemente grandes de varios mercados en los que consideramos que los ingredientes de mapas de riesgo ajustan como un guante.

Para cada deporte/mercado hemos supuesto que hemos partido de un fondo de 50.000€ y nuestra unidad de riesgo del 2%. 1000€ como base para confeccionar riesgo.

Recordemos que el objetivo inicial, el reto que nos propusimos mi socio y yo, fue el de poder crear riesgo de forma sistemática en estos mercados y terminar venciéndolos. Además con la virtud de soportar fondos todo lo grande que estuviera a nuestro alcance. Ahí es nada…

Baloncesto. NBA.

El que nos hayamos centrado principalmente en la competición NBA, no ha sido por nada en especial. Simplemente es que sus principales mercados poseen la atención necesaria y el volumen igualado en operaciones intercambiadas, como para que nuestros mapas de riesgo se completen de forma adecuada.

Hay competiciones de Baloncesto que poseen partidos que gozan de atención similar. Pero para demostrarnos a nosotros mismos que teníamos una estrategia ganadora en estos mercados, actuando de forma sistemática, había que recurrir a un campeonato con la atención y los suficientes partidos, como para poder, en un plazo razonable, convencernos de que habíamos dado con algo. De hecho, en la muestra que vamos a ver, hemos metido algunos de esos partidos de Baloncesto, fuera de la NBA y que durante el periodo de pruebas reales, se jugaron. Competiciones de selecciones nacionales. Decidimos meterlos también.

Antes de poder lanzar riesgo real, muchos fueron los partidos monitorizados para el estudio previo. Mucho trabajo de simulador. Lo suficiente para poder identificar y confeccionar recetas de riesgo suficientemente buenas.

Vamos con una rápida definición de estos mercados, de los filtros de partida, y de las condiciones de arranque de los mercados.

Lo primero que hay que recordar es la dinámica de estos mercados. Lo mejor es que vayas a releer lo descrito anteriormente sobre este asunto, en la sección que habla sobre la dinámica de los mercados más interesantes.

El detalle más importante en cuanto a la dinámica de esos partidos, a mi modo de ver, es que un partido de Basket NBA, puede cambiar su orientación en la última canasta del evento con demasiada frecuencia. Es algo que tendremos muy presente en la definición de nuestra estrategia.

Un requisito importante para nuestra estrategia, será el uso del filtro por cuota del favorito de un partido. Dependiendo del precio justo de este actor del mercado, será o no un partido a tener en cuenta en la Plataforma de Gestión de Riesgo, en adelante PECO.

Para nosotros cualquier partido con un favorito por debajo de 1.20 o por encima de 1.95 no entrará en el conjunto de partidos a considerar. La contribución positiva nos aportarán, a la larga, los mercados con un favorito por debajo de 1.20 será muy pequeña. Y cualquier favorito por encima de 1.95, se puede decir que presenta serias dudas de que realmente el actor posea ese rol en el partido.

El operador humano que controla PECO tendrá como misión, simplemente, cargar los eventos/mercados. PECO, para el Baloncesto NBA, está configurado por defecto para que los partidos arranquen a su hora. El observador y sus operadores comenzarán sus labores desde la hora que les toque. Existe también un proceso previo del que se encargará principalmente el observador del mercado, que una vez superado, dará luz verde al arranque de los operadores.

En este sentido, en lo que a nosotros respecta, este es un deporte casi completamente automático. De hecho, si el operador humano lo desea, puede configurar PECO para que cargue él solito los partidos y los arranque a su hora. La única función del operador humano en ese caso es el de estar pendiente de potenciales incidencias, ajenas a PECO, sobre todo con las que tienen que ver con su correcto funcionamiento. Conexiones, sistemas y respuesta del intercambiador, serán el objeto de su atención.

El resumen de la muestra real sería:

- Mercado: Cuotas de Partido (Match Odds)
- Muestra monitorizada: 682 eventos
- Periodo: unos 3 meses y medio.
- Contemplados (Filtro por cuota de favorito): 555 eventos
- Unidad de riesgo (2%): 1000€

El primer objetivo fue aplicar correctamente lo que sabíamos, tras haber estudiado y observado detenidamente cientos de mercados, lo que sería la componente de riesgo normal que mayor beneficio nos daría este tipo de mercado:

- Un mapa de riesgo normal al no favorito, concretamente una bajada normal (BN) partiendo de su cuota inicial, al 1% de fuerza. O lo que es lo mismo una subida normal (SN) al favorito desde su cuota inicial al 1%. Ya hemos hablado ampliamente sobre lo que significa en un mercado de dos actores, la equivalencia de una BN a un actor en una cuota dada, con uno de SN aplicado al otro en la cuota complementaria.

Vamos a ver en detalle qué es lo que tuvimos al aplicar en esos partidos sólo esa componente de riesgo.

Vamos a comparar el uso de esa componente de mapa de riesgo de SN, frente a lo que habría sido una apuesta única en contra del favorito en los partidos en los que habría tocado entrar. De esta forma vamos a ver cómo de forma implícita el uso de mapas arranca valor a la apuesta simple.

Por un lado el resumen de aplicar la SN al favorito, resulta de la siguiente forma:

		Ganancias	Perdidas	No entramos	Entramos	Todo
1						
2	Cuenta	214	341	127	555	682
3	Suma	148911,3	-119634,97		29276,33	29276,33
4	Promedio	695,85	-350,84	2,245	52,75	42,93
5	Mayor	1256,24	-816,42	2,539	0,57	
6	Menor	88,85	-1,1	81,773		-273416,7

Como era de esperar, el número de partidos que se pierden es mayor que el que se gana. Está claro, vamos en contra del favorito desde su cuota inicial. De los 555 en los que terminamos entrando a hacer riesgo de forma sistemática, los no favoritos ganan 214 y los favoritos 341. Si esto no hubiese sido así, si hubiesen ganado más no favoritos que favoritos en una muestra tan extensa, ¿qué pensarías de la muestra aquí analizada? En un deporte tan estadístico como es este, la muestra habría presentado un sesgo anómalo hacia el no favorito. Por lo tanto no sería un deporte/mercado interesante para nosotros.

Hemos tenido en cuenta que las **comisiones soportadas** sobre los beneficios, en los mercados que resultaron ganadores, eran del **5%**.

La diferencia entre las ganancias y las pérdidas es de 29276.33€ a nuestro favor, es nuestro beneficio.

La ganancia promedio ha sido de 695.85€ y la pérdida promedio de 350.84€. Lo que da una cuota promedio, teniendo en cuenta el número total de partidos ganados y perdidos, de 2.24 (todo lo que esté por encima de 2, denota estrategia ganadora).

La mayor ganancia ha sido de 1256.24€ y la mayor pérdida de 816.42€. La menor ganancia ha sido de 88.85€ y la menor de las pérdidas 1.1€.

La ganancia promedio por evento ha sido de 52.75€.

Si tenemos en cuenta que hemos movilizado en riesgo un total de 273416.7€ y hemos ganado 29276.33€, nuestra estrategia nos ha dado un %Yield de más del 10%, concretamente un 10.7%.

Y la pregunta clave ¿Cómo ha crecido nuestro beneficio acumulado? ¿Habrá presentado mucha volatilidad? ¿Nos habremos llevado muchos sustos por el camino?

La respuesta es tan sencilla como representar el beneficio acumulado al colocar los partidos de forma secuencial.

Baloncesto SN al 1% sobre el favorito en cuota inicial

$y = 47,028x - 3773,8$
$R^2 = 0,9434$

Si representamos sobre el acumulado del beneficio, una regresión lineal, vemos que presenta un R^2 del 94.34%.

Esto representa para cualquier inversor, sin ninguna duda, una magnífica forma de Invertir en Valor Deportivo.

Antes de seguir evolucionando en cómo mejorar la volatilidad que presenta nuestro acumulado del beneficio, vamos a comparar con lo que habría supuesto para un inversor haber intentado apostar, con la misma unidad de riesgo, partiendo del mismo fondo, lanzando una única apuesta, de forma sistemática a estos mismos partidos, en contra del favorito.

El resumen habría sido el siguiente:

		Ganancias	Perdidas	No entramos	Entramos	Todo
1						
2	Cuenta	214	341	127	555	682
3	Suma	130652,69	-110434,68		20218,01	20218,01
4	Promedio	610,53	-323,86	2,183	36,43	29,65
5	Mayor	791,66	-487,18	2,625		
6	Menor	487,18	-166,67	3,923		-186905,45

Los datos de partidos en los que entramos en la muestra serán los mismos: De los 555 mercados, se gana en 214 y se pierde en 341.

La diferencia entre las ganancias y las pérdidas suponen un beneficio de 20218.01€ frente a los 29276.33€ que obtuvimos usando los mapas de riesgo. Esos 9000€ a favor del riesgo con los mapas suponen casi un 45% más de beneficio acumulado.

La ganancia promedio ha sido de 610.53€ y la pérdida promedio de 323.86€. Lo que da una cuota promedio, teniendo en cuenta el número total de partidos ganados y perdidos, de 2.18.

La mayor ganancia ha sido de 791.66€ y la mayor pérdida de 487.18€. La menor ganancia ha sido de 487.18€ y la menor de las pérdidas 166.67€.

La ganancia promedio por evento ha sido de 36.43€.

Si tenemos en cuenta que hemos movilizado en riesgo un total de 186905.45€ y hemos ganado 20218.01€, nuestra estrategia nos ha dado un %Yield de más del 10%, concretamente un 10.8%.

¿Qué podemos decir sobre el beneficio acumulado?

Tendremos un acumulado que, gráficamente, presentará un comportamiento similar al obtenido con la estrategia usando el mapa de SN sobre el favorito.

Baloncesto. En contra del favorito, una única apuesta al inicio del evento

$y = 35,909x - 2866,9$
$R^2 = 0,9337$

Si representamos sobre el acumulado del beneficio, una regresión lineal, vemos que presenta un R^2 del 93.37%. Lo que tampoco está nada mal.

Comparativa

y = 47,028x - 3773,8
R² = 0,9404

y = 35,909x - 2856,9
R² = 0,9337

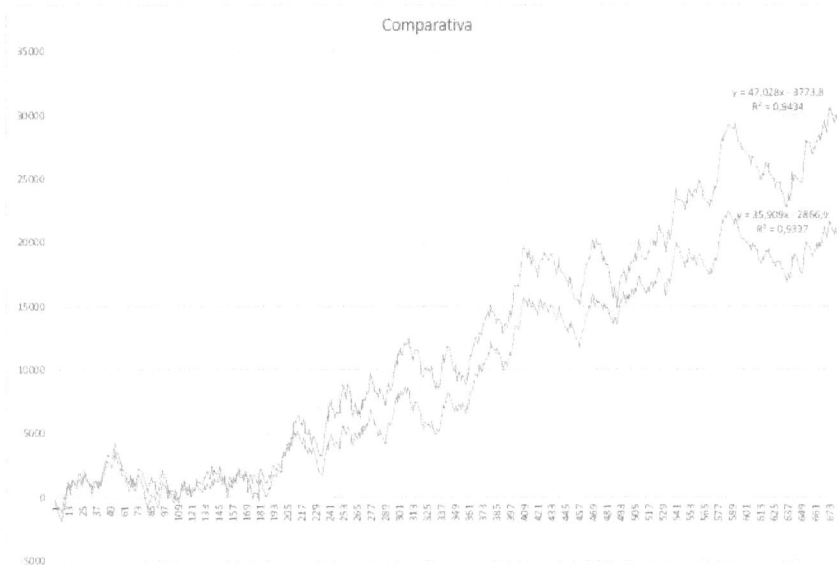

Lo que nos dice que este mercado, dentro de lo impredecible, es bastante "estadístico".

La gran diferencia consiste en que en la primera estrategia, la de uso de mapas con riesgos normales, nos da la posibilidad de lanzar cientos de pequeñas apuestas a lo largo del espectro de cuotas de Betfair y durante la duración del evento, mientras que en la segunda, se necesita una única apuesta, que para fondos grandes de riesgo, ya sabemos la dificultad que presenta. Que nos igualen el volumen de riesgo que necesitamos, antes de que comience el partido, a veces, es francamente difícil, dependiendo del tamaño de nuestro fondo.

Veremos cómo esta dificultad es mucho mayor, si nuestro mapa comienza en una cuota inicial que sólo puede darse en vivo en el partido.

Vamos a ver cómo podemos mejorar, estadísticamente hablando, la volatilidad del beneficio acumulado y el %Yield de nuestra estrategia basada en mapas de riesgo. Este hecho es algo ampliamente conocido por los inversores en los mercados financieros.

Algo que has de tener muy presente. Generalmente, mejorar la volatilidad y %Yield, suele ser a costa de usar beneficio de la estrategia ganadora. Se sacrifica parte del beneficio con el fin de obtener un comportamiento más suavizado en el acumulado del beneficio.

En el baloncesto, salvo en partidos muy decantados por la diferencia de puntos desde el inicio, no es extraño que un partido sufra un "vuelco" por tan sólo una canasta de diferencia, en los últimos segundos.

De forma sistemática, podríamos introducir en todos los partidos, una componente de riesgo contrario en la estrategia básica. Un mapa de riesgo contrario en cuotas altas al favorito, para que en caso de llevar mucho riesgo del mapa de subida normal, poder librarnos de gran parte del mismo, sacrificando con ello muy poco del beneficio.

Esta aplicación es muy mejorable, con lo que hemos denominado en el apartado del simulador, un Observador de Contexto, actualmente en fase de pruebas y testeo. Sin embargo, para una primera aproximación, vamos a aplicar dicha componente indiscriminadamente.

Así vamos a introducir un mapa de riesgo contrario de forma sistemática e indiscriminadamente, de las siguientes características: SC de cuota inicial 11 al 3% de fuerza y con una bolsa completa. Cuota de 11 que equivale, por el concepto de cuota complementaria, a cuando el no favorito ya ha alcanzado un precio intercambiado de 1.1, es decir, es muy probable que ya vaya a ganar. Con esto pretendemos minimizar las pérdidas debidas a los "vuelcos" de las últimas canastas.

Los resultados de lanzar esas apuestas por sí solas, nos da un cuadro resumen como el que vemos a continuación:

		Ganancias	Perdidas	No entramos	Entramos	Todo
1						
2	Cuenta	14	202	466	216	682
3	Suma	4216,85	-4525,72		-308,87	-308,87
4	Promedio	301,2	-22,4	1,932	-1,43	-0,45
5	Mayor	469,2	-27,05	18,346		
6	Menor	57,64	-4,51	13,78		-4777,09

Tal y como podemos ver, se trata de una estrategia perdedora. Con una cuota promedio de 1.93 (<2, por lo que es perdedora), y una pérdida promedio de 1.43€ por partido. Pero será razonable, si con ello hemos conseguido disminuir mínimamente la volatilidad del beneficio acumulado al combinarla con la componente ganadora. Nada mejor como ver el resultado gráficamente, junto a su cuadro resumen:

		Ganancias	Perdidas	No entramos	Entramos	
1						
2	Cuenta	214	341	127	555	682
3	Suma	144611,88	-115196,19		29415,69	29415,69
4	Promedio	675,76	-337,82	2,26	53,00	43,13
5	Mayor	1238,29	-816,42			-173801,87
6	Menor	84,57	-1,10			

Se puede ver que el uso de esta componente de riesgo contrario sobre el favorito, ha incrementado la ganancia global en 139€ que la que ya teníamos usando solo un mapa de subida normal en el favorito, ¡aun cuando esta nueva componente de SC ha supuesto una contribución de pérdida! Incluso ha mejorado ligeramente la cuota equivalente promedio de 2.24 a 2.26. Todo esto ha sido posible gracias al Efecto Comisiones que ya hemos mencionado.

La representación gráfica de ambas componentes de forma conjunta tendrá la siguiente apariencia. Muy similar a la anterior en forma y volatilidad.

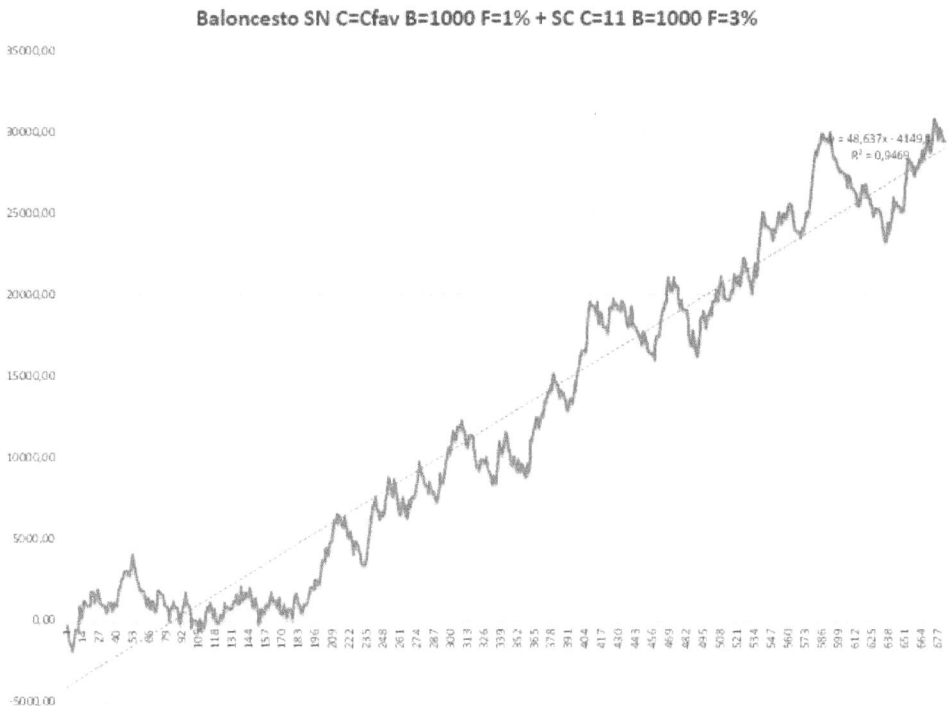

Baloncesto SN C=Cfav B=1000 F=1% + SC C=11 B=1000 F=3%

Y lo más espectacular de haber combinado ambas estrategias: El aumento de %Yield. ¡Del 10.6% pasamos a un 16.9%!

Este mercado va a permitir que podamos ver la importante contribución que supone el denominado aquí como Efecto Comisiones.

A continuación vamos a ver qué es lo que hubiera pasado si hubiésemos aplicado una estrategia que nos permita apreciar en toda su magnitud el importante Efecto Comisiones.

No se trata de la mejor estrategia, aquella óptima, producto de la observación. Se trata de una estrategia ganadora con peores resultados que los vistos hasta ahora, pero que te hará comprender cómo, al menos en estos mercados, será inevitable ganar en el medio plazo.

Supongamos que a las dos componentes que hemos usado en nuestra muestra, le añadimos una componente de bajada normal al favorito:

- BN al favorito en su cuota inicial, al 1% de fuerza y con una unidad de riesgo de 1000€.

Lógicamente esta componente en la estrategia será perdedora, puesto que la contraria ha resultado ganadora. Pero, ¿las dos conjuntas supondrán una estrategia ganadora? Y en ese caso ¿de qué magnitud será la ganancia? Vamos a ver de qué manera nos sorprende el Efecto Comisiones.

El resultado de esta BN sobre el favorito nos da por sí sola este cuadro resumen. Claramente perdedora:

		Ganancias	Perdidas	No entramos	Entramos	Todo
1						
2	Cuenta	347	212	123	559	682
3	Suma	87799,23	-115012,54		-27213,31	-27213,31
4	Promedio	253,02	-542,51	1,763	-48,68	-39,9
5	Mayor	444,01	-949,56	1,468	0,429	
6	Menor	101,49	-3,45	30,417		-423327,85

Como no podía ser de otra forma, terminamos ganando con más favoritos que con no favoritos, pero eso no nos ha garantizado beneficios.

A continuación vamos a ver la forma de esta pérdida de 27213€, en la que hemos movilizado 423327€ de riesgo, representando el acumulado del beneficio que presenta esta componente:

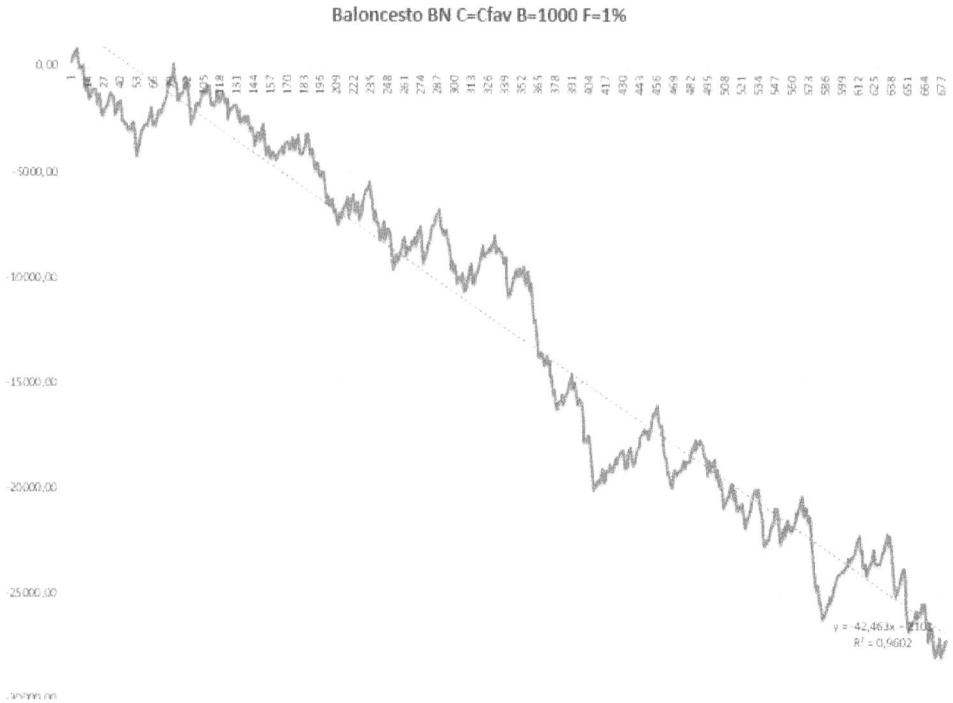

Baloncesto BN C=Cfav B=1000 F=1%

Pero aunque es claramente perdedora, sigue siendo mejor haber aplicado esa BN sobre el favorito, que haber realizado una única apuesta de forma sistemática al favorito al inicio del partido, como en las estrategias clásicas de creación de riesgo. Esa acción habría dado el siguiente cuadro resumen:

		Ganancias	Perdidas	No entramos	Entramos	Todo
1						
2	Cuenta	347	212	123	559	682
3	Suma	106557,91	-137549,15		-30991,24	-30991,24
4	Promedio	307,08	-641,17	1,77	-55,44	-45,44
5	Mayor	462,82	-833,33	1,555		
6	Menor	158,34	-497,38	1,318		-372449,23

De nuevo, haber aplicado un mapa de riesgo en vez de una apuesta simple, ha resultado ser mejor en el sentido de que se pierde menos. Con el mapa de riesgo de bajada normal al favorito hemos movido más riesgo, y sin embargo hemos perdido menos, mientras que en el caso de la apuesta fija al favorito antes de comenzar el partido, ha movido menos riesgo, tan sólo 372449€, pero ha perdido más. Lo que claramente es todavía peor %Yield.

Después de este inciso, vamos a combinar esa componente de BN nueva, junto a las que ya teníamos de antes, la SN al favorito (equivalente a la BN al no favorito) y la pequeña SC al favorito. ¡El resultado es sorprendente!

El cuadro resumen resultante es:

1		Ganancias	Perdidas	No entramos	Entramos	
2	Cuenta	292	269	121	561	682
3	Suma	78291,90	-67977,89		10314,01	10314,01
4	Promedio	268,12	-252,71	2,15	18,39	15,12
5	Mayor	1112,36	-763,61			
6	Menor	0,39	-1,27			-211331,56

La componente de SN al favorito más la de la SC al favorito nos daba un beneficio de 29415€. Por otro lado, la componente de la BN al favorito nos daba una contribución de pérdida por sí sola de -27213€. Donde uno esperaría un beneficio acumulado de la diferencia de ambas contribuciones, es decir, de 2202€, al combinar todo en un mismo mercado el resultado es un beneficio acumulado de más de 10300€.

Así podemos comprobar cómo lo que dejamos de pagar en comisiones, el Efecto Comisiones, es una contribución realmente importante. En este caso hemos supuesto que el mercado nos ha lastrado con un 5% de comisiones.

Como curiosidad, vamos a ver cómo queda representado gráficamente el beneficio acumulado. Se puede ver que no es la mejor de las estrategias en cuanto a la volatilidad observada.

No hay más que ver la regresión lineal y el valor de su R^2 para darse cuenta de que no estamos antes la más óptima de las estrategias posibles, al menos para esta muestra real de partidos. Aun así, la tendencia sigue siendo clara.

Recordemos un detalle importante que debemos tener siempre presente. Este Efecto Comisiones ha aflorado por el hecho de combinar simultáneamente todas las componentes de mapeo de riesgo bajo la misma cuenta bajo la que operamos.

Este Efecto Comisiones es máximo al usar mapas de riesgo como ingredientes de nuestras estrategias de creación de riesgo.

Quizá, de toda la obra, esto que contamos ahora para este tipo de mercados, es el descubrimiento más espectacular. Riesgo sistemático con valor al alcance y de forma inevitable.

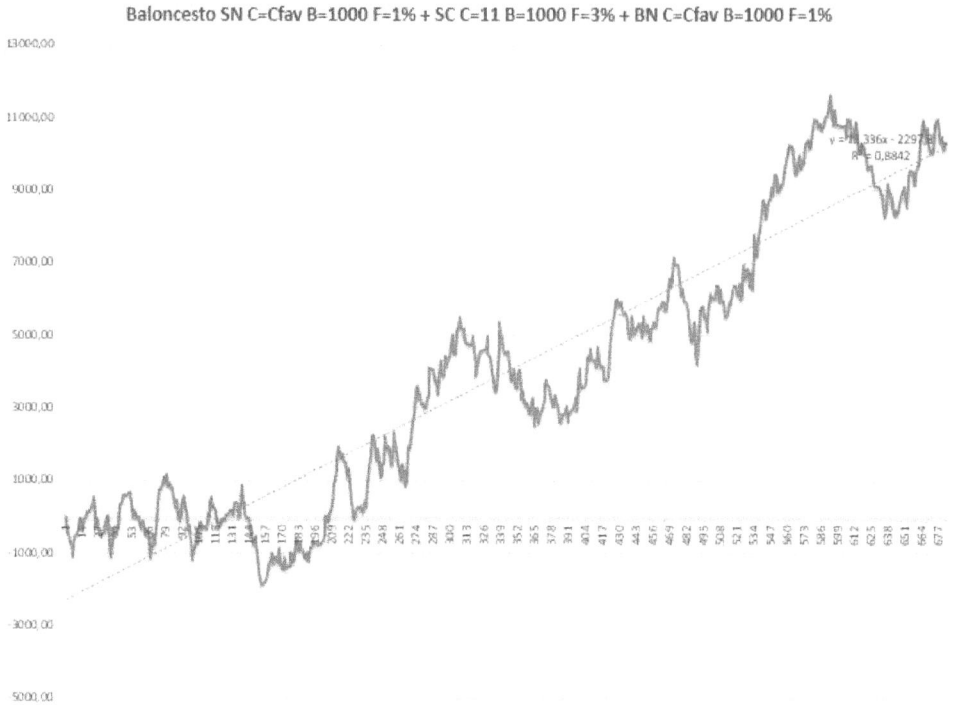

Baloncesto SN C=Cfav B=1000 F=1% + SC C=11 B=1000 F=3% + BN C=Cfav B=1000 F=1%

Lo importante de esta estrategia súper conservadora a nivel de creación de riesgo, ya que en esencia estamos aplicando, la misma forma de hacer riesgo a cada actor del mercado, es que sólo con el Efecto Comisiones, estamos destinados, inevitablemente, a obtener beneficios.

Una clara conclusión a la hora de hacer riesgo con el baloncesto es que cualquier componente de valor en nuestras estrategias basadas en mapas de riesgo, vendrá asociada al no favorito. Cualquier estrategia basada en ir tan solo a favor del favorito, hagamos lo que hagamos, a la larga será perdedora.

Sólo queda concluir que, sin modificar el tamaño de la unidad de riesgo (2%) durante la ejecución del periodo de tiempo de nuestra estrategia, hemos conseguido, sobre el fondo inicial de 50000€, algo más de 29400€, lo que ha supuesto una rentabilidad en tres meses y medio del 58.8%.

Hasta aquí el Baloncesto. Actualmente estamos estudiando unas mejoras sobre la aplicación de los mapas de riesgo normal, que podrían aportar un salto de calidad, un salto cualitativo, a la estrategia aquí definida.

Tenis. ATP y WTA.

El que nos hayamos centrado en campeonatos del circuito ATP y WTA, no es casualidad. Sus principales mercados poseen la atención necesaria y volumen igualado en operaciones intercambiadas, como para que nuestros mapas de riesgo se completen potencialmente de forma adecuada.

El tenis es un deporte que con el paso de los años, a nivel de cotizaciones se ha hecho cada vez más eficiente. Recordemos que un mercado se dice que es más eficiente en relación a sus precios, cuando cada vez es más difícil encontrar un precio sobrevalorado durante la evolución del mismo.

Concretamente en el tenis, y gracias al trabajo de mi admirado amigo Gonzalo, sabemos que de unos años atrás hasta la actualidad, es difícil encontrar una zona del espectro de cotizaciones a un tenista dentro de un mercado en vivo, que de forma sistemática las compras nos devuelvan valor estadístico.

Por lo tanto abordar este tipo de mercado es todo un reto.

El objetivo sigue siendo el mismo. Buscar una forma objetiva y sistemática de creación de riesgo que el mercado digiera y que nos devuelva valor. De nuevo los mapas de riesgo nuestros aliados.

Lo primero que hay que recordar es la dinámica de estos mercados. Ya hemos hablado de ello en un capítulo anterior. De todo lo descrito de estos mercados de tenis, lo más llamativo para nosotros ha de ser que al contrario que en la mayoría de los mercados, el reloj, el paso del tiempo, no determina la probabilidad de ganar de un tenista u otro. No hay tiempo límite. Por lo tanto el paso del tiempo no favorece al que va ganando.

Sólo la voluntad de ganar de un tenista es la que hace avanzar la probabilidad y disminuir su cuota.

De nuevo, aplicando el concepto de mapa de riesgo, nos dispusimos a analizar miles de partidos recogidos por Observador. Sin distinguir si se trataba de ATP o WTA, tres o cinco sets.

Lo único relevante para nosotros a la hora de seleccionar partidos y aplicar mapas de riesgo, será la cuota inicial del favorito.

De nuevo, la estrategia ganadora vendrá dada, principalmente, de trabajar con el no favorito. Se trata de un mapa de riesgo normal que tendremos que aplicar al no favorito. Aquí es donde viene lo sorprendente. No se trata de aplicar una bajada normal del no favorito, o lo que es lo mismo, una subida normal al favorito desde el inicio del partido. Esta receta de riesgo será muy diferente a la que cocinamos con el baloncesto.

El tenis es un deporte que, al tener como objetivo el ganar un número de sets, es fácil que las zonas de cotización intermedias del partido oscilen mucho. Por lo tanto es fácil crear riesgo demasiado pronto, para terminar perdiendo.

En estos mercados es fundamental saber desde dónde empezar a aplicar un mapa de riesgo normal.

El punto de inicio de un mapa normal para una bajada normal de un no favorito está relacionado completamente con la cuota inicial del favorito.

En esencia, el mapeo de bajada normal al no favorito será a un valor de cuota inicial tal que el mercado cotice por la victoria de dicho tenista por debajo del valor de la cuota inicial del favorito del partido.

Estaremos creando mapas en cuotas de no favorito equivalentes a las de claro favorito. Al contrario que en Baloncesto, en este caso esperamos ganar más partidos que los que perdemos si el mercado es altamente estadístico. Será una de las condiciones necesarias de la muestra de partidos en los que hayamos entrado si esperamos tener una estrategia ganadora con ese mapeo. Con el uso de estos mapas moveremos mucho capital para ganar poco.

Como, en principio, vamos a entrar a todos los mercados de forma sistemática, tendremos un criterio básico para descartar partidos. Sólo entraremos a mercados donde el favorito tenga cuotas entre 1.35 y 1.90. Ese será nuestro único filtro de selección. Por debajo de 1.35, supondría en dichos partidos mover demasiado riesgo para ganar muy poco. Y en los mayores de 1.9, en el mercado del tenis, eso supone mucha indeterminación en decidir quién es realmente el favorito.

Para una cuota justa de favorito dada, C, válida por filtro, la cuota de mapeo para la bajada normal del no favorito, la denominaremos cuota de sesgo, y vendrá dada por la expresión:

$$Csesgo = \frac{C-1}{1+\left(1-\frac{1}{C}\right)}+1$$

Como podemos comprobar, estamos modificando el valor de la cuota inicial C, C-1, por un factor que tiene que ver con la probabilidad de ganar del favorito.

Si analizamos la expresión lo que viene a decir, es que a más diferencia entre el favorito y el no favorito, más tardaremos en empezar a hacer riesgo a favor del no favorito. Puede parecer una estrategia demasiado arriesgada, ya que en una mala racha con muchos vuelcos cuando el no favorito está ganando, nos meterá en grandes pérdidas.

Como siempre, las estrategias se basan en la búsqueda de patrones. En este caso, al haber analizado la dinámica de los mercados, entrar de forma sistemática a los partidos que entran por filtro, y emplear mapas para la creación de riesgo, fue mucho el trabajo para llegar a estas conclusiones.

Lo mejor es analizar la muestra real y poder así sacar tus propias conclusiones.

En esta ocasión, para este tipo de mercados, el operador humano que controla PECO tendrá más trabajo que simplemente cargar eventos/mercados. El tenis no tiene limitado el tiempo en los partidos, por lo tanto los partidos dependen de la hora en la que acaban los anteriores. Así que el operador humano tiene la misión de cargar los eventos a su hora, y arrancar el observador y sus operadores asociados manualmente. Hay mejoras previstas que ya se están probando a este respecto, para hacer todavía más liviana su tarea, pero de momento, es fundamental que el operador humano ande pendiente del cuadro de partidos de los torneos que se estén disputando.

A partir de la carga y arranque, las tareas de creación de riesgo serán automáticas. También es una dificultad añadida los horarios de los torneos. El circuito ATP y WTA incluye torneos 11 meses al año en todo el mundo. Vigilar los horarios es tarea del operador humano. La climatología también es algo molesto que trastoca horarios y el transcurrir de partidos. Además, el operador humano ha de estar pendiente de potenciales incidencias, ajenas a PECO.

El resumen de la muestra real sería:

- Mercado: Cuotas de Partido (Match Odds)
- Muestra monitorizada: 1771 eventos
- Periodo: unos 5 meses.
- Contemplados (Filtro por cuota de favorito): 540 eventos
- Unidad de riesgo (2%): 1000€

El primer objetivo fue aplicar correctamente lo que habíamos estudiado que era la componente de mapa de riesgo normal que mayor beneficio nos procuraría aplicada de forma sistemática. A diferencia que con el baloncesto, esta vez el mapa no empezaría en una la cuota inicial del partido. Esta vez se trata de aplicar un mapa de riesgo de bajada normal sobre el no favorito ya estando el partido en vivo. De hecho solo se crearía riesgo si, durante el partido, se diese la circunstancia para crearlo.

- Un mapa de riesgo normal al no favorito, concretamente una bajada normal (BN) partiendo de la que hemos llamado Cuota de Sesgo, al 1% de fuerza.

Vamos a ver en detalle qué es lo que obtuvimos como resultado al aplicar en esos partidos solo esa componente de riesgo.

En este caso, no vamos a comparar el uso del mapa con lo que habría sido una única apuesta en esa Cuota de sesgo. No sería realista. Esto ocurre por la dificultad que ya hemos visto que supone realizar una única apuesta a una cuota dada, con el riesgo que exactamente queremos. Intentar realizarla en vivo, todavía es más difícil. Para fondos de riesgo relativamente grandes no será algo realista.

El resumen de aplicar la BN al no favorito, en la Cuota de Sesgo, presenta los siguientes resultados:

	Ganancias	Perdidas	No entramos	Entramos	Todo
Cuenta	409	131	1231	540	1771
Suma	87120,1	-65326,86		21793,24	21793,24
Promedio	213,01	-498,68	2,334	40,36	12,31
Mayor	309,96	-921,73	1,336		
Menor	3,18	-8,69	1,366		-405216,01

Lo primero que hemos de notar, es un detalle importante en relación al baloncesto. Para poder entrar en aproximadamente los mismos eventos/mercados a crear riesgo, 540 mercados frente a 555 del baloncesto, hemos necesitado monitorizar casi el triple de partidos, 1771 en tenis frente 681 en baloncesto.

Tener que esperar a la cuota de sesgo para comenzar a crear riesgo con ese mapeo al no favorito en la Cuota de Sesgo implica tener que esperar al momento adecuado a crear riesgo. La gran mayoría ni siquiera alcanzan la cuota para lanzar la primera apuesta a favor del no favorito.

Como era de esperar, al contrario que en el Baloncesto, el número de partidos que se pierden es menor que el que se gana. Vamos a favor del no favorito a partir de un momento en el que el mercado ha llegado a cotizar al no favorito con cuota menor que la que tenía el favorito antes de comenzar el evento. En un deporte altamente estadístico como lo es el tenis, esto es lo razonablemente esperado. De los 540 de los partidos en los que terminamos entrando a hacer riesgo de forma sistemática, los no favoritos ganan 409 y los favoritos 131.

Hemos tenido en cuenta que las **comisiones soportadas** sobre los beneficios, en los mercados que resultaron ganadores, eran del **5%**.

La diferencia entre las ganancias y las pérdidas es de 21793.24€ a nuestro favor, es nuestro beneficio.

La ganancia promedio ha sido de 213.01€ y la pérdida promedio de 498.68€. Lo que da una cuota promedio, teniendo en cuenta el número total de partidos ganados y perdidos, de 2.33 (todo lo que esté por encima de 2, denota estrategia ganadora).

La mayor ganancia ha sido de 309.96€ y la mayor pérdida de 921.73€. La menor ganancia ha sido de 3.18€ y la menor de las pérdidas 8.69€.

La ganancia promedio por evento ha sido de 40.36€.

Si tenemos en cuenta que hemos movilizado en riesgo un total de 405216.01€ y hemos ganado 21793.24€, nuestra estrategia nos ha dado un %Yield de más del 5%, concretamente un 5.38%. Un dato sensiblemente peor que el que teníamos en el baloncesto. En cierto modo eso es debido a que con el uso del mapa sesgado movemos mucho riesgo para ganar poco beneficio.

De nuevo nos volvemos a preguntar algo realmente importante para la evolución de nuestro fondo, nuestro músculo financiero. ¿Cómo ha crecido nuestro beneficio acumulado? ¿Habrá presentado mucha volatilidad? ¿Nos habremos llevado muchos sustos por el camino?

La respuesta es tan sencilla como representar el beneficio acumulado al colocar los partidos de forma secuencial.

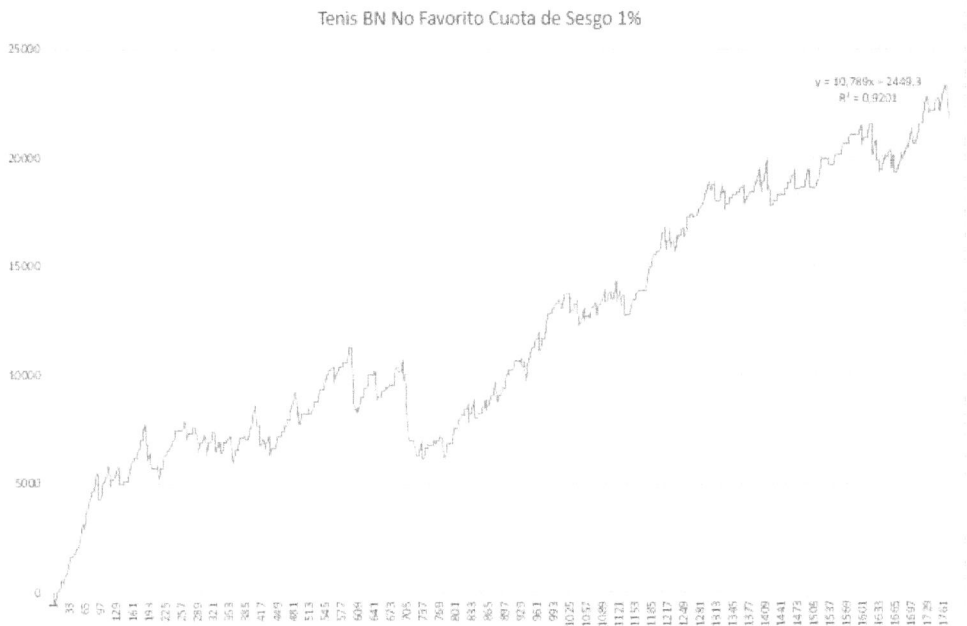

$y = 10,789x - 2449,3$
$R^2 = 0,9201$

Si representamos sobre el acumulado del beneficio, una regresión lineal, vemos que presenta un R^2 del 92%.

De nuevo, al igual que con el baloncesto, esto representa para cualquier inversor, sin ninguna duda, una magnífica forma de Invertir en Valor Deportivo.

Creo que en este punto, merece la pena hacer mención especial a una información verdaderamente, cuanto menos, curiosa.

Si analizamos el concepto de Cuota de Sesgo, lo que viene a significar es que, en un mercado donde el reloj y el transcurrir del tiempo en el evento no ayuda al que va ganando, apostar al no favorito supone tener que esperar a que este alcance una cuota inferior a la que tenía el favorito del mismo encuentro. Cuanto mayor es la probabilidad de ganar del favorito del encuentro, menor cuota tendrá, y por lo tanto, la cuota de sesgo menor será.

De alguna forma estamos indicando un favorito, a mayor probabilidad de ganar al inicio del partido, más posibilidad de darle la vuelta al encuentra cuando deja de serlo. De ahí tener que esperar más a hacer riesgo con el no favorito, cuanto más favorito es el favorito.

Recordemos que la expresión de la Cuota de Sesgo para un favorito de cuota C, viene dada por:

$$Cuota\ de\ Sesgo = (C-1)*\frac{1}{1+\left(1-\frac{1}{C}\right)}+1$$

Hemos separado el primer sumando en dos factores para entender su significado. El primer factor representa, como ya hemos visto anteriormente y sabemos, el valor de una cuota. De la cuota del favorito del encuentro, en este caso. El segundo factor representa un número por el que modulamos dicho valor. Siendo 1-1/C la probabilidad de ganar del no favorito. Así para un caso concreto, por ejemplo, un favorito de cuota 1.5, la cuota de sesgo será de:

$$Csesgo = (1.5-1)*\frac{1}{1+\left(1-\frac{1}{1.5}\right)}+1 = 1.375$$

Lo que indica que caso de entrar a hacer riesgo en ese partido al no favorito, lo haríamos con un mapa de BN en 1.37 al 1% con la unidad de riesgo que tocase.

De ahí que en la muestra de 1771 partidos, de los que entrasen por filtro de cuota, es decir, que el favorito estuviera cotizado por el mercado antes de comenzar el evento, en el intervalo de entre [1.35, 1.90], sólo hayamos tenido oportunidad de entrar en 540.

Bueno, pues aquí viene la información, al menos para mí, sorprendente. Si sustituimos la expresión para el cálculo de la Cuota de Sesgo por esta otra:

$$Cuota\ de\ Sesgo = \frac{(C-1)}{Phi}+1\ siendo\ Phi$$
$$= 1.6180339887\ ....\ también\ llamada\ razón\ áurea\ \Phi$$

Al hacer esto, en la misma muestra real de los 1771 partidos, el cuadro resumen, queda de la siguiente forma:

	Ganancias	Perdidas	No entramos	Entramos	Todo
Cuenta	406	102	1263	508	1771
Suma	75318,92	-55142,1		20176,82	20176,82
Promedio	185,51	-540,61	2,366	39,72	11,39
Mayor	284,48	-945,72	1,301	0,428	
Menor	2,11	-17,24	1,122		-392463,19

Esta vez entraríamos tan solo en 508 partidos, 32 menos que en la ejecución real, que nos obligó a meternos en 540, debido a la expresión, ligeramente más optimista que la que nos relaciona con Phi. El beneficio en este caso habría sido menor, unos 1600€ menos de beneficio. Sin embargo la cuota equivalente es algo mejor. En este caso el %Yield es del 5.14%.

Es como si usar Phi, para disminuir proporcionalmente el valor de la cuota justa del tenista favorito del evento, fuera la óptima para mapear la BN al no favorito.

Existe mucha y variada literatura sobre la proporción Phi y su importante papel en la naturaleza. Para más variada y detallada información, te recomiendo la lectura de un estupendo libro de divulgación científica "La proporción áurea" (Ariel, 2008), cuyo autor, Mario Livio, responsable de más de 300 ensayos científicos, ha desempeñado labores de dirección del instituto que gestiona el telescopio Hubble.

De hecho, el que haya relacionado la expresión de la Cuota de Sesgo original con esta última usando Phi, fue tras leer este más que sorprendente libro de Mario Livio. Según iba leyendo, más me fascinaba la idea de relacionar Phi con una forma óptima de creación de riesgo. Pensé que debería ser aplicable en mercados donde la victoria de un no favorito fuese producto de su esfuerzo y no tanto por la ayuda de un tiempo finito de la duración de un partido. Mi sorpresa fue monumental.

Para una rápida comprensión de la relevancia de esta proporción, aparte de consultar en Wikipedia, te muestro un dato que a buen seguro te sorprenderá. Phi es la única proporción irracional para la que se cumple que, para un número real X:

$$X * (Phi - 1) = \frac{X}{Phi} \ o \ lo \ que \ es \ lo \ mismo \ Phi - 1 = \frac{1}{Phi}$$

Tras este inciso, seguimos.

Si representamos el acumulado del beneficio y lo comparamos con el de la ejecución real, tenemos:

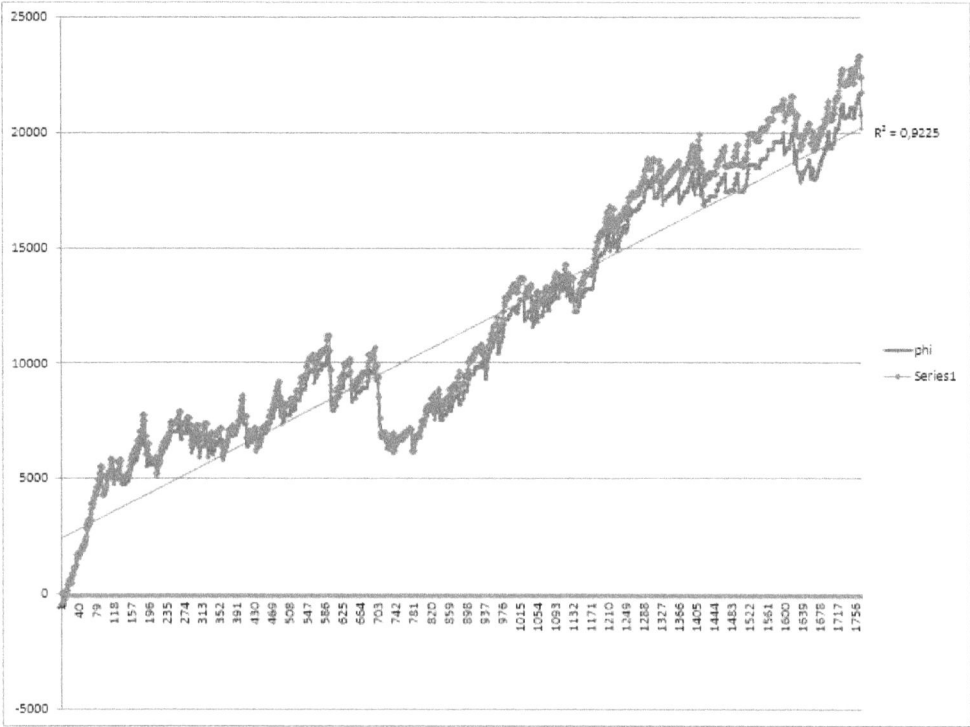

Vamos a hablar del papel que jugaría el riesgo contrario. Como siempre, buscaremos con el uso de un riesgo contrario, la mejora de la volatilidad y la búsqueda del Efecto Comisiones.

En este caso, el de los mercados de Cuotas de Partido (Match Odds) de tenis, usaremos riesgo contrario para mapear al favorito. Concretamente usaremos un mapa de riesgo contrario, una SC, con media unidad de riesgo, al 3%, en cuota inicial 11. De nuevo, en ausencia de lo que hemos llamado Observador de Contexto, vamos a mapear de forma indiscriminada a todos los partidos.

El cuadro resultante, es el que vemos a continuación:

		Ganancias	Perdidas	No entramos	Entramos	Todo
1						
2	Cuenta	19	379	1373	398	1771
3	Suma	5560,85	-8205,85		-2645	-2645
4	Promedio	292,68	-21,65	1,678	-6,65	-1,49
5	Mayor	467,98	-26,94	18,371	0,196	
6	Menor	86,8	-2,47	36,142		-8537,1

193

Vemos que esta contribución, es negativa, concretamente nos ha costado, por sí sola, 2645€.

La apariencia del acumulado sería la siguiente:

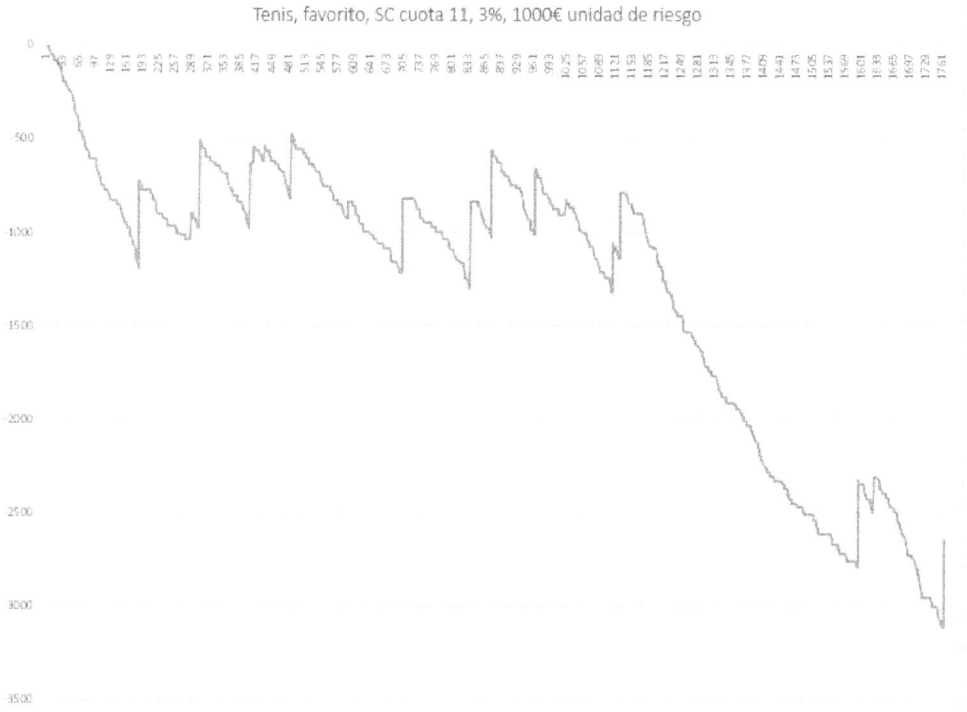

Tenis, favorito, SC cuota 11, 3%, 1000€ unidad de riesgo

Al mezclar ambas componentes de riesgo en una sola cuenta, lo que ocurre es lo siguiente:

		Ganancias	Perdidas	No entramos	Entramos	Todo
1						
2	Cuenta	408	133	1230	541	1771
3	Suma	79335,34	-59484,61		19850,73	19850,73
4	Promedio	194,45	-447,25	2,33	36,69	11,21
5	Mayor	298,55	-907,09	2,02813753		
6	Menor	3,18	-4,51			-237174,05

Podemos ver que hemos dejado de ganar algo del beneficio que teníamos aplicando tan solo la BN al no favorito, pero hemos subido el %Yield del 5.38% a 8.36%. 19850€ frente a un riesgo movilizado efectivo de 237174€.

Mantenemos la cuota equivalente promedio. Algo también muy importante.

La representación del beneficio acumulado quedará así:

Tenis, no favorito, Cuota Sesgo, 1%, favorito, SC, cuota 11, 3%, unidad de riesgo 1000€

¿Qué habría pasado si en vez de combinar la componente de Cuota de Sesgo con la expresión original, hubiésemos combinado con la dada con la expresión que contiene a Phi?

El resultado habría sido ligeramente mejor, dando como beneficio, 20084€, una cuota equivalente promedio de 2.34 y un %Yield de 8.48%. No merece la pena explicitar los detalles. Lo importante es que parece que podría haber alguna relación de esta proporción a la hora de crear riesgo en mercados en ausencia de reloj, donde solo la voluntad de cada opción del mercado es capaz de aumentar la probabilidad que tiene de ganar, esto es, de disminuir su cotización.

Visto todo esto hay que tener muy presentes, en relación al tenis, un par de detalles importantes. Al ser un deporte donde mapeamos en un punto en el que estamos dispuestos movilizar mucho riesgo para ganar poco, es importante todo detalle que ayude a disminuir el riesgo de la estrategia.

Lo primero tiene que ver con un aspecto técnico que ya hemos nombrado. Un observador de contexto. Es un observador que va más allá de la pura observación de los precios intercambiados en tiempo real durante el transcurso del evento. El observador de contexto ha de incluir detalles tales como el marcador del partido. Con ello en el tenis podemos detectar situaciones anómalas. Por ejemplo, a veces el favorito claro de un partido, durante el primer set, no encuentra su juego y decide dejarse ir el primer set. Situación claramente reflejada en el marcador de ese primer set. En ese momento la estrategia ha de incluir, sí o sí, una componente de riesgo contrario que ayude a eliminar riesgo si se llegase a crear. Es fácil prever una reacción por parte del favorito.

Otro aspecto, en el tenis, es el de evitar la manipulación. Esto que vamos a ver es fruto de la experiencia. Es una práctica muy saludable observar lo que voy a exponer a continuación. Detectar esta situación será importante para mejorar el resultado de la inversión a largo plazo.

Hay tenistas mayores de treinta años entre los top 40 del ranking ATP que, claramente, presentan poca probabilidad de volver a alcanzar, en el resto de su vida deportiva, una posición más alta en el ranking de la que ya alcanzaron con anterioridad en su histórico como jugadores. Creemos que algún tenista de este conjunto practica juego sospechoso de manipulación en determinadas ocasiones. Suele darse en partidos de segunda y tercera ronda de un campeonato, donde se enfrentan contra otros tenistas claramente inferiores. En concreto suelen presentar cuotas en torno a 1.30 y 1.40. La práctica consiste en dejarse ir, sin demasiada claridad, contra el tenista que a priori es inferior. Llegan a estar en clara posición de pérdida del partido. Tal es así, que el mercado llega ofrecer por ellos precios de entre 20 y 100 por su victoria. Milagrosamente, a partir de ese punto comienza la recuperación del tenista favorito. Evidentemente nadie les puede acusar de querer ganar el partido. Se dejan el alma. Mucho más que si fuera una final. Con que consigan ganar algunos de estos partidos durante el año, habrán ganado mucho más en intercambiadores como Betfair, que en premios jugando y ganando campeonatos. Es más que interesante tener detectadas estas situaciones para evitar entrar a estos partidos, ya que estos vuelcos nos vienen muy mal para la estrategia expuesta aquí para el tenis.

Por último, nos hemos dejado para el final de esta sección, un asunto de carácter más personal, a modo de anécdota relacionado con el abordaje a estos mercados.

En junio de 2014, un supuesto grupo inversor, con el que habíamos llegado a un acuerdo para movilizar cinco millones de euros para Invertir en Valor Deportivo bajo este enfoque de Mapas de Riesgo, nos solicita una prueba del funcionamiento de nuestra Plataforma de Gestión de Riesgo, PECO, durante todo el mes en campeonatos de Tenis ATP/WTA.

Al parecer, los datos presentados, todavía no suponían suficiente garantía para empezar a movilizar el fondo.

A mi socio y a mí, tras creer que todo estaba más que acordado, estando ya sólo pendientes de la llegada de los fondos, nos sentó francamente mal. Pero si esa prueba aceleraba nuestro objetivo, no íbamos a ser nosotros los que frenásemos la llegada del fondo.

El mes de julio, verano, no es un mal momento para encontrar campeonatos de primer nivel de Tenis ATP/WTA. Son campeonatos previos a la etapa americana (Canadá y USA).

Nos propusimos un reto. El perfil más alto de riesgo que contemplamos en nuestros escenarios potenciales. Partiríamos de un monto de 15.000€, y nuestra unidad de riesgo sería del 6.6%. Además plantearíamos un crecimiento exponencial y no lineal como el descrito hasta ahora. Basaríamos este crecimiento en la modificación de la unidad de riesgo cuando el fondo creciese. Muy arriesgado pero sería una gran prueba de fuego.

A continuación exponemos en detalle los resultados de la prueba solicitada:

Periodo: 25/06/2014 a 24/07/2014

Deporte: Tenis (ATP/WTA)

Mercado: Cuotas de partido (ganador del partido)

Descripción estrategia

Partimos de un fondo de 15.000€ y definimos una base de riesgo inicial de 1.000€ por evento, el 6.6% del fondo. Es decir, una vez que se da la situación para crear riesgo en un mercado, el máximo riesgo que PECO podrá crear en el mercado será una fracción de 1.000€ en dicho mercado.

Finalizado un día dado de actividad, se comprueba balance (fondo + beneficio). Si se alcanza un techo de crecimiento del fondo, se redefine la base de riesgo, tal que de nuevo será un 6,6% del nuevo fondo para ese día. Por ejemplo, si al final del primer día, el balance del fondo es de 15.378€, la nueva base será de 1.014,94€.

En el caso de que el balance haya sido negativo, habiendo disminuido el fondo respecto del día anterior, mantendremos la base de riesgo del día anterior. PECO no la disminuirá.

A continuación se detalla el resultado del total de eventos en los que PECO ha entrado a hacer riesgo en dicho periodo: (ordenado empezando por el último día).

En este periodo se parte de una base de 1000€ y llegamos a usar el último día una base de 1418€ (cantidad que crece progresivamente solo cuando vamos alcanzando máximos sobre nuestro fondo)

Mercado	Hora de inicio	Última fecha establecida	Ganancia/pérdida (EUR)
Tenis / Cirstea v Voegele : Cuotas de partido	24-jul-14 08:02	24-jul-14 09:01	367,92
Tenis / Querrey v D Sela : Cuotas de partido	24-jul-14 01:03	24-jul-14 02:10	257,86
Tenis / Bellucci v Delbonis : Cuotas de partido	23-jul-14 13:51	23-jul-14 15:21	312,96
Tenis / Cepelova v Parmentier : Cuotas de partido	23-jul-14 13:32	23-jul-14 15:11	325,97
Tenis / Dolonc v S Peer : Cuotas de partido	23-jul-14 11:08	23-jul-14 13:18	-625,7
Tenis / Eguchi v U Radwanska : Cuotas de partido	23-jul-14 08:05	23-jul-14 09:26	210,02
Tenis / Ginepri v Stakhovsky : Cuotas de partido	22-jul-14 21:22	22-jul-14 23:04	223
Tenis / Smyczek v R Harrison : Cuotas de partido	22-jul-14 19:57	22-jul-14 21:05	299,76
Tenis / Gabashvili v Lajovic : Cuotas de partido	22-jul-14 18:57	22-jul-14 20:43	233,25
Tenis / Reister v Sijsling : Cuotas de partido	22-jul-14 16:55	22-jul-14 18:52	315,73
Tenis / Rosol v Schwartzman : Cuotas de partido	22-jul-14 16:39	22-jul-14 18:45	-475,86
Tenis / G Simon v Andujar : Cuotas de partido	22-jul-14 16:57	22-jul-14 18:07	288,29
Tenis / Kovinic v Soler-Espinosa : Cuotas de partido	22-jul-14 11:16	22-jul-14 12:40	401,73
Tenis / Glushko v K Bondarenko : Cuotas de partido	22-jul-14 09:00	22-jul-14 11:12	-197,1
Tenis / Rybarikova v Eguchi : Cuotas de partido	22-jul-14 08:59	22-jul-14 11:03	236,97
Tenis / H Watson v K Mladenovic : Cuotas de partido	22-jul-14 07:07	22-jul-14 08:46	164,21
Tenis / D Young v D Sela : Cuotas de partido	22-jul-14 01:51	22-jul-14 02:42	346,03
Tenis / Coric v Roger-Vasselin : Cuotas de partido	21-jul-14 17:44	21-jul-14 19:19	220,86
Tenis / Golubev v Cervantes : Cuotas de partido	21-jul-14 14:15	21-jul-14 15:42	-762,85
Tenis / S Peer v Meusburger : Cuotas de partido	21-jul-14 13:48	21-jul-14 15:09	417,04
Tenis / Piter v Kr Pliskova : Cuotas de partido	21-jul-14 12:17	21-jul-14 14:36	129,08
Tenis / Parmentier v Dulgheru : Cuotas de partido	21-jul-14 12:44	21-jul-14 14:23	337,22
Tenis / Thiem v Troicki : Cuotas de partido	21-jul-14 11:45	21-jul-14 13:25	227,46

Tenis / Mayr-Achleitner v Jovanovski : Cuotas de partido	21-jul-14 10:28	21-jul-14 12:29	-1.035,47
Tenis / U Radwanska v Van Uytvanck : Cuotas de partido	21-jul-14 11:33	21-jul-14 12:09	270,56
Tenis / Stepanek v Karlovic : Cuotas de partido	19-jul-14 20:18	19-jul-14 22:00	154,92
Tenis / Kohlschreiber v L Mayer : Cuotas de partido	19-jul-14 15:35	19-jul-14 17:17	260,39
Tenis / Barthel v Soler-Espinosa : Cuotas de partido	19-jul-14 14:35	19-jul-14 17:06	-1.114,87
Tenis / K Mladenovic v Schiavone : Cuotas de partido	18-jul-14 15:54	18-jul-14 18:23	260,87
Tenis / Cepelova v Putintseva : Cuotas de partido	18-jul-14 14:21	18-jul-14 15:51	-98,11
Tenis / Ana Konjuh v Svitolina : Cuotas de partido	18-jul-14 14:04	18-jul-14 15:43	208,37
Tenis / Kamke v A Zverev : Cuotas de partido	18-jul-14 12:03	18-jul-14 14:21	389,85
Tenis / Kanepi v Barthel : Cuotas de partido	18-jul-14 12:33	18-jul-14 14:07	287,15
Tenis / Polansky v Estrella Burgos : Cuotas de partido	17-jul-14 22:51	17-jul-14 23:42	226,79
Tenis / Nara v Siniakova : Cuotas de partido	17-jul-14 13:59	17-jul-14 17:24	-103,83
Tenis / Giraldo v A Zverev : Cuotas de partido	17-jul-14 13:34	17-jul-14 16:38	222,82
Tenis / Rosol v Robredo : Cuotas de partido	17-jul-14 14:14	17-jul-14 16:15	341,22
Tenis / Goerges v Soler-Espinosa : Cuotas de partido	17-jul-14 12:36	17-jul-14 14:37	349,41
Tenis / Dolgopolov - Kamke : Cuotas de partido	17-jul-14 11:21	17-jul-14 14:18	108,12
Tenis / Thiem v L Mayer : Cuotas de partido	17-jul-14 10:37	17-jul-14 12:00	331,42
Tenis / N Barrientos v Polansky : Cuotas de partido	16-jul-14 16:59	16-jul-14 19:33	-564,01
Tenis / Ebden v J Ward : Cuotas de partido	16-jul-14 16:59	16-jul-14 19:06	328,56
Tenis / Arruabarrena v Ann Beck : Cuotas de partido	16-jul-14 15:43	16-jul-14 18:11	-123,96
Tenis / Siegemund v Scheepers : Cuotas de partido	16-jul-14 15:14	16-jul-14 18:05	-925,01
Tenis / A Zverev v Youzhny : Cuotas de partido	16-jul-14 13:34	16-jul-14 15:45	248,41
Tenis / Koukalova v K Mladenovic : Cuotas de partido	16-jul-14 14:04	16-jul-14 15:36	307,76
Tenis / Berlocq v Lajovic : Cuotas de partido	16-jul-14 12:07	16-jul-14 13:37	226,95
Tenis / Kontaveit v Cepelova : Cuotas de partido	16-jul-14 12:22	16-jul-14 13:28	395,25
Tenis / L Mayer v Garcia-Lopez : Cuotas de partido	16-jul-14 10:33	16-jul-14 12:49	117,47
Tenis / Torro-Flor v Goerges : Cuotas de partido	16-jul-14 11:12	16-jul-14 12:07	393,6
Tenis / Kamke v Delbonis : Cuotas de partido	16-jul-14 10:32	16-jul-14 12:06	277,7
Tenis / de Bakker v Kev King : Cuotas de partido	15-jul-14 23:38	16-jul-14 02:11	-1.030,48
Tenis / A Schmiedlova v Hogenkamp : Cuotas de partido	15-jul-14 17:11	15-jul-14 18:18	304,18
Tenis / Kozlova v Dulgheru : Cuotas de partido	15-jul-14 14:37	15-jul-14 16:22	-613,77
Tenis / J Larsson v Kanepi : Cuotas de partido	15-jul-14 13:18	15-jul-14 15:37	-979,96

Tenis / Shvedova v Siegemund : Cuotas de partido	15-jul-14 13:53	15-jul-14 15:31	248,68
Tenis / Nara v Konta : Cuotas de partido	15-jul-14 14:01	15-jul-14 15:28	237,73
Tenis / A Zverev v Haase : Cuotas de partido	15-jul-14 13:45	15-jul-14 14:55	258,94
Tenis / M Granollers v Thiem : Cuotas de partido	15-jul-14 12:06	15-jul-14 14:42	-1.030,16
Tenis / S Peer v Kulichkova : Cuotas de partido	15-jul-14 12:02	15-jul-14 13:48	171,62
Tenis / Pfizenmaier v Hercog : Cuotas de partido	15-jul-14 10:58	15-jul-14 13:07	214,13
Tenis / Janowicz v Ramos-Vinolas : Cuotas de partido	15-jul-14 10:35	15-jul-14 12:04	238,04
Tenis / Voegele v Pironkova : Cuotas de partido	15-jul-14 09:59	15-jul-14 11:50	6,09
Tenis / Al Kuznetsov v A Mannarino : Cuotas de partido	14-jul-14 19:52	14-jul-14 21:18	112,92
Tenis / Koukalova v Vekic : Cuotas de partido	14-jul-14 18:58	14-jul-14 20:47	-250,88
Tenis / Carreno Busta v Du Brown : Cuotas de partido	14-jul-14 18:38	14-jul-14 20:05	186,05
Tenis / Min v Pavlyuchenkova : Cuotas de partido	14-jul-14 16:42	14-jul-14 17:50	378,82
Tenis / Kamke v J Nieminen : Cuotas de partido	14-jul-14 14:13	14-jul-14 16:18	361,73
Tenis / Begu v Arruabarrena : Cuotas de partido	14-jul-14 14:03	14-jul-14 15:13	204,57
Tenis / Van Uytvanck v Jovanovski : Cuotas de partido	14-jul-14 12:31	14-jul-14 14:43	-490,58
Tenis / Vesely v Thiem : Cuotas de partido	14-jul-14 12:38	14-jul-14 14:01	174,06
Tenis / G Elias v Montanes : Cuotas de partido	14-jul-14 12:07	14-jul-14 13:27	293,57
Tenis / Golubev v Paire : Cuotas de partido	14-jul-14 10:40	14-jul-14 12:22	-108,15
Tenis / Berlocq v J Sousa : Cuotas de partido	12-jul-14 15:11	12-jul-14 17:55	49,38
Tenis / Rosol v Youzhny : Cuotas de partido	12-jul-14 15:55	12-jul-14 17:33	244,71
Tenis / Verdasco v P Cuevas : Cuotas de partido	12-jul-14 13:04	12-jul-14 14:58	76,77
Tenis / Fognini - Bautista Agut : Cuotas de partido	12-jul-14 14:01	12-jul-14 14:53	252,77
Tenis / Isner v J Sock : Cuotas de partido	11-jul-14 20:46	11-jul-14 22:25	226,9
Tenis / Giorgi v Rogers : Cuotas de partido	11-jul-14 15:30	11-jul-14 18:46	182,44
Tenis / Niculescu v Hercog : Cuotas de partido	11-jul-14 14:16	11-jul-14 17:10	298,92
Tenis / K Kucova v Kovinic : Cuotas de partido	11-jul-14 14:53	11-jul-14 17:08	218,26
Tenis / Bautista Agut v Garcia-Lopez : Cuotas de partido	11-jul-14 11:01	11-jul-14 13:54	-914,51
Tenis / Min v Ka Pliskova : Cuotas de partido	11-jul-14 11:00	11-jul-14 12:07	287,01
Tenis / Groth v Mahut : Cuotas de partido	10-jul-14 18:33	10-jul-14 19:51	260,33
Tenis / Gimeno-Traver v F Lopez : Cuotas de partido	10-jul-14 16:48	10-jul-14 18:42	-52,88
Tenis / Meusburger v Scheepers : Cuotas de partido	10-jul-14 14:00	10-jul-14 17:15	-124,27
Tenis / Cetkovska v Bertens : Cuotas de partido	10-jul-14 14:05	10-jul-14 16:44	-41,27
Tenis / L Mayer v Youzhny : Cuotas de partido	10-jul-14 10:30	10-jul-14 11:51	304,89
Tenis / P Davydenko v Rola : Cuotas de partido	09-jul-14 19:04	09-jul-14 20:50	203,41
Tenis / A Mannarino v D Sela : Cuotas de partido	09-jul-14 19:05	09-jul-14 19:54	172,56

Tenis / B Becker v Paire : Cuotas de partido	09-jul-14 17:05	09-jul-14 18:37	193,67
Tenis / Buyukakcay v Arruabarrena : Cuotas de partido	09-jul-14 14:05	09-jul-14 16:50	-687,66
Tenis / Bertens v Begu : Cuotas de partido	09-jul-14 14:05	09-jul-14 15:57	351,73
Tenis / Voegele v Svotolina : Cuotas de partido	09-jul-14 11:15	09-jul-14 13:58	245,85
Tenis / Janowicz v Lajovic : Cuotas de partido	09-jul-14 10:59	09-jul-14 11:57	331,59
Tenis / L Hewitt v R Harrison : Cuotas de partido	08-jul-14 20:43	08-jul-14 23:09	-647,38
Tenis / Piter v Mitu : Cuotas de partido	08-jul-14 19:08	08-jul-14 21:28	-85,43
Tenis / Smyczek v A Krajicek : Cuotas de partido	08-jul-14 19:42	08-jul-14 21:10	212,01
Tenis / Krunic v Panova : Cuotas de partido	08-jul-14 15:39	08-jul-14 17:48	-388,82
Tenis / Meusburger v Smitkova : Cuotas de partido	08-jul-14 13:00	08-jul-14 16:53	-822,63
Tenis / Jaksic v Ormaechea : Cuotas de partido	08-jul-14 13:00	08-jul-14 16:52	109,73
Tenis / Reister v Berlocq : Cuotas de partido	08-jul-14 14:38	08-jul-14 16:43	-76,24
Tenis / A Lim v Kostova : Cuotas de partido	08-jul-14 14:17	08-jul-14 16:39	-239,34
Tenis / K De Schepper v Albot : Cuotas de partido	08-jul-14 13:55	08-jul-14 15:38	267,71
Tenis / Kontaveit v Kovinic : Cuotas de partido	08-jul-14 14:17	08-jul-14 15:26	321,37
Tenis / Vesely v Ramos-Vinolas : Cuotas de partido	08-jul-14 12:10	08-jul-14 13:44	296,61
Tenis / Andujar v Hanescu : Cuotas de partido	08-jul-14 11:04	08-jul-14 12:51	33,68
Tenis / Kr Pliskova v Rogers : Cuotas de partido	08-jul-14 10:00	08-jul-14 12:39	-495,55
Tenis / Torro Flor v Pfizenmaier : Cuotas de partido	08-jul-14 10:00	08-jul-14 12:15	174,55
Tenis / Chardy v P Cuevas : Cuotas de partido	08-jul-14 11:07	08-jul-14 12:07	290,8
Tenis / D Young v Groth : Cuotas de partido	07-jul-14 21:24	07-jul-14 22:38	219,55
Tenis / Ebden v R Ram : Cuotas de partido	07-jul-14 19:50	07-jul-14 21:11	288,35
Tenis / Berankis v Jaziri : Cuotas de partido	07-jul-14 18:23	07-jul-14 19:38	192,98
Tenis / N Kichenok v Dinu : Cuotas de partido	07-jul-14 17:02	07-jul-14 18:10	182,04
Tenis / Arruabarrena v Ann Beck : Cuotas de partido	07-jul-14 15:22	07-jul-14 18:01	226,61
Tenis / Koukalova v Niculescu : Cuotas de partido	07-jul-14 15:34	07-jul-14 16:50	270,57
Tenis / Cepede Royg v Buyukakcay : Cuotas de partido	07-jul-14 15:03	07-jul-14 16:35	236,25
Tenis / Voegele - Goerges : Cuotas de partido	07-jul-14 13:00	07-jul-14 14:47	218,98
Tenis / Montanes v Lajovic : Cuotas de partido	07-jul-14 12:52	07-jul-14 14:44	-613,66
Tenis / Neuwirth v Moser : Cuotas de partido	07-jul-14 11:30	07-jul-14 12:58	91,82
Tenis / Barthel v Ka Pliskova : Cuotas de partido	07-jul-14 10:00	07-jul-14 11:25	270,8
Tenis / Djokovic v Federer : Cuotas de partido	06-jul-14 15:00	06-jul-14 19:07	140
Tenis / Bouchard v Halep : Cuotas de partido	03-jul-14 15:30	03-jul-14 17:45	251,07
Tenis / Safarova v Makarova : Cuotas de partido	01-jul-14 16:00	01-jul-14 17:02	294,86
Tenis / Lopez v Isner : Cuotas de partido	30-jun-14 12:30	30-jun-14 17:03	118,6
Tenis / Ivanovic v Lisicki : Cuotas de partido	30-jun-14 14:00	30-jun-14 16:23	180,67

Tenis / Kyrgios v Vesely : Cuotas de partido	28-jun-14 12:30	28-jun-14 20:54	-196,05
Tenis / Cilic - Berdych : Cuotas de partido	27-jun-14 17:15	27-jun-14 22:39	258,27
Tenis / Dimitrov - Dolgopolov : Cuotas de partido	27-jun-14 15:30	27-jun-14 19:44	42,41
Tenis / Kvitova - V Williams : Cuotas de partido	27-jun-14 15:45	27-jun-14 19:16	-33,73
Tenis / Stakhovsky v Chardy : Cuotas de partido	27-jun-14 15:45	27-jun-14 19:05	240,31
Tenis / Jovanovski v Smitkova : Cuotas de partido	27-jun-14 14:15	27-jun-14 18:56	-242,38
Tenis / Safarova - Cibulkova : Cuotas de partido	27-jun-14 15:45	27-jun-14 17:56	272,34
Tenis / Janowicz v Hewitt : Cuotas de partido	27-jun-14 15:00	27-jun-14 17:43	49,22
Tenis / S Peng v Davis : Cuotas de partido	27-jun-14 14:00	27-jun-14 16:55	129,78
Tenis / Vekic v Zvonareva : Cuotas de partido	26-jun-14 16:30	26-jun-14 19:58	131,55
Tenis / Riske v Giorgi : Cuotas de partido	26-jun-14 16:00	26-jun-14 18:34	288,8
Tenis / Vesely v Monfils : Cuotas de partido	26-jun-14 12:30	26-jun-14 16:06	-259,67
Tenis / Kubot v Lajovic : Cuotas de partido	26-jun-14 12:30	26-jun-14 15:51	102,79
Tenis / Dancevic v Kukushkin : Cuotas de partido	26-jun-14 12:30	26-jun-14 14:16	256,03
Tenis / L Davis v Pennetta : Cuotas de partido	25-jun-14 18:00	25-jun-14 21:56	221,23
Tenis / Kirilenko - Peng : Cuotas de partido	25-jun-14 18:00	25-jun-14 21:04	281,37
Tenis / Konjuh v Wickmayer : Cuotas de partido	25-jun-14 18:00	25-jun-14 20:37	206,07
Tenis / L Mayer - Baghdatis : Cuotas de partido	25-jun-14 14:00	25-jun-14 17:20	161,64
Tenis / Chardy v Matosevic : Cuotas de partido	25-jun-14 12:30	25-jun-14 17:04	-129,3
Tenis / Zvonareva v Moore : Cuotas de partido	25-jun-14 14:00	25-jun-14 15:18	-606,14
Tenis / Gulbis - Stakhovsky : Cuotas de partido	25-jun-14 12:30	25-jun-14 14:42	164,44
Tenis / Vesnina v Zahlavova Strycova : Cuotas de partido	25-jun-14 12:30	25-jun-14 14:18	265,25

Tras este periodo de tiempo, siguiendo el modelo de creación de riesgo bajo las premisas iniciales antes expuestas, se obtuvo un beneficio de 9088€, llegando al final de periodo, tal y como explicitamos al inicio de la tabla, con una base de riesgo de 1418€ por evento/mercado.

Además se adjuntan fotografías tomadas a una pantalla de monitor, mostrando el resultado de la consulta en dicho periodo de tiempo, a la propia plataforma de intercambio de BetFair.com.

Lamentablemente, después de este requerimiento de prueba, realizada ese mes de julio, mi socio y yo, junto con los intermediarios de la venta, descubrimos que estábamos siendo víctimas de una potencial estafa, a manos de supuestos inversores de capital privado. Toda una lección de vida, una experiencia para no repetir.

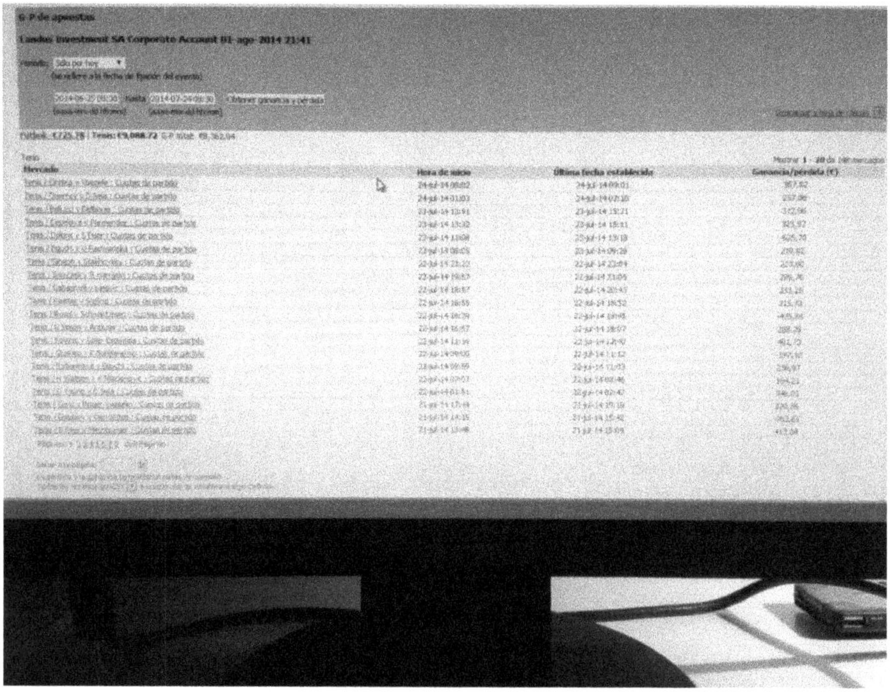
G-P de apuestas
Landus Investment SA Corporate Account 01-ago-2014 21:41
Mercado
Hora de inicio
Última fecha establecida
Ganancia/pérdida (€)

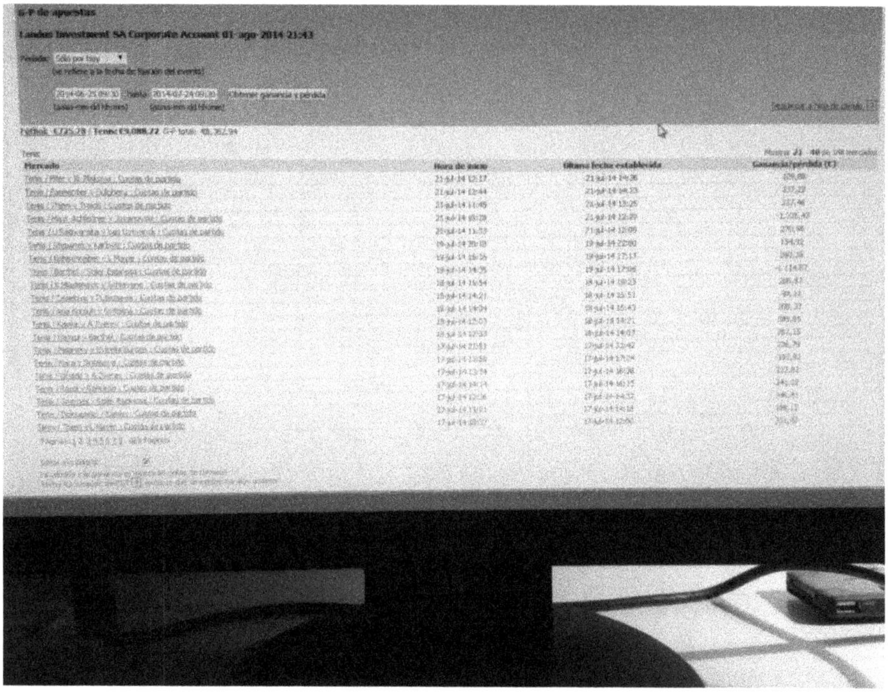
G-P de apuestas
Landus Investment SA Corporate Account 01-ago-2014 21:43
Mercado
Hora de inicio
Última fecha establecida
Ganancia/pérdida (€)

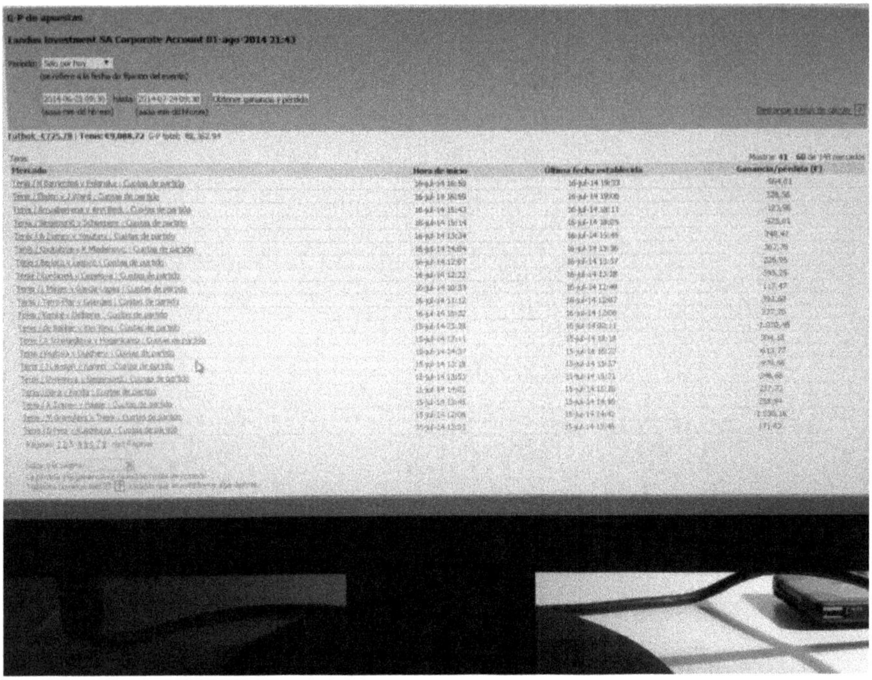
G-P de apuestas
Landus Investment SA Corporate Account 01-ago-2014 21:43
Mercado
Hora de inicio
Última fecha establecida
Ganancia/pérdida (€)

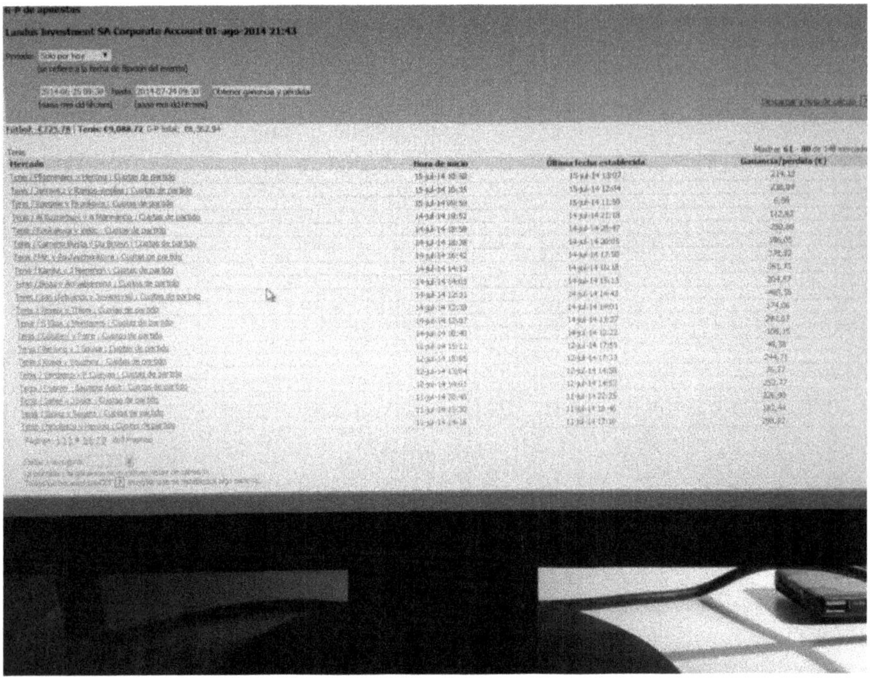
G-P de apuestas
Landus Investment SA Corporate Account 01-ago-2014 21:43
Mercado
Hora de inicio
Última fecha establecida
Ganancia/pérdida (€)

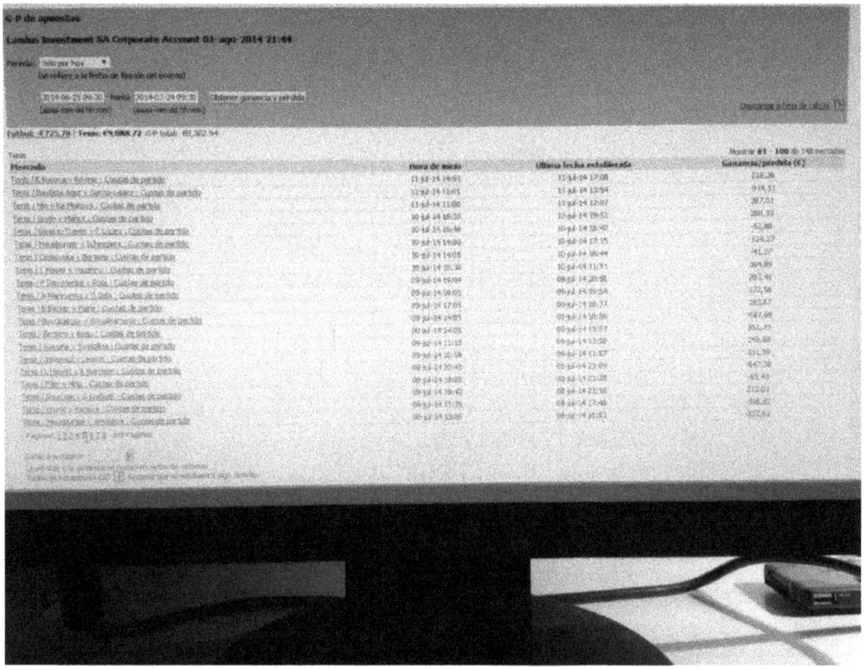

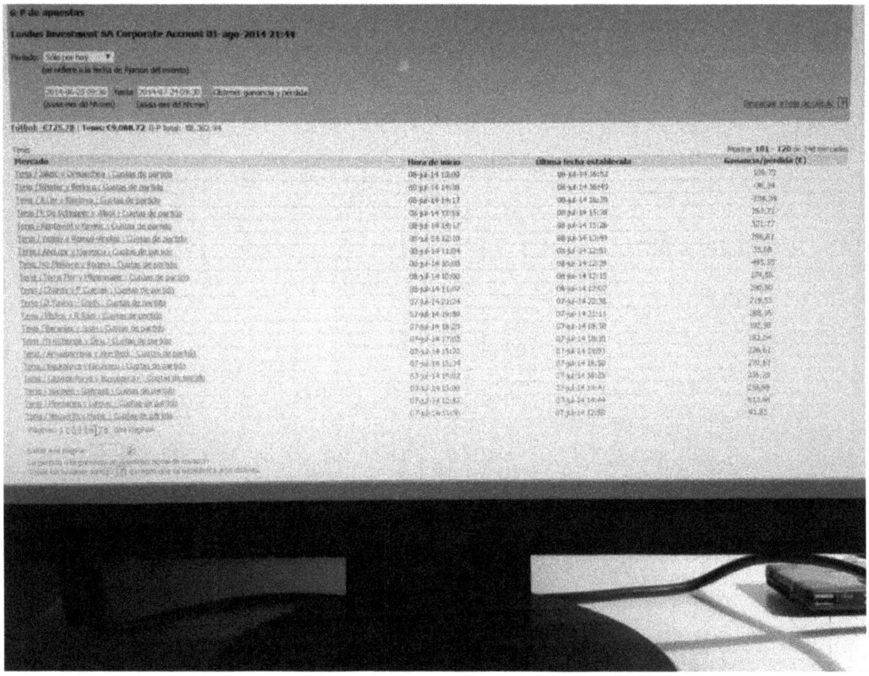

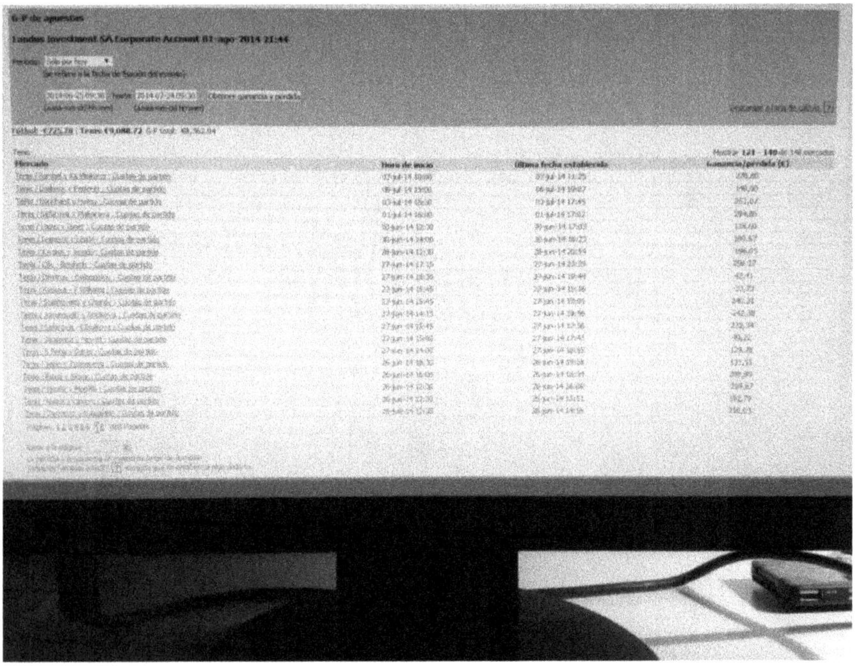

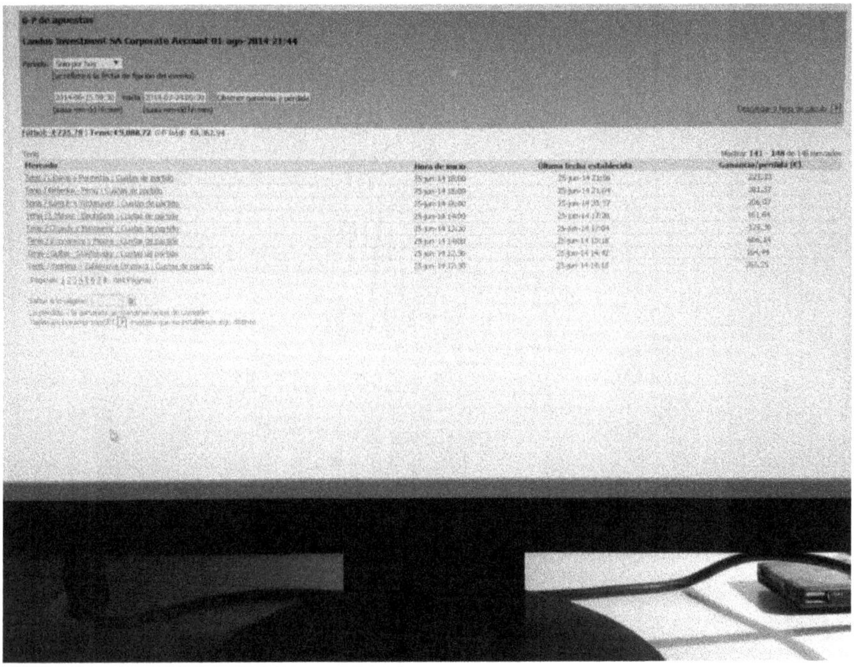

Caballos: GB/IRL.

En los mercados de Carreras de Caballos, al entrar en vivo, vamos a las que realmente generan interés en forma de volumen intercambiado y operaciones. Es fundamental para nuestros propósitos que el mercado sea fuertemente reactivo frente al riesgo bien pagado.

Las carreras británicas e irlandesas son, sencillamente, fabulosas. El capital fluye durante el previo y durante la carrera. Música para los sentidos de cualquier inversor talentoso.

Al igual que hemos hecho con el tenis y el baloncesto, hemos de partir de un filtro previo. No vamos a entrar en todas la carreras.

Principalmente nos vamos a fijar en el tipo de carrera, distancia de la misma y cuota del caballo favorito antes de su comienzo.

En una carrera de caballos, cuando hablamos del favorito de la carrera, solemos hablar de un caballo que, salvo pocas excepciones, presenta una cuota mayor que 2. Es decir, que presenta una probabilidad de ganar menor del 50%. Por lo tanto, las opciones que tiene de ganar no son tan claras como cuando se enfrentan dos equipos o jugadores, en la que el favorito sí que tiene probabilidad de ganar por debajo del 50%.

Así en una carrera de caballos, en general, todos son "no favoritos". Lo que denominamos el favorito es de todos ellos el que tiene la cuota más pequeña.

Para abordar una estrategia prometedora, usando como base los mapas de riesgo, pensé que sería bueno transformar una carrera de caballos en, por ejemplo, un partido de tenis, con tan sólo dos actores en el mercado. ¿Cómo?

La idea es dividir el conjunto de caballos que van a correr en dos grupos. El grupo favorito, y el grupo no favorito.

En el instante de comenzar a formar los grupos, por ejemplo, 20 o 30 segundos antes de que vaya a comenzar la carrera, ordenamos los caballos por su probabilidad de ganar de mayor a menor. Mediante un procedimiento, vamos asignando al primer grupo, el de los favoritos, los caballos que lo van a formar. Empezando por el que tiene mayor probabilidad de ganar. Vamos sumando la probabilidad de ganar que tiene cada caballo que pretendemos asignar a este primer grupo, hasta sobrepasar un límite. Por ejemplo el 74% con un margen de error del 2% que corresponde a un favorito en un partido de tenis de cuota de entre 1.30 y 1.35. Así, si al intentar meter un nuevo caballo dentro de este grupo, sobrepasamos este valor, ya no lo meteríamos dentro de los elegidos del primer grupo. El resto formarán parte del segundo grupo de los no favoritos.

De esta forma, es como si tuviésemos un favorito contra un no favorito.

En el momento de escribir esto, estamos experimentando una primera aproximación de lo que será una estrategia final más trabajada. Parece bastante prometedora.

Como siempre, vamos buscando la victoria del no favorito. La idea es esperar a que, durante la carrera, al menos un caballo del grupo de los no favoritos, alcance una cotización igual o menor que la que tenía el caballo favorito de la carrera cuando esta comenzó. Además ha de darse la circunstancia que cuando eso ocurra no tenga ningún caballo de los considerados favoritos delante de él. Y por último, esa cuota ha de estar por encima de 2.

Cuando se cumplen las condiciones, sobre ese caballo mapearemos un mapa de bajada normal a su favor al 1% en esa cuota que cumple con nuestros requisitos.

Además asignaremos un mapa de bajada contraria, BC, a ese mismo caballo, a partir de una cuota lo suficientemente pequeña, para nos cueste bien poco eliminar gran parte de su riesgo. Esto lo hacemos porque, al igual que en el baloncesto, donde podemos sufrir un vuelco de forma habitual cuando ambos equipos han llegado igualados al final, por una sola canasta en los últimos segundos, es fácil encontrar también caballos que pierden una carrera por una pequeña distancia, teniendo que recurrir en ocasiones a la foto finish. Esta componente de riesgo contrario, que suele ser una contribución de pérdida, la usaremos para eliminar volatilidad en el acumulado del beneficio.

Actualmente la técnica tiene una pega. Así como en un mercado de dos opciones como en Cuotas de Partido (Match Odds) del tenis o el baloncesto, tenemos perfectamente delimitado cuál es el riesgo máximo que usaremos durante el evento para crear riesgo, en las carreras de caballos, bajo este enfoque, no sucede así.

Supongamos que en nuestra carrera son dos o tres del grupo de no favoritos los que, llegando al final, disputándose la victoria, crean riesgo con sus respectivos mapas normales. En las posiciones de los favoritos, el riesgo crece mucho, y además el beneficio, caso de ganar uno de los nuestros, los que han creado riesgo, será pequeño, al repartirse entre ellos el mismo.

Esto supone un elemento de alta volatilidad que actualmente estamos estudiando cómo delimitar.

Puesto que todavía está en fase de desarrollo, nos reservamos el derecho de publicar aquí los detalles al completo. Sólo te puedo avanzar que, de momento, son resultados espectaculares. Para más información no dudes en ponerte en contacto.

Un avance:

Tras 11 días seguidos de hacer carreras sin filtro por distancia, y con un valor del fondo de partida de 1500€, con una unidad de riesgo inicial de 100€, elevando la misma según alcanzamos un nuevo techo de beneficio, exactamente igual que la prueba que nos hicieron hacer en tenis, hemos alcanzado un valor del fondo actual de 3518.49€. En estos momentos la unidad de riesgo es de 234€.

Las carreras monitorizadas han sido 318, con riesgo real sólo 177. El número total de apuestas lanzadas con el uso de mapas ha sido de 6748.

Fútbol. Goles: Over/Under. Campeonatos Top.
Al igual que con las carreras de caballos, en estos mercados todavía estamos experimentando para dar la forma definitiva a la estrategia a seguir basada en la creación sistemática de riesgo con valor usando los ingrediente de los Mapas de Riesgo.

Estamos estudiando los mercados Over/Under de goles puesto que son los que mejores se adaptan a nuestro concepto de Mapas de Riesgo.

De hecho el intentar abordar estos mercados buscando la menor de las volatilidades posibles, nos está permitiendo innovar. En el momento de escribir esto ya hemos definido las bases para la creación de lo que llamo los Mapas de Riesgo Dinámicos (RND). Un concepto que podría mejorar los resultados de las estrategias de los casos reales vistos a lo largo del libro.

Partiendo de un mercado muy seguido y poblado como es el Over/Under 2.5, en los eventos de las ligas más serias, y teniendo en cuenta como está este mercado relacionado con el resto de Over/Under de goles de ese mismo evento, ya que sigue un modelo probabilístico simple de goles (Anexo IV), ejecutaremos una estrategia muy bien definida basada en mapas de riesgo normal.

De nuevo, aunque los resultados son prometedores, no podemos avanzar resultado alguno.

Antes de hablar sobre las conclusiones de Invertir en Valor Deportivo bajo este enfoque de creación de riesgo, con la ayuda de estas estructuras denominadas Mapas de Riesgo, si quieres saber más sobre cómo son estos mapas y experimentar sobre qué apariencia tendrán bajo varios supuestos de cuota inicial, bolsa y fuerza, puedes consultar el **Anexo V**. En él se detalla algo más sobre el uso y la posibilidad de descargar la pequeña aplicación Mapeador.exe.

Si has leído con atención, y has seguido la aplicación de esta forma de inversión a casos reales, podrás entender que, en mi opinión y en la de mi socio, esta es, de las tres expuestas en el libro, la forma más razonable de Inversión en Valor Deportivo.

Partiendo de un fondo todo lo grande que se disponga, bajo una férrea sistematización, y un pequeño equipo humano con mínimas obligaciones directamente implicadas con el hecho de crear riesgo, tenemos un excelente vehículo para Invertir en Valor Deportivo.

Este enfoque nos permite acudir a mercados donde fluye el capital, para formar parte de su torrente, invirtiendo de una forma muy razonable. Una forma de poner a trabajar nuestro capital, tal y como hacen otros profesionales de la inversión en otros sectores. En cierto modo la ignorancia y el miedo se difuminan y no confiamos en gurús del mercado, con información privilegiada, ni confiamos en la incierta y peligrosa búsqueda de roturas de mercado.

Las principales ventajas:

- Acudimos a mercados muy populares y reactivos al riesgo ofrecido bien pagado.
- Garantías de movilizar grandes cantidades de riesgo.
- Mínimos filtros de selección de eventos.
- El mercado manda en cuanto a precios se refiere, no hemos de saber de pronóstico.
- Plataforma de Gestión de Riesgo sistemático. Cientos de apuestas en un mismo mercado.
- Simulador de contraste realidad-simulación.

Las principales inconvenientes:

- Todo lo que tiene que ver con la sistematización y creación de una Plataforma de Gestión de Riesgo propia. Transformar todos los conceptos aquí vistos en tu forma de apostar en mercados, pasa por conocer muy bien el medio en el que te vas a desenvolver. O delegar en un profesional de la ingeniería del software.
- Que ninguna Plataforma de Gestión de Riesgo puede estar 100% desatendida. Siempre hemos de contar con una supervisión de operador humano.
- Que elegir una correcta unidad de riesgo para un fondo dado de partida, destinado a un tipo de mercado, dependerá de la volatilidad que presente, de forma general, el acumulado del beneficio que presente en el tiempo. A mayor volatilidad, menor unidad de riesgo.
- Que en algunos países el intercambio no está regulado, por lo que ha de constituirse una compañía de nacionalidad permitida bajo la que operar en el Intercambiador elegido. Para más información el propio Intercambiador te puede asesorar al respecto. Si sigues teniendo dudas, consúltanos.

Tal y como avanzamos en el apartado anterior de casos reales, actualmente seguimos innovando alrededor de los Mapas de Riesgo. Hemos incorporado a la familia de mapas ya conocidos los de Riesgo Normal Dinámico (RND). Estamos midiendo la repercusión que tiene en el caso de los mercados que ya dominamos, y nos abre la posibilidad de abordar mercados nuevos de una forma original.

En una futura revisión de esta obra, ya tendremos las características, propiedades, conclusiones y casos de uso de este nuevo miembro de la familia.

Por último, para poder disponer de todos los datos reales de partida, las "películas" de los mercados, obtenidos con Observador de los casos reales expuestos en el libro, contacta por medio de twitter en @Titoretto o solicitándolo a través www.indexup.com.

Sigue cualquier innovación, resultados, evoluciones, etc, en twitter: @Titoretto.

Espero hayas disfrutado de la lectura de esta obra, que tanto esfuerzo y trabajo ha supuesto.

Anexos

En este apartado, se pretende entender varias de las condiciones de arbitraje que hemos expuesto en la sección dedicada a ellas.

El objetivo es comprender cómo se deducen estas expresiones.

El mecanismo siempre será el mismo. Partiremos de un análisis de retornos de capital para un cruce válido de mercados, para luego imponer condiciones sobre los mismos.

Primera condición de arbitraje

Por ser la más sencilla, nos vendrá muy bien para comprender, de forma básica, el método algebraico de deducción de las condiciones de arbitraje en general.

Lo primero es usar un cruce de mercados válidos para la búsqueda de arbitraje con esta primera condición. El más fácil y obvio en el fútbol es:

- $1 - X - 2$

Vamos a usar un cuadro para analizar los posibles retornos.

Siendo C1, C2 y C3, V1, V2 y V3, las cuotas y volúmenes de riesgo de las opciones de mercado 1, X y 2, en un mercado de fútbol.

Marcaremos con un +, allí donde haya potencial retorno, y con un - donde no lo pueda haber:

	1	X	2	$Vretorno$
Gana Equipo1	+	-	-	$C1 * V1$
Empatan	-	+	-	$C2 * V2$
Gana Equipo2	-	-	+	$C3 * V3$

Teniendo en cuenta que $V = V1 + V2 + V3$, representa el Volumen Total de riesgo movilizado, hemos de forzar la condición de cualquiera de los potenciales retornos sea mayor que V. Así:

212

$$C1 * V1 = Vretorno > V$$

$$C2 * V2 = Vretorno > V$$

$$C3 * V3 = Vretorno > V$$

$$V1 + V2 + V3 = V < Vretorno$$

$$Vretorno = \alpha * V, siendo\ \alpha > 1$$

Con este sistema de ecuaciones podemos deducir las expresiones para V1, V2 y V3, además de la condición que han de cumplir las cuotas C1, C2 y C3 para que tengamos una situación de arbitraje:

$$V1 = \frac{\alpha * V}{C1}, V2 = \frac{\alpha * V}{C2}\ y\ V3 = \frac{\alpha * V}{C3}$$

Así que:

$$V = V1 + V2 + V3 = \alpha * V * \left(\frac{1}{C1} + \frac{1}{C2} + \frac{1}{C3}\right)$$

$$V = \alpha * V * \left(\frac{1}{C1} + \frac{1}{C2} + \frac{1}{C3}\right)$$

$$\frac{1}{C1} + \frac{1}{C2} + \frac{1}{C3} = \frac{1}{\alpha} = S$$

$$Como\ \alpha > 1, entonces\ S < 1$$

Así queda deducida la condición de arbitraje que han de cumplir las cuotas C1, C2 y C3:

$$\frac{1}{C1} + \frac{1}{C2} + \frac{1}{C3} = S < 1$$

Y como $\alpha = \frac{1}{S}$, los volúmenes V1, V2 y V3 quedarán de la siguiente forma en función de S:

$$V1 = \frac{V}{S * C1}, V2 = \frac{V}{S * C2}\ y\ V3 = \frac{V}{S * C3}$$

Hemos visto el razonamiento completo para deducir la más fácil de las condiciones de arbitraje. Haremos un par de ellas más para comprender el método perfectamente.

Segunda condición de arbitraje

Vamos con la segunda condición. Esta es un poco más compleja. Dará más juego y nos ayudará a comprender mejor el método de obtención de las condiciones de arbitraje en general.

De nuevo, lo primero es usar un cruce de mercados válidos para la búsqueda de arbitraje con esta segunda condición. Escogemos uno cualquiera de la lista de cruces posibles que hemos planteado:

- AH1(0) – X – 2

Vamos a usar un cuadro para analizar los posibles retornos.

Siendo C1, C2 y C3, V1, V2 y V3, las cuotas y volúmenes de riesgo de las opciones de mercado AH1(0), X y 2, en un mercado de fútbol.

Marcaremos con un +, allí donde haya potencial retorno, y con un - donde no lo pueda haber:

	AH1(0)	X	2	$Vretorno$
Gana Equipo1	+	-	-	$C1 * V1$
Empatan	+	+	-	$V1 + C2 * V2$
Gana Equipo2	-	-	+	$C3 * V3$

Teniendo en cuenta que $V = V1 + V2 + V3$, representa el Volumen Total de riesgo movilizado, hemos de forzar la condición de cualquiera de los potenciales retornos sea mayor que V. Así:

$$C1 * V1 = Vretorno > V$$

$$V1 + C2 * V2 = Vretorno > V$$

$$C3 * V3 = Vretorno > V$$

$$V1 + V2 + V3 = V < Vretorno$$

$$Vretorno = \alpha * V \, , siendo \, \alpha > 1$$

Con este sistema de ecuaciones podemos deducir las expresiones para V1, V2 y V3, además de la condición que han de cumplir las cuotas C1, C2 y C3 para que tengamos una situación de arbitraje:

$$V1 = \frac{\alpha * V}{C1} \text{ , } y \text{ } V3 = \frac{\alpha * V}{C3}$$

Trabajando algebraicamente, con las ecuaciones anteriores, podemos ver que:

$$V2 = \frac{\alpha * V * (C1 - 1)}{C1 * C2}$$

Así que:

$$V = V1 + V2 + V3 = \alpha * V * \left(\frac{1}{C1} + \frac{1}{C3} + \frac{C1 - 1}{C1 * C2}\right)$$

$$V = \alpha * V * \left(\frac{1}{C1} + \frac{1}{C3} + \frac{C1 - 1}{C1 * C2}\right)$$

$$\frac{1}{C1} + \frac{1}{C3} + \frac{C1 - 1}{C1 * C2} = \frac{1}{\alpha} = S$$

$$Como \text{ } \alpha > 1, entonces \text{ } S < 1$$

Así queda deducida la condición de arbitraje que han de cumplir las cuotas C1, C2 y C3:

$$\frac{1}{C1} + \frac{1}{C3} + \frac{C1 - 1}{C1 * C2} = S < 1$$

Y como $\alpha = \frac{1}{S}$, los volúmenes V1, V2 y V3 quedarán de la siguiente forma en función de S:

$$V1 = \frac{V}{S * C1} \text{ , } \quad V2 = \frac{V * (C1 - 1)}{S * C1 * C2} \text{ } y \text{ } V3 = \frac{V}{S * C3}$$

Tercera condición de arbitraje

Con el fin de que quede completamente claro el procedimiento para el cálculo de las condiciones de arbitraje en base al análisis del retorno de cruces de mercados válidos, haremos un último desarrollo.

Otra vez, lo primero es localizar un cruce de mercados válidos para la búsqueda de arbitraje con esta tercera condición. Cualquiera de la lista de cruces posibles que describimos en su apartado correspondiente nos vale, por ejemplo:

- AH1(0) – 2X – 2

Vamos a usar un cuadro para analizar los posibles retornos.

Siendo C1, C2 y C3, V1, V2 y V3, las cuotas y volúmenes de riesgo de las opciones de mercado AH1(0), 2X y 2, en un mercado de fútbol.

Marcaremos con un +, allí donde haya potencial retorno, y con un - donde no lo pueda haber:

	AH1(0)	2X	2	$Vretorno$
Gana Equipo1	+	-	-	$C1 * V1$
Empatan	+	+	-	$V1 + C2 * V2$
Gana Equipo2	-	-	+	$C2 * V2 + C3 * V3$

Teniendo en cuenta que $V = V1 + V2 + V3$, representa el Volumen Total de riesgo movilizado, hemos de forzar la condición de cualquiera de los potenciales retornos sea mayor que V. Así:

$$C1 * V1 = Vretorno > V$$

$$V1 + C2 * V2 = Vretorno > V$$

$$C2 * V2 + C3 * V3 = Vretorno > V$$

$$V1 + V2 + V3 = V < Vretorno$$

$$Vretorno = \alpha * V , siendo \ \alpha > 1$$

Con este sistema de ecuaciones podemos deducir las expresiones para V1, V2 y V3, además de la condición que han de cumplir las cuotas C1, C2 y C3 para que tengamos una situación de arbitraje:

$$V1 = \frac{\alpha * V}{C1}$$

Trabajando algebraicamente, con las ecuaciones anteriores, podemos ver que:

$$V2 = \frac{\alpha * V * (C1 - 1)}{C1 * C2} \; y \; V3 = \frac{\alpha * V}{C1 * C3}$$

Así que:

$$V = V1 + V2 + V3 = \alpha * V * \left(\frac{1}{C1} + \frac{C1 - 1}{C1 * C2} + \frac{1}{C1 * C3}\right)$$

$$V = \alpha * V * \left(\frac{1}{C1} + \frac{C1 - 1}{C1 * C2} + \frac{1}{C1 * C3}\right)$$

$$\frac{1}{C1} + \frac{C1 - 1}{C1 * C2} + \frac{1}{C1 * C3} = \frac{1}{\alpha} = S$$

$$Como \; \alpha > 1, entonces \; S < 1$$

Así queda deducida la condición de arbitraje que han de cumplir las cuotas C1, C2 y C3:

$$\frac{1}{C1} + \frac{C1 - 1}{C1 * C2} + \frac{1}{C1 * C3} = S < 1$$

Y como $\alpha = \frac{1}{S}$, los volúmenes V1, V2 y V3 quedarán de la siguiente forma en función de S:

$$V1 = \frac{V}{S * C1} \; , \quad V2 = \frac{V * (C1 - 1)}{S * C1 * C2} \; y \; V3 = \frac{V}{S * C1 * C3}$$

Puedes deducir el resto de condiciones de arbitraje expuestas en el apartado dedicado a ellas, puesto que ya conoces el procedimiento para plantear las ecuaciones iniciales. Si estás interesado y deseas más información, no dudes en ponerte en contacto.

Anexo II: Ampliación sobre Middles.

Aquí vamos a ampliar algunos detalles sobre lo ya expuesto sobre los middles. Apuestas planteadas cruzando 2 mercados tal que es imposible perder ambas apuestas a la vez.

De momento ya sabemos que movilizamos más riesgo del que realmente ponemos en riesgo, y que, a partir de las cuotas de partida de ambos mercados que forman el middle, obtenemos una cuota equivalente definida por:

$$Cuota\ equivalente\ Middle = \frac{Beneficio\ Potencial\ Total}{Riesgo\ real\ en\ juego} + 1$$

En este anexo vamos a ver detalles y expresiones a tener en cuenta cuando trabajemos en la búsqueda de middles sobrevalorados.

Si la búsqueda del middle la realizamos en un Intercambiador, hay que tener en cuenta las comisiones que soporta la cuenta sobre los potenciales beneficios de cada mercado usado.

Para ello, el cálculo de cuotas para nuestro middle, ha de realizarse de esta manera:

$$Cuota\ Efectiva = (Cuota - 1) * \left(1 - \frac{\%Comision}{100}\right) + 1$$

Ejemplo: Cuota = 1.35, comisión del 5%, entonces Cuota Efectiva = (1.35 -1) * 0.95 + 1 = 1.3325

Los cálculos efectuados para calcular la cuota equivalente del middle habrán de usar estas cuotas efectivas. Eso podría eliminar una aparente sobrevaloración.

Más aspectos de interés sobre middles.

Supongamos que queremos saber el valor de la cuota del middle tan sólo a partir de las cuotas de partida. Si C1 y C2 son las cuotas de partida, se puede deducir entonces que:

$$Cuota\ Middle = \frac{C1 * C2}{C1 - C2 * (C1 - 1)}$$

Algebraicamente también se puede deducir que si tenemos como datos las cuotas C1 y C2, y el volumen de la primera Apuesta, V1, entonces:

$$V2 = \frac{C1}{C2} * V1$$

Y si lo que conocemos es V2 en vez de V1, entonces:

$$V1 = \frac{C2}{C1} * V2$$

El físico Juan Manuel Rodríguez Parrondo (Madrid, 1964), profesor en la Universidad Complutense de Madrid (UCM), jugando y sin darle mayor importancia, descubrió, a mi modo de ver, un espectacular hallazgo. La combinación de dos estrategias perdedoras puede dar lugar una ganadora.

Como decía, por diversión, trabajando en un campo muy minoritario, el de los motores brownianos (ratchets), se entretuvo en traducir al lenguaje de los juegos de azar un fenómeno que se producía en dicho campo.

En esencia, Parrondo, lo que propone como punto de partida son dos juegos aleatorios, A y B, que, siendo perdedores, combinándolos, la resultante es ganadora. Genial.

El juego A consiste en lanzar una moneda. Moneda ligeramente trucada hacia uno de sus lados, por ejemplo la Cara. Así la probabilidad de obtener Cara es del 55%, con lo que solo la Cruz se obtendrá solo el 45% de las veces. En este juego se gana cuando, como resultado del lanzamiento, obtenemos la Cruz.

$$En\ el\ juego\ A, \quad P(C) = 0.55\,, P(X) = 0.45$$

Si este juego lo simulamos con la ayuda de un pequeño programa de ordenador, u hoja de cálculo, podremos ver fácilmente que, el acumulado de nuestro beneficio será negativo. Poco a poco nuestro saldo iría disminuyendo sin remedio.

Esto es lo que sucede en cualquier juego de casino bien diseñado.

Con el segundo juego, B, tendremos algo más complejo, más forzado. Esta vez disponemos de 2 monedas:

- La primera moneda está realmente sesgada hacia uno de sus posibles resultados tras su lanzamiento. Concretamente la probabilidad de obtener Cara es del 90%.
- La segunda moneda está sesgada con una proporción de 75%-25% a la Cruz y Cara respectivamente.

$$En\ el\ juego\ B, \quad Moneda\ 1, \quad P(C) = 0.9\,, P(X) = 0.1$$

$$En\ el\ juego\ B, \quad Moneda\ 2, \quad P(C) = 0.25\,, P(X) = 0.75$$

El juego consiste en lanzar la segunda moneda intentando obtener el resultado Cruz. Lógicamente, al estar trucada a nuestro favor, esa moneda es ganadora, así que nuestro acumulado en el beneficio comenzará a subir. Sin embargo, cuando nuestras ganancias son múltiplo de 3, el juego B, nos obliga a lanzar la moneda uno en busca de la Cruz, con una moneda muy perdedora para ese resultado.

Si volvemos a simular este juego B, para poder observar lo que ocurre tras jugar un número lo suficientemente grande de veces, con un pequeño programa de ordenador, podremos ver que el juego B, al igual que el A, es claramente perdedor. Irá drenando nuestro saldo poco a poco.

Bueno, pues aquí viene la paradoja de Parrondo. Si combinamos ambos juegos, A y B, de forma alterna, en secuencias tipo AA BB AA BB… (No es la única) nos encontraremos que el resultado es un juego claramente ganador para nosotros.

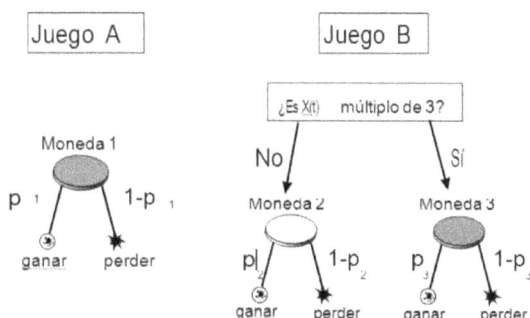

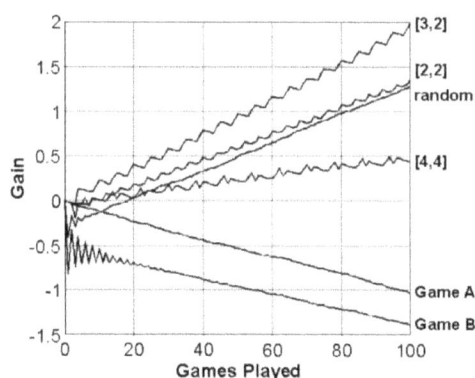

Se dice que la fuerza de un físico está en su capacidad de abstracción. Y eso fue exactamente lo que hizo Parrondo al abstraer de su problema concreto de análisis de ratchets, la esencia de la característica que se había encontrado, traduciéndolo al lenguaje de las probabilidades y el azar. Brillante.

Se han intentado buscar aplicaciones directas de este descubrimiento. De momento no ha sido posible.

Sin embargo sí que lo ha sido de forma indirecta.

Ha encontrado acomodo en los mercados financieros, bajo una forma de inversión denominada "Volatility Pumping". Está documentada relacionándola con esta paradoja.

También, de forma indirecta ha encontrado aplicación en el mundo de la biología, con las bacterias y los virus como objetivo.

En nuestro caso, el que nos ocupa, mercados deportivos, aunque no es exactamente lo mismo que la paradoja de Parrondo, el Efecto Comisiones, producto de aplicar riesgo normal y contrario a un mismo mercado, buscando la reducción de la volatilidad, nos ha aportado un incremento de ganancia inesperado.

Como ya hemos visto detalladamente, los mapas de riesgo aplicados de forma separada por sí solos, no muestran este Efecto Comisiones. Incremento debido a lo que deja de ganar el mercado en comisiones.

Anexo IV: Modelo probabilístico de Goles.

De todos los mercados que hemos citado, el que probablemente tiene una mejor correspondencia entre el modelo matemático y el comportamiento real, es el mercado over/under de goles.

Recordemos que en el fútbol, el tiempo restante de partido tiene una importancia decisiva. A medida que se acerca el final del tiempo reglamentario del partido, la cuota que ofrece, el mercado de resultado final, al resultado actual decrece mientras los demás resultados aumentan su cotización.

Idealmente, la cuota del que presumimos será el resultado ganador, acabará siendo 1.01 y el resto de cuotas terminarán siendo 1000. En la realidad, los movimientos especulativos pueden generar una distorsión de este comportamiento, pero no una tendencia diferente.

En el caso que nos ocupa, mercados over/under de goles, esta correspondencia se cumple de una manera espectacular.

Como siempre, la mejor manera de comprobar esta correspondencia es con eventos que muevan mucho volumen, es decir, eventos que generen gran atención. Cualquier evento de las principales competiciones, cumple este requisito sobradamente.

En caso de no tener la atención suficiente sufriremos un importante aumento de la volatilidad del precio de las cuotas, lo que enmascara el comportamiento ideal del mercado.

El modelo que vamos a describir también expone la correlación que existe entre todos los mercados over/under de goles. Esto es algo que parece evidente: un gol marcado en cualquier momento del encuentro, afecta a todos los mercados. Pero como veremos, esto cambia las cuotas de todos los mercados de una manera consistente.

En efecto, todos los mercados de un evento están conectados unos con otros de manera que, con conocer la cuota de uno solo de ellos en un instante dado, sabremos calcular la evolución del resto de mercados a partir de ese momento. Repito porque este punto es importante: conociendo una cuota de cualquier mercado, podremos conocer las cuotas de todos los mercados en cualquier momento.

La idea que hay detrás del modelo es simple. Incluso se podría pensar que demasiado simple. Aun así, ha demostrado ser efectiva.

La idea es esta: la probabilidad de marcar un gol por unidad de tiempo es constante e independiente del resultado. Veamos qué significa esto.

Cuando decimos "La probabilidad de marcar un gol por unidad de tiempo es constante" lo que queremos expresar es que, si elegimos un intervalo de tiempo y hacemos una predicción sobre los goles que podemos esperar que se marquen, el número de goles será el mismo siempre. Si en los 15 minutos iniciales esperamos que se marquen 0,27 goles, al final del partido seguiremos esperando que se marquen 0,27 goles en 15 minutos. Y cuando afirmamos que esa probabilidad de marcar un gol en ese intervalo de tiempo, es independiente del resultado, en realidad estamos queriendo decir, que no importa cuántos goles se hayan marcado ya (o se deberían haber marcado pero no han llegado), el carácter del partido sigue siendo el mismo.

Un partido con gran probabilidad de tener goles, no se transforma en un partido donde sea difícil que haya más goles, ni porque ya se hayan marcado muchos, ni porque siga empatado a cero. El carácter del partido sigue siendo el mismo.

Por supuesto, un buen pronosticador, viendo el partido en vivo, podrá variar las cuotas ligeramente dependiendo de si hay una situación de peligro o no. Pero no será una variación grande. Marcar un gol es difícil. Si tenemos en cuenta que se marcan dos o tres goles, en un partido típico, podemos ver que las cuotas no cambien demasiado por una jugada de peligro. Hay muchas en el partido y pocas se materializan.

Para calcular la cuota over/under de cualquier mercado debemos conocer dos cosas. Primero, la probabilidad de que haya un gol en un intervalo de tiempo. Como hemos dicho, esa probabilidad la consideraremos constante para todo el partido. En segundo lugar debemos conocer el tiempo de partido que queda.

Una vez que tenemos estos dos datos, supongamos que queremos calcular la probabilidad de que haya un solo gol y que estamos al principio del partido. Imaginemos también que conocemos la probabilidad de que haya un gol en un intervalo de 15 minutos. Como estamos calculando la probabilidad de que haya un único gol es obvio que tendremos algún intervalo de 15 minutos del partido donde sí que haya un gol y 5 en los que no.

Por poner un ejemplo, si la probabilidad de gol en 15 minutos es del 30%, la probabilidad de que no se marque ningún gol en esos mismos 15 minutos es del 70% (100% - 30%). Imaginemos que se marca el gol en el primer periodo de 15 minutos. La probabilidad de este escenario es 0.30 * 0.70 * 0.70 * 0.70 * 0.70 * 0.70 = 0.050421 o lo que es lo mismo un 5.0421%. Pero como el gol se puede marcar en cualquiera de los 6 intervamos de 15 minutos, la probabilidad de que haya un único gol en todo el partido es ese número multiplicado por 6. Lo que nos da un resultado de 30.2526% que equivale a una cuota justa de 3.3055.

Pero no estamos buscando la probabilidad de un único gol. Nuestro mercado es un over/under de goles. Así que tenemos que hacer unos cálculos parecidos para saber la probabilidad de que haya exactamente dos goles en el partido, exactamente tres goles, y seguiremos calculando hasta que la probabilidad de marcar N goles sea ínfima. Para calcular estas probabilidades, hay que tener en cuenta de cuántas formas posibles podemos tener, por ejemplo, 2 goles distribuidos en 6 intervalos de tiempo. Es un sencillo problema de combinatoria. Y cuando queremos obtener la probabilidad de un mercado over/under de X.5 goles solo tendremos que sumar las probabilidades de que haya X+1 goles, X+2 goles, X+3 goles... para tener la cuota over. Y su cuota complementaria será la cuota under, evidentemente.

Si el lector ha estado atento habrá encontrado un fallo en el cálculo. En un intervalo de 15 minutos se puede marcar más de un gol, por lo que nuestro problema combinatorio no estará bien planteado. Pero nos ha servido para explicar cómo se puede hacer este cálculo. En una aproximación realista a este modelo, habríamos utilizado un intervalo de tiempo más pequeño, que haga prácticamente imposible que se marquen dos goles en el mismo intervalo. Nosotros utilizábamos un intervalo de un minuto en lugar de 15. Con un minuto de tiempo, entre que se celebra el gol, se vuelve al centro del campo y se vuelve a sacar ya ha transcurrido ese intervalo casi completamente. Por tanto, ya no tenemos 6 intervalos, ahora son 90, pero el sistema es el mismo.

Ahora supongamos que estamos en el minuto 20 del partido y queremos calcular las cuotas en vivo. Bien, no hay problema. Como la probabilidad de marcar un gol por cada minuto es la misma que al principio, sólo tenemos que repetir los cálculos pero sabiendo que ahora hay 90 - 20 = 70 intervalos de un minuto restantes. Volvemos a calcular la probabilidad de tener exactamente 1 gol en 70 intervalos, exactamente 2 goles en 70 intervalos, exactamente N goles en 70 intervalos, y para calcular la cuota over de X.5 goles sumamos la probabilidad de X+1, X+2, X+3 goles... y el resultado es la cuota over buscada.

Bien, pero todavía hay una cuestión. ¿De dónde sacamos esa probabilidad por unidad de tiempo de marcar un gol? Nos la podemos calcular nosotros mismos con nuestros indicadores o podemos aprovechar una cuota justa que algún mercado OU que tengamos a mano.

Conociendo una cuota OU podemos ajustar nuestra probabilidad por minuto hasta que coincida nuestra predicción con la cuota justa que tenemos por otros medios. Como es natural, para esto lo mejor es usar la cuota "más justa" que podamos obtener. Es decir, aquella donde el gap entre back y lay sea menor si la obtenemos de un mercado de intercambio, o lo que es lo mismo, aquel mercado donde la incertidumbre en el resultado sea la menor. Es decir, no conviene usar una cuota muy alta o muy baja, pues corresponde a situaciones donde suele ser difícil evaluar la probabilidad real. Normalmente las cuotas en torno a 2, que es habitualmente el mercado OU2.5, son las mejores para esto. No es coincidencia que sea el principal mercado OU de goles.

Por último, dos cosas más. La primera, que en los minutos finales del partido las cuotas se suelen desviar de esta predicción debido a movimientos especulativos. Como ya sabemos, las cosas se mueven más rápido cuanto más nos acercamos al pitido que marca el final del partido. Siempre hay especulación con la cuota del mercado donde marcar un gol hace que se cierre, pero al final del evento la especulación tiene un peso enorme. En el resto de mercados se nota mucho menos.

La segunda, esta modelización es equivalente a usar una herramienta estadística llamada distribución de Poisson, pero nos permite entender mejor su esencia si no tenemos los conocimientos matemáticos y estadísticos necesarios.

Anexo V: Mapeador.exe

En la sección del libro en la que hemos detallado las estructuras de mapas de riesgo, normal y contrario, sus tipos, el acto en sí de mapear a una cuota dada, con qué unidad de riesgo, a qué fuerza, etc., hemos usado una serie de ejemplos para poder documentar de lo que estamos hablando.

En este anexo vamos a ver el uso de una pequeña aplicación desde la que se llama al corazón de la lógica que es capaz de generar todo tipo de mapas de riesgo.

Evidentemente, generar mapas es algo que será necesario tanto para el Simulador que usemos, como para la Plataforma de Gestión de Riesgo. Esta aplicación, Mapeador.exe tan sólo hace uso de esa pieza y que nos permite poder visualizar los mapas que luego, en real o en simulación, son usados como ingredientes en la creación de riesgo en los mercados deportivos que consideremos oportunos.

Si lanzamos el programa sin parámetro alguno como argumento:

Obtendremos una ayuda que nos da pista sobre cómo ser usado. Como bien se puede apreciar, al llamar al programa habremos de pasar cinco argumentos:

- El tipo de mapa
- La bolsa o unidad de riesgo de nuestro fondo
- La cuota inicial
- La fuerza
- La tolerancia

Recordemos que tenemos dos tipos de riesgo con los que conformar nuestros mapas, normal y contrario. Para saber más ve a la sección donde detallo estos conceptos.

Vemos que podemos tener la posibilidad de generar mapas del tipo:

- **BN**. Este es un mapa de riesgo normal. Es una bajada de riesgo normal en forma de apuestas Back, a favor de la opción en la que está aplicado, en la dirección en la que su probabilidad de ganar aumenta. La última cuota del mapa marca el riesgo máximo a usar.

- **BC**. Este es un mapa de riesgo contrario. Es una bajada de riesgo contrario en forma de apuestas lay, es decir a favor del resto de opciones del mercado en el sentido en el que aumenta la probabilidad de ganar de la opción en la que se aplica. La última cuota del mapa marca el riesgo máximo usar.

- **SN**. Este es un mapa de riesgo normal. Es una subida de riesgo normal en forma de apuestas lay, es decir, a favor del resto de opciones del mercado en el sentido en el que aumenta la probabilidad de ganar de la opción en la que se aplica. La última cuota del mapa marca el riesgo máximo a usar.

- **SC**. Este es un mapa de riesgo contrario. Es una subida de riego contrario en forma de apuestas back, a favor de la opción en la que se está aplicando, en la dirección en la que su probabilidad de ganar disminuye. La última cuota del mapa marca el riesgo máximo a usar.

- **SCE**. Este es un mapa de riesgo contrario extendido. Es una subida de riego contrario en forma de apuestas back, a favor de la opción en la que se está aplicando, en la dirección en la que su probabilidad de ganar disminuye. La idea es tener un único mapa de SC que comience en 1.01 y suba hasta 1000, para una unidad de riesgo dada. Esto se consigue mediante un procedimiento de concatenación y ajuste de mapas de SC. Al mapear este mapa en cualquier cuota, en la primera cuota estaríamos comprando el valor marcado por el mapa en dicha cuota, con el consiguiente ahorra de riesgo que conlleva estar en una cuota por encima de 1.01. Es más un concepto teórico que práctico.

- **SCED**. Este es un mapa de riesgo contrario extendido de las diferencias. Es una subida de riego contrario en forma de apuestas back, a favor de la opción en la que se está aplicando, en la dirección en la que su probabilidad de ganar disminuye. Partiendo de un SCE, la idea es tener un único mapa de

SC que comience en la cuota en la que mapeamos y que suba hasta 1000, para una unidad de riesgo dada. Esto se consigue restando al mapa SCE en riesgo que tenemos hasta la cuota en la que mapeamos. Al mapear este mapa en cualquier cuota, en la primera cuota tendríamos cero riesgo y cero valor. Este es un concepto algo más práctico que el de SCE.

- **SBN**. Este es un mapa de riesgo normal. Es una bajada de riesgo normal en forma de apuestas Back, a favor de la opción en la que está aplicado, en la dirección en la que su probabilidad de ganar aumenta. La primera cuota del mapa marca el riesgo máximo a usar.

- **SBC**. Este es un mapa de riesgo contrario. Es una bajada de riesgo contrario en forma de apuestas lay, es decir a favor del resto de opciones del mercado en el sentido en el que aumenta la probabilidad de ganar de la opción en la que se aplica. La primera cuota del mapa marca el riesgo máximo a usar.

- **SSN**. Este es un mapa de riesgo normal. Es una subida de riesgo normal en forma de apuestas lay, es decir, a favor del resto de opciones del mercado en el sentido en el que aumenta la probabilidad de ganar de la opción en la que se aplica. La primera cuota del mapa marca el riesgo máximo a usar.

- **SSC**. Este es un mapa de riesgo contrario. Es una subida de riego contrario en forma de apuestas back, a favor de la opción en la que se está aplicando, en la dirección en la que su probabilidad de ganar disminuye. La primera cuota del mapa marca el riesgo máximo a usar.

- **SSCE**. Concepto teórico de riesgo contrario extendido sin aplicación real posible. Si estás interesado no dudes en consultar.

- **SSCED**. Concepto teórico de riesgo contrario extendido de las diferencias sin aplicación real posible. Si estás interesado no dudes en consultar.

Bolsa o Unidad de Riesgo

Para un fondo dado, destinado a Inversión en Valor Deportivo, hemos de definir lo que denominamos la bolsa o unidad de riesgo. Deberá ser un porcentaje de entre el 1% y 3% del fondo. El riesgo potencial real a usar por cada mapa de riesgo vendrá definido por una cuota. Habitualmente por la última cuota del mapa.

Por ejemplo, si nuestro fondo de partida para usar en baloncesto es de 100.000€, la unidad de riesgo más conservadora deberá ser de un 1%, 1000€.

Para un mapa de bajada normal de 1.65 al 1% de fuerza el riesgo máximo será de 885€. Para otro BN de cuota inicial 1.78 al 1% de fuerza será de 869.4€. Para otro BN de cuota inicial 1.35 al 1% de fuerza será de 934.47€.

Los mismos mapas pero para subidas contrarias, tendremos: para una SC de cuota inicial 1.65 al 3% de fuerza, el riesgo máximo será de 196.08€. Para un SC de cuota inicial 1.78 al 3% de fuerza será de 178.57€. Y para una SC de cuota inicial de 1.35 al 3% de fuerza será de 238.1€.

Ya hemos visto que el riesgo máximo, no significa que realmente vayamos a usarlo. Eso dependerá de si se recorre o no el mapa completo, o cómo se recorre.

Cuota inicial

Ya hemos visto cómo los mapas de riesgo vienen definido por su cuota inicial. Se trata de la primera cuota en su conjunto secuencial de cuotas.

Para distintos deportes/mercados tendremos preferencias por un tipo de cuotas u otras.

Fuerza

Este parámetro, hemos visto que tiene que ver con la longitud de mapa de riesgo en cuanto el número que forma el conjunto de precios de nuestro mapa en la práctica.

Para los mapas de riesgo normal, este parámetro podrá tomar un valor de porcentaje del intervalo [1, 99].

Para los mapas de riesgo contrario, este parámetro podrá tomar un valor de porcentaje del intervalo [3, 99].

A menor fuerza, mayor longitud del mapa, mayor número de cuotas en el que repartimos el potencial riesgo máximo del mapa.

Tolerancia

La tolerancia es un parámetro que, aunque lo usemos para calcular cualquier tipo de mapa con Mapeador.exe, solo tiene relevancia con los mapas de riesgo normal.

En el libro lo explico, aunque aquí lo resumo.

La función que calcula el riesgo máximo para los mapas de riesgo normal, es una función que pasa por un máximo. Para realizar el cálculo iterativo que hemos descrito en el libro, hemos tenido que hacer un cálculo numérico de ajuste para calcular correctamente el máximo de riesgo. Eso nos ajustaba el factor que llamábamos f. La precisión con la que se calcula este asunto nos la da la tolerancia que aquí estamos definiendo.

No deja de ser un porcentaje. Para una unidad de riesgo de 1000€ una tolerancia de 0.01 será perfecta. Para 10000€, una tolerancia de 0.001. Etc.

Para el caso de los mapas de riesgo contrario, esto no tiene relevancia. La función que calcula el riesgo máximo de estos mapas, no pasa por un máximo. Son funciones crecientes en el riesgo. Así que no hace falta usar ningún tipo de ajuste. Aquí el uso de la tolerancia será transparente. Aunque para usar el programa, de momento es un parámetro obligatorio. Ya lo actualizaremos.

Descarga

Si estás interesado en descargarte esta utilidad para experimentar con ella, tan solo tienes que hacerte seguidor de la cuenta en Twitter @Titoretto y mostrar interés. Nos pondremos en contacto para facilitarte instrucciones. Con esto estarás al tanto de las noticias, evoluciones y descargas futuras de aplicaciones para ordenador y móviles.

Por último, aquí va un ejemplo de Mapeador.exe en acción, ejecutando la creación de un mapa de riesgo de BN al 1% con una unidad de riesgo de 1000€ y una tolerancia del 0.0001%.

```
C:\Users\Tito\Desktop\Mapeador>Mapeador.exe BN 1000 1.35 1 0.0001
0,00 ; 1,08 ; 1,08
1,35 ; -7,93 ; 2,77
1,34 ; -42,41 ; 14,50
1,33 ; -85,20 ; 28,61
1,32 ; -128,21 ; 42,28
1,31 ; -161,72 ; 52,67
1,30 ; -204,28 ; 65,38
1,29 ; -246,61 ; 77,56
1,28 ; -278,61 ; 86,52
1,27 ; -319,88 ; 97,65
1,26 ; -360,53 ; 108,19
1,25 ; -400,45 ; 118,13
1,24 ; -439,49 ; 127,47
1,23 ; -477,55 ; 136,21
1,22 ; -524,22 ; 146,40
1,21 ; -559,78 ; 153,82
1,20 ; -603,25 ; 162,41
1,19 ; -635,79 ; 168,55
1,18 ; -675,35 ; 175,62
1,17 ; -712,51 ; 181,87
1,16 ; -747,09 ; 187,35
1,15 ; -785,84 ; 193,07
1,14 ; -820,41 ; 197,79
1,13 ; -845,23 ; 200,96
1,12 ; -876,22 ; 204,60
1,11 ; -900,76 ; 207,20
1,10 ; -918,74 ; 208,94
1,09 ; -931,46 ; 210,04
1,08 ; -935,55 ; 210,36
```

www.ingramcontent.com/pod-product-compliance
Lightning Source LLC
Chambersburg PA
CBHW062030210326
41519CB00061B/7430